U0899216

史 良

(1900—1985)

曾任全国人大副委员长，全国政协副主席

民盟中央主席，全国妇联副主席，首任司法部部长

前　言

中国民主同盟成立于1941年3月，正值抗日民族统一战线遭到国民党独裁统治破坏的危难之际，民盟以贯彻抗日主张、实践民主精神、尊重思想自由、提倡依法治国为政治纲领。民盟凝聚了当时绝大多数进步知识分子和社会精英，可谓群贤毕集。在不同的历史时期，黄炎培、张澜、沈钧儒、杨明轩、闻一多、李公朴、梁漱溟、史良、胡愈之、楚图南、吴晗、费孝通……这些民盟前辈精英们纵横裨阖、开阔放达，本着知识分子的人文良知和社会责任“奔走国事”，在政治、经济、军事、外交、教育、社会等领域都提出了明确的纲领和主张，将平等、民主、自由的思想播洒在中国的土地上。

在那苍黄翻覆、陵谷变迁的大时代；在那风云变幻、波澜壮阔的动荡岁月里，历史的浪潮将中国民主同盟，将有志于民族振兴的贤良才俊推上了风口浪尖，他们在改变中国命运的同时，也改变了自己的人生轨迹。他们为历史的进程，为国家富强、民族振兴和民主政治的进步做出了卓越的贡献；他们将自己的荣辱与民族存亡紧紧的联系在一起，为中国的民主、繁荣奋斗了一生，为后人留下了许多宝贵的精神财富；他们关于新民主主义社会的探索，至今仍具有巨大的影响和现实意义。

在和平盛世的今天，为了保存这珍贵的历史财富，为了让后人记住先辈们的独立之精神、自由之思想以及他们为国为民、励精图治的奋斗事迹，我们通过多年的精心准备和积累，出版了《民盟历史人物》和《民盟历史文献》丛书，这不仅仅是追忆往昔、缅怀先贤，也不仅仅是为了从学术研究的角度去厘清历史、臧否人物，更重要的是：通过回顾那段曲折的历史，传承民盟与中国共产党肝胆相照、荣辱与共的真挚感情；纪念民盟先贤为新中国做出的巨大贡献；呈现近代中国社会的嬗变和进步知识分子的爱国情怀；同时也是为了民盟薪火相传、与时俱进的需要；为了那些隽永传奇的人物和可歌可泣的历史再现后人的眼前。

路漫漫其修远兮，吾将上下而求索。《民盟历史人物》与《民盟历史文献》丛书的出版，是对先贤们多党合作历史的尊崇和传承。

《民盟历史人物》
《民盟历史文献》 编委会

序

史良是伟大的爱国者和民主主义革命者，著名的“七君子”之一，也是著名的律师和妇女运动的领袖。她为建立一个独立自由民主的新中国，为中国妇女的解放，奋斗了一生，在中国现代史上留下了不可磨灭的光辉业绩。

1900年史良出生于江苏常州一个没落的士大夫家庭。她的青少年时代正是中国社会大变革的时代。受新文化的影响，她很早就萌发了民主意识和爱国主义思想。1919年“五四”爱国运动爆发，正在武进女子师范读书的史良，是常州学生运动的领袖人物。次年，为争取和维护女子教育权利，她带领同学和女师教员一道，进行了持续一年多的护校斗争，迫使当局撤销了停办女师令。

1927年，史良毕业于上海法科大学，起初被分配在南京国民革命军总政治部政治工作养成所工作，随后又到镇江江苏省妇女协会和青岛国民党特别市党部训政科工作。黑暗的社会现实扯碎了她的梦想，只好回到上海，开始律师职业生涯。

1931年“九一八”事变发生后，她积极参加了上海群众反日爱国运动，并参加了中国共产党为营救被捕蒙难同志设在上海的外围组织“革命互济会”，同时出任该会律师。她为营救被国民党政府逮捕的共产党员和爱国进步人士，冒着生命危险，积极奔走。她营救过的共产党员和革命者有邓中夏、李瑛、熊瑾玎、贺龙家属、艾芜、任白戈、陈卓坤等。史良不避风险，全力以赴营救被捕共产党员和进步人士，受到中共的高度评价和信任。

1935年日本进一步入侵华北，中华民族亡国灭种的惨祸迫在眉睫。在中国共产党发表的抗日救国“八一宣言”的影响下，史良率先发起成立了上海第一个救国团体——上海妇女救国会，并被推举为妇救会领袖。1936年1月上海各界救国联合会成立，史良被选为执行委员。6月全国各界救国联合会成立，她被选为执行委员和常务委员，成为救国会的重要领袖人物之一。救国会成立后，组织和领导了一系列抗日爱国活动，反对国民党“安内攘外”的错误国策，呼吁停止内战团结抗日，在当时起了振聋发聩的巨大作用，史良是重要的参与者和领导者。国民党出于对内对外政策的需要，悍然逮捕了史良和沈钧儒、章乃器、邹韬奋、李公朴、王造时、沙千里7位爱国领袖，制造了中国现代史上著名的“七君子”事件。史良是“七君子”中唯一的女君子。史良在狱中，不畏强暴，正气凛然，拒绝国民党的诱降，坚持爱国正义的立场。由于全国人民的大力营救，加之“七七”抗战爆发，国内局势发生了重大变化，史良等人获释出狱。

史良出狱后，为争取抗战胜利努力奋斗。她利用妇女抗日统一战线组织妇女指导委员会委员、联络委员会主任委员以及国民参政员的身份，在动员、团结和指导全国妇女加紧从事抗战建国等方面，做了大量工作。1939 年冬至 1940 年春，各抗日民主党派针对国民党政治上的逆转，在重庆掀起了要求结束国民党一党党治，实行民主政治的宪政运动，史良是领导成员之一，并且是妇女宪政运动的主要领导者。她主持的妇女宪政座谈会，在重庆各界座谈会中最为热烈、最有成绩。1944 年在第二次宪政运动中，史良撰写文章和发表演说，猛烈抨击国民党反民主反人民的一党专政，要求建立各党各派的联合政府。

抗战胜利后，史良从重庆复员回到上海，她除从事律师业务外，作为民盟和救国会的领导人之一，她立场坚定、旗帜鲜明地反对国民党实行独裁统治和发动内战，抵制召开非法“国大”，积极保护学生爱国运动，为建立一个和平独立民主幸福的新中国作了许多工作。国民党对她恨入骨髓，1949 年南京政府倾覆前夕，上海警备司令汤恩伯发出密令，要“不择一切手段，立即逮捕史良”。她闻讯后，辗转躲藏，历尽艰险，直到上海解放，才虎口脱险。不久她到达北平，作为民盟代表出席了中国人民政治协商会议第一届全体会议。

新中国成立，史良即被任命为中央人民政府司法部部长和政务院政治法律委员会委员。她在任司法部部长的8年内，兢兢业业，勤奋工作，为新中国的民主与法制建设，为人民政权的巩固，作了大量的奠基和开创性工作。1957年以后，在当时的政治背景下，司法部被撤销，史良由司法部长改任人大常委会委员。文革期间，她受到冲击。粉碎“四人帮”，迎来了我国社会主义建设的新征程。1979年史良以近80岁的高龄当选为民盟中央主席，随后又当选为五届人大常委会副委员长。她老骥伏枥，壮心不已，领导恢复民盟组织活动，努力把民盟工作重点转移到为“四化”服务的轨道上来。1985年9月6日，史良因病逝世，身后没有给家属留下任何遗产。史良为祖国、为人民奉献了一生，她的历史功绩永远铭记在人民的心中！

撰写史良的传记，阐述研究她一生的思想与活动，对研究中国近现代爱国民主运动、妇女运动、中国共产党领导的爱国民主统一战线历史，和爱国知识分子的思想转变过程，均有一定的理论意义。同时，对于今天我们弘扬爱国主义精神，加强民主法治建设和爱国民主统一战线又有一定的现实意义。

本书在写作中，力求在尽量搜到的历史资料基础上，做到客观、公正、实事求是，在历史大背景下评价史良的历史功绩和过失。书中如有不妥之处，欢迎读者不吝指教。

目 录

第一章
清贫的家庭与艰辛的童年

一、常州史家

史良，字存初，公元1900年3月27日，即清光绪二十六年庚子二月二十七日，出生于江苏常州城内观子巷（现常州市和平南路143号）一个清贫的书香之家。

常州地理环境十分优越，位于我国长江三角洲的西部，地处沪宁铁路中段，京杭运河南端，“大江横其北，太湖处其东”。市内河网交织，水陆交通四通八达，气候温和，雨量适中，土地肥沃，物产丰富。世世代代植根于此的常州人，既享用着这一方水

江苏常州市和平南路143号史良故居

土的滋养，又把这常州大地耕种、梳理得锦绣一般美丽、富足。北宋书学理论家朱长文在《吴郡图经续记》中说:“吴中地沃而物夥，稼则刈麦种禾，一岁两熟，稻有早晚。”其他商业和手工业也处于领先地位，誉满天下。明清时期，这里所生产的土布产品已畅销南洋、朝鲜等地，而梳篦则驰名南北，享有“宫梳名篦”之美誉。

常州也是个古老悠久的地方。春秋时，吴王余祭封季札于延陵，是常州最早的文字记载，距今已有二千五百余年了。秦始皇统一中国后，设置延陵县，之后改称毗陵、晋陵、兰陵，至隋代始改称常州。不过，此后随着地域建置的变化，其名称屡有变动。辛亥革命后废常州府，并阳湖入武进，常州就属武进。解放前，常州和武进很难分，因此说史良是武进人也可以。1927 年，史良从上海法科大学毕业，籍贯即写的江苏武进。解放后，将武进城区和城郊划归常州市，市区以外属武进县。1983 年实行市管县新体制，武进、金坛、溧阳三县划归常州市。

自古以来，常州就是一方人文荟萃、人才辈出之地。在北宋大观三年(公元 1109 年)一科 300 名进士中，常州竟得 53 名。据统计，在 1000 多年的科举考试中，常州共有 1500 余人取得进士。此外，南宋时编写《南齐书》的史学家萧子显，主编《昭明文选》的文学家萧统，明代编纂大型百科全书《永乐大典》的总裁陈济，以及被誉为清朝“江左三大家”之一的史学家和文学家赵翼、画家恽寿平等等先贤人物，均为常州人。清朝著名的思想家和文学家龚自珍在他写的《常州高材篇·送丁若士》诗中，有“丁君行矣龚子忽有感，听我掷笔歌常州。天下名士有部落，东南无与常匹俦”[1]之句，以及赵翼“江山代有才人出，各领风骚数百年”的千古名句，都是形容常州的济济多士、人才辈出。史良晚年也曾以“物华天宝，人杰地灵”[2]来赞美家乡丰富美好的物产和指不胜屈的人才。

史良的曾祖父史致泽，字燮甫、锡甫，清道光丁酉举人。性甘濩落，淡于名利，当道曾多次授以官职，皆不应，仅做过知府衙门的钱谷官。此外，家里还有44亩田产和21间房屋，这是家庭的主要生活来源。他对人和善，无疾言遽色，“遇子弟不事督责，惟好解纷排难，使豪右不得逞”。[3] 其行为操守被乡邻视为“一流人也”。史致泽喜好写诗，以陶冶性情。诗的风格多以自然为宗，由绚烂而造平淡。平生共写诗有数千首，遗憾的是“不自收拾，脱稿辄为人取去”。在他殁后，家人从他的书箧内捡得三百余首，刊刻成册，名为《荆余草堂遗诗》。[4]

史致泽有两个儿子，一为史亮悠，一为史逸琴。长子史亮悠，字子贞、紫珍，以字行。史紫珍长得挺秀姿眉，自幼刻苦读书，先是考得秀才，后于清同治丁卯年（1867年）中举人，并继续向科举的道路攀登，可惜“五试春闱而不售”。后在浙江省任盐官16年。[5] 史紫珍虽未登上科举的顶峰，但他见闻广博，知识丰

---

① 《龚自珍全集》，中华书局1975年版，第494页。

② 武进县湖塘乡编史修志领导小组：《湖塘乡志》，1984年10月。

③ 《史品山先生诔》，未刊，史良后人藏。

④ 《史致泽传略》，未刊，史良后人藏；史良弟弟史公载“文革”所写交代材料，未刊。

⑤ 《史亮悠传略》，未刊。另据史良及其弟史公载说史紫珍曾中式进士，疑误。

富，所写文章通畅有条理。和他父亲一样，也喜欢写诗。不过他因五次应试而不中，困于盐官16年，胸中难免抑郁，再加上他性情刚直不阿，不肯与世俗同流合污，所以他的诗感慨沉郁兼而有之，乐少悲多。次子史逸琴则做过知县。自史良的祖父往上数，史家出过五代举人。当时常州有八家名门，史家是这八个名门之一。不过到了史良的父亲史刚辈，则江河日下，家境困窘。

史良的父亲史刚(1869～1933年)，字子游，他本是二房史逸琴所生，因史紫珍无子，仅有女儿，便在他19岁时过继给大房史紫珍为子。史刚自幼也读得不少经书，大概由于时代的关系和受其父"秉性狷介，不能逢迎流俗"[①]的影响，他对封建纲常名教具有一种叛逆性格，他不相信科举，认为科举是封建统治者用来束缚人的工具，每个人得死用功，伏在案上写蝇头小楷，磨尽了人的心血，做出来的八股文章，千篇一律的格式，毫无实用价值。所以他就不上这个当，[②]没有像父辈那样，走科举之路，读书做官。但史刚毕竟是书香门第的后代，文学功底深厚，也爱吟诗作赋，写有诗稿。[③] 可惜的是，这些诗稿现今下落不明，我们无从知道它的内容。史刚22岁时与常州戚墅镇刘在兹之女刘璇成婚。刘在兹进士出身，和史紫珍是知交，在他们的儿女还没有出世时，就指腹为婚了。史刚结婚后，由于不堪继母的刻薄

---

① 《史亮悠传略》，未刊，史良后人藏。

② 子冈：《史良律师访问记》，《妇女生活》，第2卷第4期，1936年4月16日。

③ 《史良致史伯随》，1969年3月8日，未刊，史良外甥女汤七襄藏。史良在信中说："你提到爹爹的诗稿，我这儿有两本，一本是你亲笔抄的，一本是上次龙姊同小弟来北京时，我嘱小弟抄了一本，你若需要，我可邮寄一份给你。"

史良之父史刚

虐待，便自立谋生，以教私塾和为一些大户人家当家庭老师为业。史刚生平不慕功名利禄，淡泊以名志，颇有些名士气度。“两袖清风，一窗明月”，是史刚对他淡泊生活的描写。可另一方面，史刚一家十口，仅靠他每月教书的薪金银元 10 元生活，家庭的困窘和艰辛可想而知。史良的弟弟史公载回忆说：“一家十口，常受典鬻和高利贷之苦，家庭生活极度困难。”[①]史刚后来受孙中山领导的资产阶级民主革命的影响，倾向反满革命，并且参加了同盟会。

① 史公载“文革”所写交代材料，未刊。

史良的母亲刘璇(1873～1943年),是刘家的独女。其父去世较早,母亲27岁守寡,主要靠在住宅外种半亩菜园和半亩桑树,以卖菜、养蚕为生。刘璇的母亲常把自己艰苦省下的钱,接济女儿、女婿一家。刘璇贤惠能干,且对旧学略有功底,除会诗书外,还会绘画、刺绣、弹琴,是一位既善良又有才华的妇女。据史良弟弟史公载回忆,她母亲曾作过一首题为《梦中游》的五言古诗:"抱琴独上山,四围皆峭壁。人生天地间,何如此岩石。"[①]在丈夫史刚外出期间,家里子女的读书认字,就完全由她承担。1943年7月,刘璇在重庆去世,享寿70。时因抗战时期,史良姊妹仅在一寺内诵经设奠,以示哀悼。抗战胜利后,1946年冬始安葬武进原籍。著名爱国民主人士沈钧儒亲自撰写了挽联:"为大众之母,遗天下之悲。"[②]并以救国会的名义吊唁,向史良表示慰问。母亲对史良的影响很大,史良也很热爱自己的母亲。史良曾深情地说过:"我的母亲很能干,是一位贤淑的女性。"[③]"在我回顾自己一生经历的时候,我深深地怀念母亲,她在生命的征途上走过多么漫长的艰辛道路啊!她是勇敢的,而我则从她那里接受和懂得了许多做人的道理。"[④]

史良出生的年代,正是中国内忧外患交相熬煎的年代。清政府腐朽无能,国势极端衰败,帝国主义在中国掀起瓜分狂潮。目睹国家的空前劫难,中国人民奋起救亡图存。就在史良出生

---

① 访问史公载记录。

② 沈谱、沈人骅编:《沈钧儒年谱》,中国文史出版社1992年版,第268页。

③ 《史良自述》,中国文史出版社1987年版,第1页。

④ 同上,第8页。

的1900年，中国广大的下层人民爆发了轰轰烈烈的义和团运动，以阻止帝国主义瓜分中国的狂妄企图。随后，针对帝国主义及其清王朝的反动统治，孙中山领导的资产阶级革命运动蓬勃兴起，多次发动起义，最终于1911年爆发辛亥革命，结束了清王朝在中国的统治，也永远结束了两千多年的封建帝制。但辛亥革命的胜利果实很快被以袁世凯为首的封建军阀窃取，中国的统治者仍然是大地主、大资产阶级，中国人民仍然在苦难中呻吟。史良就是在这样清贫的家庭环境和充满忧患的社会环境中长大的。

二、艰辛童年

史良在姊妹中排行第四，上有三个姐姐，下有三个妹妹和一个弟弟。由于全家生活只靠父亲以教书的微薄薪俸供给，因此很贫困，经常吃不饱饭。史良回忆说："还记得幼年时，母亲常常用一口大缸腌上一缸咸菜，每天吃饭的时候，切它一点，营养很差，有时有病也无钱医治。"[①]在这种贫穷的情况下，史良的二姐史琦死于浮肿，三姐史开死于肺病，七妹史仲死于肿瘤。史良记得，在她八九岁时，母亲生妹妹史叔织，想喝口米汤，家中却没有米了，且家徒四壁，比较值钱的衣物，大都早已进了当铺，她的父亲只得拉下床上的床单，叫她拿去典当。"当铺的柜台特别高，我踮起双脚，两只胳膊举得高高的把床单送上去，只

① 史良:《我所走过的道路》，日文版《人民中国》，1963年第7号。

当了一块钱。”[1]

由于家境清贫，史良很小的时候就开始帮母亲做家务，再加上她生性泼辣倔强，体质也较好，因此许多家务事，都由她去做。她很敬爱母亲，在她看来，家境清贫，人口又多，为母亲分担一部分繁重的家务，是做女儿应尽的义务。由于经常干家务劳动，她有一双粗壮的手。史良在文革期间被审查时，在机关经常做些清洁卫生工作，如拖地板、刷痰盂、擦桌椅、揩玻璃等，当时她已经是年近70的老人了，仍能应付自如，干起活来很麻利。在人们的心目中，史良是一位言谈举止、衣食住行都讲求高雅的知名大人物，大家对此感到诧异，她伸出双手对一同劳动的一位妇女同志说：“我从小就有一双劳动的手。”[2]

清贫的家庭生活，给史良幼小的心灵留下了较深刻的印象，同时也使她因饱尝艰辛而早熟。

史良的童年时代，在家跟随父亲读书，除了学习正规的四书五经、诸子百家之外，她的父亲还常常给她讲述一些民族英雄的故事，诸如同反动贵族出卖祖国的无耻行径进行斗争的爱国诗人屈原，为抗元复宋宁死不屈英勇就义的文天祥，督师守扬州抗清兵至死不屈的史可法，以及率领太平军东征西战直捣清王朝巢穴的洪秀全等。史良听得津津有味，对英雄人物肃然起敬。爱国主义和民族气节，在史良的幼小心灵中，深深地埋下根底，这为她后来参加革命，为广大人民谋求解放，为建设民主和富强

---

① 李文宜：《忆史良同志的生活片断》，《中央盟讯》，1985年第10期。

② 同上。

的新中国而奋斗，成为杰出的民主爱国人士，铺下了最初的石级。史良对此曾说："我的父亲历史知识很渊博，常给我们讲述历史故事。他给我们讲过屈原、文天祥、史可法、洪秀全等人的经历。这些民族英雄的爱国精神和民族气节，深深地感染了我。我的父亲最反对曾国藩，说他助满反汉，是民族罪人。这些，对我日后的思想形成起了很大作用。"①

史良或许遗传了她父亲反叛性格的基因，也或许是受父亲讲述的民族英雄人物的影响，从小就富于反抗精神。在她 7 岁时，母亲就想把她定亲给一个姓刘的有钱人家，她不愿意。当父母亲把她的庚帖送给刘家后，她就蒙头睡觉不吃饭，和父母赌气，以示抗婚。父母没有办法，只好把庚帖要回。② 她的这种倔强性格，在后来进入学校和社会中，有了进一步的发展。

如前所述，史良的父亲对封建纲常具有一种叛逆性格，并受孙中山领导的资产阶级民主革命的影响，倾向反清革命，因而他摈弃了"三从四得"之类封建传统，对自己的孩子，男女平等，一视同仁，并没有不给女孩子受教育的机会，在他们家境贫困的情况下，家里最早入学读书的是史良的大姐史伯随。1914 年，史良 14 岁那年③她的大姐史伯随已开始工作，在武进女子师范教国文，家庭收入有所增加，经济状况略有好转，于是多年来一直渴望进入洋学堂读书的史良，得以进入武进县立女子师范学校附

---

① 《史良自述》，第 2 页。

② 史良：《我所走过的道路》，日文版《人民中国》，1963 年第 7 号。

③ 史良在 20 世纪 80 年代撰写的自述中系 13 岁入学，此据她 60 年代所述。

青少年时期史良与外甥女阿襄在一起

属小学。由于史良在父母的教诲下，已经具备了一定的文化、历史知识，所以一进校门就上了小学四年级。自此，史良从家庭进入学校，从封闭的传统封建主义教育开始接受新式学堂的教育。

第二章

汇入五四运动的洪流

一、常州学界五四运动的先锋

史良小学毕业后，考入武进县立女子师范（现在常州第22中学，当时大门开在西庙沟）。这是当时常州最高学府之一。它的前身是粹化女学，成立于1906年。那时正是清朝廷准备实行新政，废科举，办学堂的时刻，武进地方绅士庄先识发起筹建，庄蕴宽、庄清华、赵凤昌、屠寄等捐资，于4月3日成立粹化女学，由杨敏任经理（即校长）。与粹化女学同时成立的，还有争存女校。次年（1907年）粹化女学改名为粹化女子师范学校，后因经济困难，粹化女学与争存女校合并，改名为粹存女学。合并后两校学生不睦，不久又分开。1911年夏两校再次合并，改名为粹化争存女学。1912年（民国元年），前粹化女学校长庄蕴宽出任江苏都督，令将粹化争存女学收归县立，改称武进县立女子师范学校，校址由原来的常州后北岸迁至青果巷都城隍庙。

进入县立女子师范学习，标志着史良人生旅途进入一个新的阶段，她的新思想、新生活都是从这里萌芽发端的。她用功读书，成绩总是名列前茅。在她看来，一个人特别是妇女将来要在社会上站得住脚跟，只有靠自己的努力，自强自立，顽强拼搏，掌握丰富的知识，才能达到，并且是牢靠的。同时，她也深深感到，像她这样的家庭环境,获得进入学校学习的机会是多么的不容易,因此,唯一的途径就是努力学习。她曾回忆自己在学校学习用功的情景时说:“我在所有的求学时光真可以说是一个死用功的学生了,那股用功劲是没法形容的,心里只有书本书本,其余的什么也不留意。我有整整十四年没有间断过一天日记,那上面有我详细的用功经过。我的日记不是记什么天晴天雨,漱洗毕……而是记一天的心得,学着曾文正公在日记上‘三省吾身’。”“我功课平均发展,功课是算得成绩挺好,就是一门不好——缝纫,要我刺绣可难死了。我还是学校球队选手之一呢,处处好胜而已。那时不懂得什么性近性远,只知拼命用功用功!”①

但是史良并不是完全死读书,她所说的“其余的什么也不留意”,是指的那些她认为无关紧要的生活琐事。其实她很关心国家大事和周围发生的事情,对于不合理的现象,和学校里尸位素餐、无能任教之辈,具有强烈的反抗意识。1918 年当她在女师附小念高小三年级,并任正级长时,就领导同学驱逐一个不学无术的算术教员,掀起学潮,罢课 3 天。虽然她作为这次学潮的首领,被记了一次大过,但终于达到了撤换这个教员的目的,因而获得同学们的拥护。② 此时的史良,已经走过了她充满艰辛的童年,成长为一个思想敏锐、擅长口才、有胆量、有见识的青年。

---

① 子冈:《史良律师访问记》,《妇女生活》,第 2 卷第 4 期,1936 年 4 月 16 日。

② 韬奋:《经历》,生活·读书·新知三联书店 1978 年版,第 125 页。

史良在女师读书的第二年，爆发了五四运动。第一次世界大战结束后，中国作为战胜国参加了巴黎和会。在会上，各帝国主义战胜国借拟订对德和约为名，打算重新分割势力范围。他们漠视中国主权，非法决定让日本继承战前德国在山东的权利。而北京政府竟准备牺牲中国的领土主权，在那份屈辱的《凡尔赛和约》上签字承认。消息传回国内，群情激愤。5月4日，以北京大学学生为首的北京学生约3000人，在天安门集会，提出“外争国权，内除国贼”的口号，并且火烧了卖国贼曹汝霖的住地赵家楼，痛打在曹宅的卖国贼章宗祥。伟大的“五四”爱国运动爆发了，并迅速波及上海、天津、武汉等城市，在全国各地引起连锁反应，形成巨大的声势。

史良从青少年时代起，就具有强烈的民族爱国主义思想意识，这一方面是他父亲灌输和学校老师启蒙的结果，另一方面也是时代养成的。史良生长的年代，正值20世纪初，帝国主义侵凌和清朝统治者的腐败，使中华民族面临灭亡沉沦的边缘，神州满目疮痍，人民陷于水深火热之中。辛亥革命推翻了清朝统治者，结束了两千多年的封建君主专制制度，具有伟大意义，但它并没完成反帝反封建的民族民主革命，达到拯救中国的目的。继起统治中国的北洋军阀，仍然对外投降卖国，对内压迫人民，横征暴敛，并且演出了洪宪帝制和张勋复辟的丑剧，国家情况越来越坏，因此生长在这样的时代和环境的每个具有良知的中国人，特别是政治感觉比较敏锐而又富有热情的青年知识分子，爱国思想很自然地会油然而生，并且一有机会便会很快把爱国思想变为爱国行动。当“五四”运动的信息一传至常州，史良立即行动起来。在校内，她以学生会会长的身份，与各年级比较活跃的同学和级长互相串联；在校外，她打破男女界限与武进男子师范和江苏省设立在常州的第五中学（这两所学校也是当时常州的最高学府）的学生代表联系，商洽响应并支持北京学生爱国运动，表现了高度的爱国热情和较强的组织才能。“五四”运动中女师是常州学界最活跃的学校之一，史良则是女师中最激进的一个，是学生爱国运动的组织者和领导者。

5月6日[①]，常州的三所最高学府，即武进县立女子师范（简称女师）、武进县立男子师范（简称男师）和省立第五中学学生代表在县文庙明伦堂召开联席会议，正式成立三校学生联合会，并推选五中学生会会长蒋瑞霖为会长，史良为副会长。同时还成立了评议部办公室，由史良兼任评议部主任，具体执行三校学生联合会的各项决议，汇报交流各校活动情况，负责与其他学校的联系。三校学生联合会成立后，立即组织了一次示威游行，表示对北京学生的支援。游行时，省立第五中学音乐教师刘天华带领的音乐队走在队伍的最前面，接着是五中和女师的队伍，最后是男师的队伍。史良手执校旗，跑前跑后，时而招呼队伍进行，时而领头高呼：“外争国权，内惩国贼！”“还我青岛！”等口号。学生们的爱国热情，感动了街道两旁不少看热闹的人们，他们也一起加入到游行队伍中。

5月13日，武进教育界“以洗雪国耻，定期讲演，非有永久机

---

① 据《江苏省常州中学校史》载，三校学生联合会的成立时间为5月6日，时间拟偏早，应是在10日左右。

关不可”，各校校长及教员在第一公园（今人民公园）集会，正式组织学界联合会，其宗旨为：“联络各界取稳健主义，达励耻之目的为旨归。”[①]学界联合会干事由各校校长及各团童子军教练担任，女师校长刘古愚（名植）是干事之一。史良和同学方蕴、夏言、陈维等，都参加了学界联合会。[②]

由于日本坚持要求将德国在山东的一切权利收归己有，是侵略中国的主要帝国主义国家，因此常州学界也和其他各地一样，把反对的矛头主要指向日本帝国主义。22日，学界联合会在市立第七国民小学开会，决议劝告停泊在常州的日船出境，并禁止日船再入境和日本人至内地游览。会议还推定史良和方蕴、夏言、陈维4人为第一公园演讲员，女西校教导主任赵毅甫和钱敩纯为新舞台演讲员，于25日分赴两地演讲，向民众宣传反日爱国。[③] 25日，史良和方蕴、夏言、陈维等人，赴第一公园演讲，听众达三四百人，“诸女士演讲甚恳切”，“听者无倦容”。[④] 女师演讲队虽然人数不多，却十分活跃。史良除积极参加向民众演讲外，还经常带领同学上街查抄日货，宣传爱用国货，不用日货，把抄来的日货当众焚烧。史良身体力行，带头不用日货，在她的影响下，女师学生不用日货，把自己的东洋布衣服撕掉，带到教室里焚烧。此外她还曾以常州学生代表身份，到南京参加过支援北

---

① 《武进学界之爱国热——学界联合会成立》，武进《晨钟报》，1919年5月14日。

② 《联合会会员录》，武进《晨钟报》，1919年5月24、26日。

③ 《学界联合会消息》，武进《晨钟报》，1919年5月23日。

④ 《记昨日城区之演讲团》，武进《晨钟报》，1919年5月26日。

京学生的集会。[①] 由史良编辑，女师还出版过一种油印的宣传爱国的进步刊物，在同学和市民中广为散发。

6月3日以后，“五四”爱国运动进入一个新的阶段。上海除了学生罢课外，工人罢工，商人罢市，运动迅速波及到常州。5日，女师、男师、五中等校学生开始罢课。[②] 在史良的领导和影响下，女师附小学生亦开始罢课，其宣言说：“外交失败，乃庇贼而仇学生，学生何罪，爱国其罪，决于六月七日罢课，从诸姑伯姊之后，力雪国耻。”同时发表誓言：“誓行其所知所能救国，有敢怠懦，以无耻论。谨誓。”[③]8日晨，学界联合会在老城隍庙事务所开会，要求商界罢市，以示响应，决议即派各校学生午后一致出发劝告各商店罢市。史良当即和女师同学一道，“担任各处劝告，据闻竟有跪求者”。[④] 由于学界的鼓动，8日下午4时开始，常州全城商店一律罢市，人力车亦停止行驶。是日武进日报公会筹备处一则通电说：“上海日报公会转全国各机关、各团体、各报馆钧鉴：武进全邑商店下午四时一律罢市，人心愤激，秩序安宁，已通电北京政府为学生后盾，誓不达救国目的不止，并倡议即日起全市不缴杂捐，农民不纳正税，以示坚决。谨此代闻。”[⑤]这时

① 常州市、武进县妇联联合调查整理：《“五四”时期的史良》，《常州武进地区革命史料选编》第1期。

② 《第五中学学生罢课》、《男女师范同日罢课》，武进《晨钟报》，1919年6月5、6日。

③ 《女师附属小学学生罢课》，武进《晨钟报》，1919年6月9日。

④ 同上。

⑤ 《救国呼吁之通电》，武进《晨钟报》，1919年6月9日。

女师学生会讲演部所属之讲演队，由原来的5人已增至10余人，演讲地点，除了在城区第一公园、西瀛里一带外，在史良的带领下，还赴奔牛、横林、戚墅堰等县城向民众进行反日爱国宣传。[①]

关于史良在"五四"运动的思想表现，她当年的同学或熟悉的一些老人回忆时，都一致交口称赞，说："史良生活俭朴，常穿一件蓝布衫和裙子，头上扎着辫子。她的口才好，人挺能干，在"五四"时期积极参加各项学生运动，带领同学上街查抄日货。"[②]"史良在学校很朴素，不讲究，她学习成绩很好，班上有四十多人，考试成绩总是前几名，在同学中很有威信。她有男子气质，我们在一起打闹玩时，她总要做男孩子，说话也像男孩子，与别人争总要占上风，做事样样要抢在前头。"五四"时期史良参加社会活动很积极，闹学潮她是带头人，喜欢出人头地，胆子很大，天不怕，地不怕。她的宣传鼓动能力很强，我们一被她鼓动说服，就跟着她走了。"[③]"史良思想进步，敢说敢闯，对问题的反映敏感性强，说话做事爽脆，像个男同志。""'五四'运动期间，我在常州女西校做老师，在学生运动中，我负责搞宣传工作。赵毅甫是我们女西校的教导主任，我就是在负责学生工作中认识史良的。史良在学生运动中是很积极的，总是起先锋骨干作用，她是女子师范学校的主要人物，如我校的赵毅甫有什么事都要找史良联系，有什么活动也都是由史良负责与各校的负责人联系通

---

① 《记女师范演讲部之行踪》，武进《晨钟报》，1919年6月8日、13日。

② 访问丁婉英记录，未刊，原件存常州市妇联档案室。

③ 笔者访问钱敏记录，未刊。

20世纪50年代史良和姐姐史伯随

知,因而史良在学生运动中的影响比较大。那时,我们在外面的宣传稿子,多数是史良和赵毅甫两人起草的。"[①]"有一次和史良在体育场一起演讲,那次讲演的有十多人,围观听众很多。在一边讲演的同时,还把抄来的日货堆放在体育场中,当讲演结束后,就把日货当众焚烧。游行时,史良总跑在女师学生前面呼口号,比较引人注目。"[②]当时常州厚生机器厂(即现在常州柴油机厂的前身)的一些工人,不顾天气炎热,常去听史良演讲。一次她在第一公园"思本亭"连续讲了两个多小时,"慷慨陈词,工人很受感动",主动送水给她喝。[③] 从此,史良在常州名声大噪。

这里有必要提及史良的大姊史伯随的情况。史伯随名群,以字行。如上所述,她参加工作后,把当教员的全部薪金都拿出

① 访问严铨生记录,未刊,原件存常州市妇联档案室。

② 访问陈九畴记录,未刊,常州地方志办公室宗清元提供。

③ 《史良与厚生厂的工人》,《江苏工人报》,1985年9月18日。

来补贴家用，史良才得以进入学堂。对此，史良铭记在心。解放后，史良致史伯随的信中，多次提到，如："我是不能忘怀，我亲爱的大姊，如何在小的时候，特别是中学时代，帮助我父母，给我们求学，以致有今天。我只有加倍努力工作来报答你的培养。"[①]如："我无论在好的风景里游览，或是吃到奇香异味，我很自然的就会想起您来，我脑子里总是默默地想着，如果大姊在场多高兴呀，如果小时候不是大姊帮父母度过穷日子，我也没有今天。"[②]史良和史伯随姐妹情深，称史伯随"是我唯一亲爱的大姊，她的一种仁慈、和蔼、朴实、诚恳的态度，永远是我坚强愉快的动力"。[③] 我们的思路还是回到正文，史伯随和史良一样，爱国心切，"五四"运动中，积极参加各项爱国活动，是女师教员中最活跃的人物之一，在常州学界也有一定的影响。学界联合会成立后，她也是最早的一批成员之一。她语文根底好，思想清晰，擅长演说，和史良一道，同是女师演讲队的成员。上述5月25日在第一公园的讲演，她就是参与者之一，并且深受听众欢迎。当时报纸报道，她的演讲"面面俱到，虽历一小时之久，而听者无倦容，实女子演讲团中不可多得之人才也"。[④] 以后她多次向民众发表反日爱国的讲演，深深打动了听众的心，舆论给予好评。6月8日，常州罢市开始后，她在县署大堂发表关于时事的讲演，据《武进月报》记载，她号召"发挥救国精神，听者动容。闻女士邃

① 《史良致史伯随信》，1958年1月18日，未刊，汤七襄藏。

② 《史良致史伯随信》，1962年2月23日，未刊。

③ 同上。

④ 《记昨日城区之演讲团》，武进《晨钟报》，1919年5月26日。

国学，故其言之甚辨云”。[1] 1920年5月4日，常州学界在第一公园召开纪念“五四”运动周年大会，与会及围观者达数千人。史伯随在会上作了题为《悲观与乐观》的演讲，“尤其慷慨淋漓，全场动容”。[2] “语语自事实，痛言时局危险，凡人均宜发愤救国。讲时充足之精神，愤激之言论，实令人钦佩”。[3] 23日，她又在老城隍庙劝学所前露天发表题为《今日国民不能负责》的演讲，“各界人士及男女学生往听者甚众”，“当头棒喝，唤醒蚩氓”。[4] 史良和史伯随，在“五四”运动中，是女师和常州学界两朵灿烂的爱国主义姊妹花。

此外，史良的弟弟史公载当时在省立常州五中念书，他也积极参加了“五四”爱国运动。

“五四”爱国运动以罢免曹汝霖、章宗祥、陆宗舆，和中国拒绝在巴黎和约上签字而告一段落，常州学生运动也逐渐成为过去。但史良和她的女师同学们还不时走上街头进行爱国宣传。据1919年12月20日武进《晨钟报》记载：“昨日午后五时许，有女师范之女学生执纸旗，上书‘国民猛省，抵制日货，坚持到底。诸君知福州之事乎’[5]等字样，游行街市于西瀛一带，沿途讲演日

---

① 《救国声中之罢市始末》，《武进月报》，第2卷第6期，1919年6月25日。

② 《记第一公园爱国演讲》，武进《晨钟报》，1920年5月5日。另据1920年5月8日《民国日报》载，其演讲题为《悲观乐之五四运动》。

③ 《常州“五四”纪念盛况》，上海《民国日报》，1920年5月8日。

④ 《记老城隍庙之露天演讲》，武进《晨钟报》，1920年5月24日。

⑤ 1919年11月16日，在福州的日本侨民，为抵制日货事，殴伤中国学生及市民10余人，警察1人，日本被捕者3人，当时称为“福州事件”。

本对待吾国情形，速谋救亡方针……抵制日货，大家坚持，毋为五分钟热度。”[①]史良的心中一经点燃爱国的火种，就再也不会熄灭，在她此后的生涯中，始终保持着爱国的精神。

二、接受新学说和新思潮

“五四”运动后，伴随着新文化运动的深入发展和马克思主义的传播，各种刊物如雨后春笋，西方的各种思潮，如社会主义、无政府主义、资产阶级民主主义、基尔特社会主义、泛劳动主义等，纷纷被介绍到中国，加上西方学术大师杜威、罗素来华讲学，思想界呈现空前活跃的气氛。史良在常州女师读了一些新书报，并亲耳聆听了杜威在常州的演讲，[②]接触了新学说和新思潮。

史良成为著名律师后，曾对前来访问她的有名记者子冈谈过她在女师接受新学说的情况。她说：“那时也有了一点新书报杂志，介绍来一些新学说。那时每个青年无所谓真的信仰什么党，什么主义，不过总有一个心目中的‘乌托邦’，或者就模模糊糊地说是社会主义吧。我那时热衷于看《创造》什么的，崇拜着高德曼(Goldman)的学说，我的思想总在转变。自己如今觉得了以前的错误，明白要政治上轨道，不只是上层几个人的事，而是整个阶层的事了。以前我真有点英雄思想呢。”[③]又说：“‘五四’

---

① 《女学生游行演说》，武进《晨钟报》，1919年12月20日。

② 1919年5月，杜威到上海讲学后，曾到常州做演讲报告。

③ 子冈：《史良律师访问记》，《妇女生活》，第2卷第4期，1936年4月16日。

运动以后，在中国的大地上，蓬勃发展起了以科学与民主为中心的新文化运动。这个运动吸引着广大的青年，我也被它吸引了。我常常看当时流行的一些书刊，如小说《夜未央》、期刊《改造》等。在我的头脑里，装满了克鲁泡特金的无政府思想，成天幻想着一个公道社会和一个虚无飘渺的无政府世界。"①

《创造》是"五四"时期由郭沫若、郁达夫、成仿吾发起成立的著名新文学团体创造社的机关刊物，反帝反封建及积极浪漫主义精神是其基本倾向。高德曼（1869～1940年）是俄国女革命家，无政府主义者，生平以鼓吹无政府主义为志，后到美国从事无政府主义运动，屡次入狱。她曾两次作为美国代表，参加了1900年巴黎国际无政府主义会议和1907年阿姆斯特丹国际无政府主义会议。"五四"时期，北京大学学生中的无政府主义小团体"实社"出版的《实社自由录》第一集上，曾刊登过高德曼的文章，《新青年》也先后译载过她的《近代戏剧论》、《婚姻与恋爱》等。巴金就是"五四"时期第一次从高德曼的文章中接受了无政府主义教义，并为之折服的。他在1936年出版的《忆》一书中说："高德曼的文章以她那雄辩的论据，精密的理论，丰富的学识，简明的文体，带煽动性的笔调，毫不费力地把我这一个十五岁的孩子征服了。"

《改造》原名《解放与改造》，1919年9月创刊，1920年9月第3卷起更名为《改造》，主编为梁启超，以研究中国问题和宣传社会改造为目的。《夜未央》是波兰人廖抗夫（1874～1913

---

① 史良：《我所走过的道路》，日文版《人民中国》，1963年第7号。

年)写的俄国1905年革命的剧本,“五四”时期由李石曾翻译出版了中译本。剧本描写俄国革命党人为了反对沙皇黑暗统治进行英勇斗争的故事。特别是戏的末尾,由姑娘安娜亲手点燃信号通知恋人华西里用炸弹去炸死总督,华西里也因此壮烈牺牲,场面写得相当惊心动魄,充分表现了这些革命青年英勇的献身精神。巴金也是从《夜未央》开始吸取革命力量,建立起自己的革命人生观。1930年2月,巴金在写的《〈夜未央〉序》一文中说:“那本书给他(巴金)打开了一个新的眼界,使他看见了另一个国度里一代青年为人民争自由谋幸福的奋斗之大悲剧。”使他“第一次找到他底梦景中的英雄,他又找到了他底终身事业”。

俄国的克鲁泡特金是无政府共产主义的创始人,“互助论”是其主要理论基础。克鲁泡特金的“互助论”,在“五四”时期对中国思想界的影响甚大,不少革命知识分子如李大钊、毛泽东等在向马克思主义者的转变过程中,都曾留下“互助论”思想影响的痕迹。“五四”时期的史良也正是从这些期刊和学说中吸取了养料,初步建立起反帝反封建的革命人生观。1920年5月,史良在著名的民主革命家、教育家、思想家北京大学校长蔡元培等倡导的平民教育思潮的影响下,为推广教育起见,与女师学生会发起创设了义务学校,其简章如下:“(定名)武进学生联合会第一义务学校。(宗旨)提倡教育,培养无力求学之儿童及失学之妇女,得有普通智识以养成良好国民。(数额)不限。(入学资格)凡年在七岁以上十五岁以下之儿童。(男女兼收)年长失学之妇女均为合格……(费用)凡书籍、文具等项,均由本分会发给,不取分文。”①

可以说，史良经过“五四”爱国运动的锻炼，以及受新学说、新思潮的影响，无论是从思想和行动来说，已经是一个小资产阶级激进民主主义者了。

三、护校斗争中的闯将

“五四”爱国运动在全国引起了巨大的政治波澜，也给常州这个城市吹皱了一池春水。社会的大动荡，常常会在不同的人群中产生相异的反映。人们从各自不同的立场和利益出发，去认识和估价当前发生的一切，并采取相应的对策，从而加剧各个派别之间的矛盾与斗争。常州也和其他地方一样，“五四”运动后，新旧之间的斗争，在明里或暗中增长。从 1920 年 7 月开始，到 1922 年春天，常州的封建保守势力和资产阶级民主势力之间，便发生了一场是停办还是保存女师和男师的激烈斗争。在这场斗争中，史良带领同学们和女师教员一道，为维护学校，反对旧势力，进行了坚决而英勇的斗争。

常州原来就存在着“乡派”（又称“农会派”）和“城派”（又称“商会派”）的矛盾。乡派以地方乡绅为主，为首的一个人物是屠寄。屠寄字敬山，是清末进士，民国成立后是武进第一任民政长，他是地方上一位有势力和影响的人物。城派以商贾士绅为主。一般说来，乡派代表封建保守势力，城派代表资产阶级民主

---

① 《女生创立义务学校简章》，武进《晨钟报》，1920 年 5 月 24 日。

势力。在两派矛盾斗争中,城派一直未能占上风。民国初年国会众议员选举时,常州地区当选的3个议员都为乡派,其中之一即为屠寄的儿子屠宽。“五四”爱国运动中,女师学生和教员站在运动的前列,表现突出,引起封建保守势力的注意。在这些人看来,学生只应闭门读书,不应搞什么运动。尤其是一些女孩子,上洋学堂已经是破格了,现在竟然上街游行,在大庭广众之下发表讲演,言辞激烈,成何体统。女师校长刘古愚早年留学日本,受孙中山的三民主义影响较深,人较开明,他支持学生爱国运动,学生也拥戴他。刘古愚属于城派,素与乡派不睦。因此,类似“五四”运动爆发后,北京的安福系官僚政客痛恨北京大学发起了“五四”运动,认为是革命的大本营,指责蔡元培校长是罪魁祸首,阴谋策划北京政府予以撤换惩处,并解散北京大学一样,常州的封建保守势力也把女师看成是革命的大本营。他们和县署当局勾结,提出要求撤换支持学生爱国运动的刘古愚,并策划停办女师和男师,以达到撤刘、遏止新思潮的传播和进步民主势力增长的目的。

经过预谋策划之后,1920年7月间,乡派和倾向乡派的部分人在一次县署会计会议上,以“本届预算不敷之款甚多”为借口,议决将女师和男师停办,同时归并第八高小。① 县知事公署随即备致公函一份,呈请江苏省教育厅核准。消息披露后,舆论哗然,“两校学生大为悲痛,纷纷致书上海学生联合会,请求协助挽

① 《停办男女师范之抵制观》,武进《晨钟报》,1920年7月30日。

回之策，且联名公呈教育厅、省公署，言词恳切”。[1] 尤其是女师学生：“志气坚决，誓不达存留母校之目的不止。”[2]史良带领同学，散发反对停办传单，并率代表与屠寄、朱稚竹、赵颂平（均乡派代表人物）“面论一切”，结果，“毫无明白之解释，敷衍一番而散”。[3] 随后县署当局将停办告示贴在女师校门口，引起同学们的无比愤怒，史良和同学赵馥立即将告示撕下，以示抵抗。

为了维护学校的存在，反对对教育事业的摧残，并求得各界和上级教育机关的同情与支持，由史良起草，女师全体学生发表了致全国学生联合会的通电，并送致江苏省政府和教育厅一份呈文，同时还发表了《敬告各界》的公开信。这些文电函件，对地方上封建保守势力摧残进步教育事业，压制学生爱国运动的阴谋和反动行径，作了深刻的揭露，并表示为了护校，要同这些恶势力进行坚决的斗争。致全国学生联合会的通电全文如下：

> 全国学生会鉴：敝校自丙午成立迄今，十有五年，历届部省视学均加赞许，先后毕业同学亦不下千余人。惟地方上向有一般无知乡董，挟城乡意见，屡谋破坏，迄未如愿。自五四以后，敝校学生会顺世界潮流，竭力提倡文化运动（如设立义务学校、发行旬刊等事），乃因此益招彼党之忌。自知声望不孚，利用旧绅屠寄为傀儡，本届在县署开会计会

① 《停办男女师范之抵制观》，武进《晨钟报》，1920 年 7 月 30 日。

② 同上。

③ 同上。

议，竟提议将敝校取消，并推屠寄等代表赴省运动。当此提倡普及教育时代，首在培养师资，即杜威博士演讲，亦以女子教育为我国之急务。乃敝地竟有此等怪剧出现，此不特敝地女界之不幸，亦全国文化之阻力也。除由敝同学据理力争外，敬恳贵会讨论设法维持，不仅敝校同学受赐已也。事机逼迫，幸即援助，并乞通告全国各界一致声讨是幸。①

致省长、教育厅长的呈文说：

为本邑会计会议有意违抗省令，一再摧残母校，势将酿成绝大风潮，环请设法维持。窃生等肄业母校，自附属小学而升入师范，多者十余年，多[少]者六七年。平时师长诏以爱校，每日朝会，在礼堂合唱校歌，生等固深印于脑中也。迩来杜威莅常讲演，群知普及教育为强国之要素，女子教育尤为各种教育之基础……乃敝邑会计会议对于女子教育、师范教育，不特不图扩充，且将成立最久、成绩最著之师范议决停办。生等骤闻之下，仓惶不知措……生等昨日曾推代表向彼等诘问，彼辈则借口预算不敷，并谓余等之欲转学者，公家每人年贴四十元云云。实则本届预算，据闻内务、实业及他项特别费均加扩充，而乡董三十六人，每年占万元之公费，则不闻自行裁减，何独于师范教育、女子教育而尽行取消之？且敝校同学现有一百三十一人，共本科四级、预

① 《女师范学生之呼吁》，武进《商报》，1920年7月30日。

算[科]一级，每级三十余人或二十余人，设悉数转学，恐省校之教室、学额亦不能容。如另设一级，则省预算已定，万难变更，此于事实上亦窒碍不通者也……生等共同开会讨论，并得家长之同意，佥之[以]母校一日不恢复，则生等一日不求学，且誓与破坏母校者奋斗，为地方驱除蟊贼，去年五四之风潮，恐再演于武进矣。素验[念]省长、厅长维持教育，主张公道，敢历情上陈，务恳将此项议案，立予驳斥，则风潮可弭。敝邑幸甚，女界幸甚。谨呈。[①]

《敬告各界》公开信写道：

溯吾校自丙午成立，于今十五年矣！风雨飘摇，无日不在惊涛骇浪之中。幸主事者惨淡经营，始得有今日。学生等鉴于外界之逼迫，亦尝以力学自励，冀将来毕业后服务社会，培养国民，以尽我女子之责任。何期壮志未酬，泡影将成，吾不知学生等何仇于彼等而必欲使吾全体同学失学耶？吾又不知地方上何负于彼等而必欲使地方女子教育摧残尽绝耶？当此提倡普及教育时代，乃有停闭学校之事，苟非丧心病狂，必不出此。今会计会议竟悍然行之而不顾，其果何所恃耶？

倡停闭学校之说者，动辄曰预算不敷，则何以乡董公费之万元不可裁减，修县志费之三万余元不可裁减，何独于地

① 《女师全体学生热心救校之文章》，武进《兰言日报》，1920年7月31日。

方关系重要之教育经费乃可任意裁减之？由是以观，预算不敷之说，不过粉饰之辞，其内幕实有不可问者。我武进人汗血之金钱，操诸少数暴民专制之手，地方前途尚可问乎？学生等今日受彼等之摧残，不过其发轫耳。且吾邑教育素称发达，近年稍形退步，今乃一落千丈，我武进教育界尚有何面目见外人乎？……故学生等为地方计，为女界计，不得不与彼恶魔奋斗。诸君亦武进一分子，其忍使武进文化摧残于少数人之手乎，其亦有闻风继起，一致奋斗者乎？女子师范全体学生谨布。[①]

史良在这场护校运动中，表现得顽强机智，勇于斗争，善于斗争，劝学所(相当于现在的教育局)所长徐化吾和县知事姚绍枝都害怕她，奈何她不得。一次，史良带领同学大闹县署，要求取消停办令，包围县知事、围困劝学所所长达10多个小时。[②] 同学们开始到劝学所找徐化吾理论，很久不肯离去，徐无法脱身，急得满头大汗，就只得说停办事是姚知事决定的，同学们便要求徐化吾一同去见姚绍枝。徐无奈，最后只得同意随同学一起去到县署。原来姚绍枝听说学生闹事，并撕毁告示，扬言要抓几个带头闹事的，所以同学们一到县署，便高声说："捉就捉吧，我们送来了。"[③]被迫跟学生一道来的徐化吾进入县署后堂后，一会儿

① 《敬告各界》，武进《兰言日报》，1920年8月1日。

② 《韬奋文集》，第3集，第123页。

③ 常州市、武进县妇联联合调查整理：《"五四"时期的史良》，《常州武进地区革命史料选编》第1期。

有人出来，推说姚知事不在，史良说：“不在家我们就等，他总要回来的。”[①]等了好久，姚知事还不见露面，大家恼怒之下，把公堂上的长桌掀翻，审签撒了一地。县署当局立即派兵准备弹压，八个士兵横握枪支刺刀对准学生，可是同学们毫不畏惧，声称非见姚知事不可。史良大声呵责士兵：“你们不要给军阀当走狗！”[②]接着她就带领大家向后堂冲。徐化吾见势头不对，赶快出来张罗，连声说：“有话好说，有话好说。”[③]他要求学生派代表进去。史良进去后出来说：“他们请我们吃了晚饭再商量。”[④]晚饭过后，仍无动静，到9点多钟，大家商量，决定暂时回去。不料11时，县署又偷偷地将史良父亲史子游抓去，由姚绍枝亲自出面和他谈话。姚绍枝本来就对史良的敢说、敢干、敢闯的斗争精神畏惧三分，在五四运动期间，姚鉴于北京学生火烧曹汝霖的住宅赵家楼，痛打章宗祥的革命行动，为了保住乌纱帽，只要史良出面向他索取学生们开展运动需要的纸、笔、墨，他都不敢不答应。因此，他要史子游管教史良不要闹事，说：“否则出了事情，别怪我不客气。”[⑤]史子游当即表示：“我女儿已是成年人了，她做得对的，我支持她，你休想叫我来压她，我是放任主义者。”[⑥]史良闻讯，又赶至县署，她愤怒地向姚绍枝说：“一人做事一人当，有话

---

① 常州市、武进县妇联联合调查整理：《“五四”时期的史良》。

② 同上。

③ 同上。

④ 同上。

⑤ 同上。

⑥ 同上。

向我说,要关就关我,为啥半夜三更把我父亲抓来?我们为了学校的事情和你交涉,与我父亲有什么关系呀?"[①]姚绍枝要求和史良谈判,史良表示:"公事公办,深更半夜我不和你谈,你说请我父亲来谈,根本没有他的事,他可来,可不来,快送他回去。你要找我的话,明天上午我可以和代表们一起来。"[②]姚绍枝说不过史良,担心事情越弄越僵,于己不利,只得备车将他们父女俩送回家。这件事当时轰动了常州城。

学生的正义行动,得到常州各校教职员的支持。为了联合起来和学生一道进行斗争,8月初,全县教职员联合会开始筹备,并于12日正式成立,宗旨为自决互助,为精神上之结合,以谋全邑教育之发展。投票选职员时,刘古愚以最多数票当选为会长。[③] 城派和社会舆论,也完全站在学生一边,反对停办女师和男师两校。一位署名阳秋的作者,连续在武进《兰言日报》上发表《吾所不解》、《会计会议尚有价值乎》、《我教育界岂甘任人摧残耶》等文章,痛斥乡派停办县立两师范学校摧残教育的行径。

据报纸透露,停办男女两师范,除了"五四"运动的政治背景之外,还夹杂着个别政客卑劣的私欲。当时一位了解内情的人士在一篇文章中指出:"此次停办两师范之议,屠敬老不过代揹粗木梢耳,其实国会议员朱君(即朱稚竹)之主张也。朱君之所

---

① 常州市、武进县妇联联合调查整理:《"五四"时期的史良》。

② 同上。

③ 武进《兰言日报》,1920年8月5、9、12日。

以急欲停办两师范者，则专为准备下届选举故。盖男师范旧教员吴宝英君现既为省议员，于下届选举自抱国会议员之希望，则吴君实为朱君劲敌，固不待言。推朱君之意，若不将男师范团体解散，则凡师范毕业生之有选举权者，其选票必将属于吴君，而不属于朱君，则下届选举运动不且失败乎？故朱君欲占优胜于下届选举，必先打消吴君势力，欲打消吴君之势力，必先停办男师范，此其真相一也。至若女师范校长刘古愚君，本为市区系，与朱君之农会系素来不甚相洽，当上届农会选举会长时，凡女师范教职员之有选举权者，均不肯为朱君用，是其明证。宜乎朱君急欲解散其团体而设法以弋取其选举票耳。”①

由于两师范学校特别是女师学生的坚决斗争，加上商学界和社会舆论的有力支持，同时，江苏省教育会派干事陆规亮赴常州调查后报告，维持男师和女师，“以广造师资”，并建议经费可从滞纳罚金及裁警项下动支，因此，8 月下旬，江苏省政府下达了不同意停办两师范学校的命令。命令说：“呈悉。该县两师范学校设置多年，成绩尚有可观，今遽然废止，诚属可惜。且两校男女学生将近二百余人，同时转入省立学校，亦觉难于支配……仰教育厅长饬令新任知事督同劝学所长从长计议，报转察夺。”②乡派勾结县署当局停办两校的阴谋未能实现，女师学生的护校斗争获得了初步胜利。

但是，乡派并未就此善罢甘休，一计不成，另生一计。停办

---

① 《停办男女两师范之又一说》，《兰言日报》，1920 年 8 月 13 日。

② 《省令重新召集会议学校经费》，《兰言日报》，1920 年 9 月 1 日。

女师计划不成,便积极策划撤换校长刘古愚,并对县署施加影响和压力。在这种情况下,1921 年初,刘古愚被迫提出辞呈。于是,在史良领导下,女师学生和教职员一道,又开展了长达一年之久的斗争。1922 年 1 月,武进《商报》在《辛酉大事记》一文中概略地记载了这场斗争的情况,现抄录如下:

1921 年

2 月 23 日	女师代理校长刘古愚呈请辞职。
3 月 8 日	女师教员许光世等、学生史良等,挽留刘校长。
5 月 11 日	女师全体教职员及学生又具函劝学所,挽留刘校长。
5 月 16 日	委任女师附小高二级教员徐蘩充校长。
5 月 17 日	女师教职员反对徐蘩任校长,学生代表史良等十余人赴县谒姚知事,谓徐蘩资格不合,历两小时出署。
5 月 19 日	女师学生代表赴宁谒教育厅长,表示反对徐蘩充校长。
5 月 31 日	女师学生执旗游行,至劝学所及县署。
6 月 8 日	县委任灏(玄珠)代理女师校长。
6 月 27 日	县署以女师代理校长任灏辞职,仍令劝学所转知挽留。
7 月 9 日	女师任代校长又将催就任之令退还劝学所。
7 月 15 日	女师校长徐蘩到校就职。

7 月 17 日　女师刘前代校长率同学生史良等三十余人赴县署,要求收回徐蘩任令。

7 月 18 日　上午九时,女师学生又闯入县署。

9 月 18 日　省令不承认任玄珠仍任女师校长。

11 月 1 日　县令强制执行女师交代。

11 月 13 日　女师学生又闯入县署索钱索饭,历四小时而出。

11 月 24 日　女师前代校长刘植交出校印。

12 月 26 日　县署委任顾耀君任女师校长。

1922 年

1 月 3 日　女师新校长顾耀君就职。

1 月 4 日　女师学生拒绝顾校长行相见礼,顾校长怫然离校。

据女师校史记载,顾耀君被拒后,又换了张渊和王丕承两人。[①] 校长刘古愚虽未能挽留住,但女师学校却得以保存,这也算是最后的胜利。

在这场护校斗争中,史良显示出她超群的胆略和才华,是一位女强人。她领导的女师护校运动,实质上是争取和维护女子教育权利的斗争,也是她从事妇女运动的开端。

---

① 《江苏省武进、常州师范学校建校八十周年纪念册》,第 17 页。

第三章

正直的女律师

一、做个不出卖灵魂的律师

1922 年 7 月，史良从武进县立女子师范学校毕业后，来到上海，准备进大学深造。起初她在大同大学补习英语，因为女师英文程度太浅，不能适应大学里的课程。半年后，她转至上海女子法政学校学习。这所学校是练习所性质，6 个月就毕业了，她还是第一届学生。随后史良就上了上海法政大学（1930 年改名为上海法政学院）。法政大学为著名法学家徐谦所办，成立于 1924 年，史良是第一期学生。开始她学习政治，后转学法律。史良在上海住在同学赵馥家里，赵馥是她女师的好同学，护校运动中的战友。史良还有一个在上海的女同学祝惠芳，其祖先是明朝中叶的祝泉清，与当时的绘画大师唐伯虎交好，很有钱。法政大学学费不贵，又是走读，史良的学费，基本上由这两位同学资助。此外，她在课余还做一些零星的社会工作，以所得报酬贴补个人生活费用。进入大学学习法律，为史良后来从事律师职业奠定了基础。

史良为什么要学法律，打算当律师？这有当时的社会历史背景，也有她自己的想法。

“五四”运动后，新思潮勃兴，如何改造社会，改造国家，成为青年知识分子热衷探讨的问题。人们从不同的认识角度去剖析中国问题的症结所在，提出改造的方案，并作出职业的选择，安排自己的前途。史良也是有见地、有抱负的，想作一番事业，改造环境。她认为学习政治比较空洞，而且在她看来，女子参政在中国也是件遥远的事情。学习法律比较具体，中国又是一个没有法制的国家，而人们又离不开法律，在这方面还是可以有所作为的。同时，她看到许多有志的革命青年，被有权势者诬告陷害而无处也无力申诉，认为自己将来也可凭借律师这门职业去援助他们，替革命作一点事情，这本身也是一种革命工作。她曾经向一位朋友谈及她为什么学法律、从事律师职务时说：

> 在学校时我比较活动，喜欢作点事，发言时候也极多，慢慢地自己有了一种企图，想改造环境，想作一点事，也许是有点领袖欲吧。当时又傻傻地痴想着要一个国家走上正途，只要政治上来几个人才好了，真有点“一手打成天下”的怪想头。所以我起初是进的政治系，过了半年想想政治太空洞，不如学法律，还好像有一样东西放在那里。我又感到法律虽然被一般人轻视，认为是资产阶级的所有物，是特权阶级的护身符，但在目前，我们还需要它，我们现在还是在这需要法律的国家，同一样东西要看人的用法怎么样。我曾看见多少被陷害的有着革命意志的青年，弄得有冤无处诉，他们没有钱，没处请律师，我便感到不妨在这方面试一试，作一个不出卖灵魂的律师。人要革命不一定要人人走一条狭路，在另外的环境里，也依然可以去革命。不过，如

今一般在艰巨的苦难下的大众是不相信法律这东西了似的。大众恨它成了特殊阶级的代言人，维护了一切的罪恶，这可怎么解释呢？其实，法律并不是什么怪里怪气的东西，只是大众遵守的不违背人情的原则就是了。那儿缺得了法律呢？在很简单的事情里，都已经牵涉到了法律上的诸问题，譬如吭唷吭唷的苦力们喊着的"向左向右"吧，这里面就有着"大众遵守的原则"了。除非是原始的没有团体的人类，可是只要有个酋长或民团……问题就来了，如果酋长用了公款，经济不公开，那就是"侵占"了。其实法律人人应懂，不必请什么律师；法律只是一种情理，"杀人者罪当死"，这也许谁都明白。我打伤了一个人，那我应该负责给他医好。借了东西不还，这是一种纠葛，一种"民事"；如果偷了抢了，就成了窃犯盗犯，构成了伤害，便列入"刑事"了。不是么，每人的行动中都免不了要牵扯到法律问题的。法律一方面是条文，一方面存在着人情。①

史良入法政大学后，除了用功读书外，还积极参加了不少学生活动。1925 年 5 月上旬，上海棉纱工厂工人因反对日本资方无理开除工人而举行罢工。15 日，日本资本家开枪杀死工人顾正红，并打伤工人数十人。这一事件激起全市工人、学生、市民的愤怒。5 月 30 日，上海学生、工人 2000 余人在公共租界散发传单，进行演讲，抗议屠杀中国工人，要求收回租界，被英国巡捕

① 子冈：《史良律师访问记》，《妇女生活》，第 2 卷第 4 期，1936 年 4 月 16 日。

1926 至 1927 年史良就读于上海法科大学校址

拘捕百余人。当天下午,群众万余人聚集在南京路老闸巡捕房门口,要求释放被捕学生,英国巡捕竟向群众开枪射击,当场死伤数十人,造成“五卅惨案”。帝国主义的血腥罪行,引起上海和全国人民的无比愤慨。6 月 1 日,在中国共产党领导下,上海 20 余万工人罢工,5 万余学生罢课,绝大部分商人也举行了罢市,抗议日英帝国主义的血腥罪行。史良积极参加这一斗争。她和法政大学全体学生 500 余人于 1 日全体罢课,以示抗议。2 日,法政大学全体学生举行紧急会议,发表宣言,表示:“为国家、为群众牺牲宝贵之功课,与全国国民群起奋斗,誓雪此耻。”并成立内务、纠察、调查、救护、传达、文书、交际、庶务、会计等科,领导全校运动。史良和钱剑秋被推举为文书科职员。[①] 她和学校的宣

① 《上海法大之紧急会》,《申报》,1925 年 6 月 3 日。

传队分头在南京路一带及邑庙附近作演讲，声泪俱下的痛斥英巡捕开枪射击群众，大声疾呼上海各界一致对外。史良还参加了反对日、英帝国主义的示威游行，在游行时高呼“反对帝国主义”和“打倒卖国贼”的口号，以至被捕。但由于群众力量很大，只关了一天就被释放。随后她主编了一个名为《雪耻》的刊物，主旨是宣传民族独立，反对列强侵略，在上海学生界起过一定的影响。[①]

法政大学是私立的，校长夫妇过分看重金钱，把学校办得很糟糕，设备很差，图书馆要求增加书籍也不肯给钱；教授半年不来也不请人代课，因为可以不付薪水。所请教员全是廉价的不学无术之辈，常常回答不出学生提出的问题。学生为争设备闹起风潮来，结果，4 个学生被开除。史良对此十分气愤，有一次跳上讲台去和校长理论，校长无话可说。史良和同学 100 余人因对校长的因循不满，于 1926 年夏组织了校务团。此时，正值王开僵发起成立上海法科大学（1930 年 1 月改名为上海法学院），请了章太炎（不久即辞职）、董康任校长。史良等法政大学百余名校务团的学生便脱离法政大学，进了上海法科大学。[②] 董康（1867～1949 年）江苏常州人，是中国法律和司法界的权威人士，近代资产阶级法学的奠基人，中国的《民法》、《刑法》差不多全是他一人所手创。他是清末进士，授刑部主事。北洋政府时期，曾任大理

---

① 《史良自述》，第 6 页。

② 《本校创立三周年概略》，《上海法科大学三周年纪念特刊》，1929 年 10 月 3 日。

院院长、法制编纂馆馆长、司法总长等职。出任上海法科大学校长不久，因和蔡元培、沈钧儒等在上海组织苏浙皖三省联合会，谋取三省自治，反对盘据东南的军阀孙传芳，被孙通缉，逃亡日本。孙传芳被国民革命军打败后，返回上海。董康的父亲是个裁缝，早年家境不好。他家与史良家是旧交，史家当时在常州的祖居房子比较宽敞，董还在史家住过。史良后来成为上海著名的律师，和董康的扶掖提携，有一定的关系。

上海法科大学设法律、政治、经济三系，法律、政经两专门部

史良1927年毕业留影于上海法科大学

及预科，史良念的是法律专门部。1927 年夏天，史良作为该校第一届毕业生毕业。[①]

二、踏入社会遭遇坎坷

史良从法科大学毕业后，还不能立即从事律师工作，这是因为当时法科大学是私立的，而且刚刚建校一年，还没有得到教育部的批准立案，因此不能为毕业生颁发毕业证书。抱着自立谋生的目的，经人介绍，她先来到南京国民革命军总政治部政治工作人员养成所工作。这是她初次踏入社会，开始职业生涯。

史良在政治工作人员养成所开始任常委，随后调任少校指导员，专门训练政治工作人员。这个单位的负责人刘伯龙，是国民党清党委员会的重要官员，一个十足的国民党官僚兼党棍，史良十分讨厌他。不久，他们两人之间就发生了矛盾。当时正是蒋介石叛变革命以后，政治气候很坏，反动派的气焰十分嚣张。史良作为一个刚踏入社会、阅世未深的女青年，和这样的人对立，当然不会有好结果，很快刘便以莫须有的罪名将史良逮捕。史良对这一段不平常的遭遇回忆说："这时我已开始感到做人处事之难，但我的不肯屈服的性格使我终于无法抑制自己的忍耐，当面顶撞了他。这个姓刘的家伙很坏，竟以思想问题的罪名把我逮捕了。"

史良被捕后，被关进监狱，这是她生平第一次坐牢。与她同

① 《上海法学院二十周年纪念刊》，第 198 页。

被关在一起的，还有一些共产党员和革命者，他们有的关押三四天就被枪决了，有的虽然没有判死刑，却受尽了折磨。这次坐牢使她亲眼看到了中国监狱的黑暗和司法的弊端，以及国民党反动派的罪恶，这对她后来决心做一名主持正义的律师，营救政治犯，也产生了影响。史良当时并没有任何党派关系，但她却以与革命者同时被捕关在一起而引以为荣。她曾作过一首诗，以革命者自许，大意是：一个正直的人，是有高尚情操的，宁可冤屈而死，也不会在任何情况下同恶势力妥协。[①] 这首诗被国民党中央监察委员吴稚晖看见了，一口咬定她是共产党员。史良在监狱中关押了两个多月，后来她父亲找到董康，请他设法营救，董康又请蔡元培出面保释，蔡元培素来关怀爱护青年，满口答应，并和董康一道去监狱探望史良，对她说："你是不应该关的。"[②]这样，史良才被放出来。

史良无法继续在政治工作人员养成所待下去，便离开那里（随后不久该养成所也撤销了）来到镇江。镇江是当时江苏省的省会。起初她在江苏省特种刑事法庭临时地方法院任书记官。这个工作使她学到不少学校里学不到的活知识，同时也窥到了一些这一行业里的黑暗面。富有正义感的史良对这些实在看不惯，常常发表在别人看来是非常不合时宜的意见，因而惹恼了她的顶头上司，硬把她送进特种医院住了一个星期。

---

① 《史良自述》，第7页。

② 史良：《蔡元培先生支持进步事业》，蔡建国编：《蔡元培先生纪念集》，中华书局1984年版，第170页。

从特种医院出来后，史良又到江苏省区长训练所任训育员，干了一个短时期后，1929年便调到江苏省妇女协会工作，任常务委员兼总务主任，[1]仍在镇江。

恩格斯曾赞扬著名的法国空想社会主义者傅立叶第一个表明了这样的思想："在任何社会中，妇女解放程度是衡量普遍解放的天然尺度。"[2]妇女占中国人口的一半，又深受政权、神权、族权、夫权四种压迫，处在社会的底层。"五四"以后，中国的先进知识分子，都把妇女解放看成是整个社会和民族解放的重要条件之一。史良自身作为一位女性，她生活在妇女中，深深知道中国妇女地位的低下和痛苦处境，并为此而感到不平，自然地要作为妇女的代言人，为争取妇女地位的提高，实现男女平等，谋求妇女的解放而奔走呼号。她调到省妇女协会后，为了加强妇运工作，邀请杨玉英来和自己一道工作。杨玉英，字石瓘，曾用名杨斯萍、杨世平，江苏无锡东北塘杨家巷人。1926年加入国民党。1927年至1928年，在无锡妇女协会工作，热心于女权运动的提倡。此时正在上海大陆大学读书。在史良的热情邀请下，杨玉英毅然中止学业，来到镇江任省妇女协会秘书。史良和杨玉英想努力把散漫的江苏各地妇女组织起来，决定召开一次江苏全省各县妇女代表会议。经过筹备，会议如期召开。会议的宗旨是反对当时提出的以所谓"女子美德"和"健全母性"为口号的妇女准则和妇女大纲，指出这全是主张妇女须作贤妻良母，侍

---

① 《韬奋文集》，第3集，第129页。

② 《马克思恩格斯选集》，第3卷，第300页。

奉丈夫，抚养孩子，“这些东西和希特勒的回家运动无异”，[①]“妇女自己的‘人性’是没有了”。[②] 会议开得很成功，全省总共 61 个县，居然到了 57 个县，只有 4 个县没有派代表参加。

1930 年 1 月，史良和杨玉英还编辑出版了《女光》周刊，她们在该刊发刊辞中指出，现在的社会，一天一天趋向险恶，现在的人心，一天一天趋向谲诈，“社会已成一个玄色染缸，人心都已染成了玄色”。认为社会的险恶，人心的狡诈，是由于黄金和恋爱两大问题引起的：“人人爱黄金，所以只要可以得到黄金，廉耻可以不讲，性命可以不顾。骗局呀！绑票呀！层出不穷，哪一件不是崇拜黄金而造成？……一般青年男女，但求一时相悦，忘了切身利害。尤其是女子意志较为薄弱，受惑最是容易。一入情网，欲出不能，甚至沉迷到死，抱恨无穷。”因此，该刊的宗旨是：“打倒一切恶劣的观念，指导趋向的正轨，增进个人的幸福，发扬女界的光辉，务使女界读了，不论生活上、道德上、恋爱上、职业上、卫生上、交际上、服饰上，一切妇女应有的问题上，都能得到相当的指导和相当的进益。”[③]

《女光》周刊自 1930 年 1 月 1 日出版，至同年 6 月 29 日停刊，共出版了 26 期。该刊虽然仅存在了半年时间，但它极力抨击当时的反动潮流，并且作了解放妇女种种枷锁的呼喊，如要求教

---

① 希特勒上台后，为解决 1929 年经济危机造成的失业人口剧增的问题，公然鼓吹妇女要离开工厂，脱离社会，回到家庭生儿育女，把就业的机会让给男子。

② 子冈：《史良律师访问记》，《妇女生活》，第 2 卷第 4 期，1936 年 4 月 16 日。

③ 一鹤：《揭橥主义的几句话》，《女光》周刊，1930 年 1 月 1 日。

育、经济等问题上的平等，给无助的妇女解决婚姻问题等等。[1]

在史良等人的努力下，江苏省的妇女运动蓬蓬勃勃地开展起来，她们想进一步联络全国各地的妇女协会，把妇女大众动员起来。结果，江苏、浙江、广东、广西都有成绩，获得了进展，到了河北及安徽时，竟被控“动机不良”。于是不久，江苏省妇女协会便被解散了。史良清醒地认识到在国民党统治下，从事妇女解放运动，是不可能的。1930 年，她在失望之余，悻悻然离开镇江，前往青岛。她后来回忆说：“才撑起舵来在大江面上孤寂地航行的小船，又被狂涛给打翻了。我的梦想被扯碎了，很懊恼的，又跑到青岛特别市党部作事去了。”[2]杨玉英后来到河南开封参加了革命，曾任中国共产党河南省委妇女科长、秘书长等职，1932 年 8 月因叛徒出卖，被国民党逮捕杀害。

史良在青岛国民党特别市党部训政科任主任，她不习惯也不喜欢国民党那套无聊的训政工作，半年后，又离开青岛，回到上海。

三、进步的法律思想

1930 年初，上海法科大学改名为上海私立法学院，11 月，国民党教育部批准上海法学院立案，史良领到了可以开业的律师证书。1931 年 6 月，她在上海正式开业，开始了一生中的律师职

① 《妇女生活》，第 2 卷第 4 期，第 55 页。

② 同上。

业生涯。不久,她加入了上海律师公会,随即当选为执行委员。

史良任律师时,开始和董康在一个律师事务所。董康当时是上海赫赫有名的大律师。如上所述,董康是史良在上海法科大学的校长,两家又有旧交,加上史良人聪明,口才好,工作踏实,记忆力很强,能把《六法全书》背出来,所以董康很喜欢她,要她在一起工作。《六法全书》亦称《六法大全》,是西方资本主义国家的六种重要法典,即宪法、民法、商法、刑法、民事诉讼法、刑事诉讼法。这里所说的《六法全书》是指国民党政府上述六种法规的汇编,能把它背诵出来,是很不容易的,这说明史良天资聪颖和勤学苦练。史良当律师出庭时,董康为了培养她独立工作的能力,总是让她先发言,自己最后再作补充。史良回忆说:"作了律师啦,我就穿了道袍似的律师衣服在法庭上进出了。董康先生叫我和他合作,我们所以常是一块出庭,我发言,董先生最后再补充一点。一般的人们晓得轻易是不必找董先生的,因为公费大,论百两千两银子的。"①

大约一年之后,史良和董康分开,自己独立在法租界辣斐德路辣斐坊1号开办了律师事务所。1933年史良的父亲病逝常州,她回家安葬了父亲后,便把母亲和弟弟妹妹接到上海同住,并供妹妹史孟云和史文分别就读正风文学院和上海法学院。

史良审理的第一个案件是一桩民事纠纷,并且旗开得胜,诉讼取得成功,获得酬金500大洋。这在当时是一笔颇为可观的数目,特别是对史良的家庭来说是如此。当史良把这500元钱交给

① 子冈:《史良律师访问记》,《妇女生活》,第2卷第4期。

史良律师事务所　上海辣斐德路辣斐坊1号，右墙上有“史良旧居”的牌子。

她母亲时，曾经饱尝了贫穷和饥饿，现在也仍不宽裕的母女俩的喜悦心情是可以想象得到的。母亲激动得含着眼泪嘉许自己女儿已能为家庭分担忧愁了，史良也为她的成功和通过自己劳动所获得的成果而感到高兴。

按照当时律师公会的规定，每个案件的当事人要付给接受办案的律师一定的酬劳，如果官司赢了，当事人还可以随意另给报酬。但作为一个正直的律师，并不把获得报酬和金钱当作自己从业的主要目的。在旧社会，律师是自由职业，不少人选择这个职业，目的是想伸张正义，主持公道，保障人民的合法权利，史良和沈钧儒、沙千里等这些具有良好道德品质的著名律师都是如此。在史良律师事务所的办公桌上，就摆放着一个银盾，上面镌着“人权保障”四个大字①，以此自勉。史良懂得贫穷人受欺压

① 子冈：《史良律师访问记》，《妇女生活》，第2卷第4期。

而无钱申诉的苦痛，因此当这些人来找她时，她可以不要酬劳，有时为了尽义务替人家办案，解决人家的困难，还要倒贴一些。她把帮助别人排忧解难引为乐事。史良曾谈及她办案的情况说：“单来找我的，有时为了他们的贫穷，我可以不拿公费，还要贴掉杂费和当事人的住旅馆钱，当然不能作生意地净图利。有时替贫困的当事人争得了胜利，心里真比什么都快活。”①由此可见，她具有良好的职业道德风尚。史良在上海律师界有很好的声誉。

法律是体现统治阶级意志的，是以国家意志出现，具有普遍约束力的调整人们行为的规范。在旧中国，律师依据的法典和法规，是由国民党政府制定，而这些法典和法规从总的来说，是维护国民党政府统治的。律师们主持正义公道，为无辜受难者申雪冤屈，向黑暗和反动势力作斗争，并不能丝毫危及那个制度的存在。但律师又可以不是旧制度下无所作为的奴仆。史良后来谈及这个矛盾的问题时曾说：

> 解放以后，当我和同志们谈起以往这段律师生涯时，大家曾议论过这样的问题：究竟怎样看待旧社会的律师工作？律师的工作无非是受代理人的委托，起诉和辩护，在法庭辩论中“进攻”和“防御”，不言而喻，它是以旧法为依据。从这个意义上看，旧社会的律师是否可认为是旧法的最忠实的卫护者呢？这个提法把旧社会的律师推到了另一个极端。

① 子冈：《史良律师访问记》，《妇女生活》，第2卷第4期。

我对这个问题另有一种看法。我认为，旧社会的法律，不管它多么堂皇，归根到底，是以私有制为基础，是为统治者服务的，因此，它所维护的一条根本原则，是私有财产神圣不可侵犯。什么“严明”、“公正”，只不过是骗人的鬼话。在旧社会，任何一个高明的律师也不可能改变当时法律的根本性质。但这并不等于说，律师只能做法律的奴隶，因为任何法律都不可能严密到任何情况都能适用。实际上，资产阶级法律充满矛盾，我们在旧社会做律师，一个重要任务就是通过复杂的条文结构，利用矛盾，寻找机会，去为受苦受难的人民申诉冤屈。我在旧社会的律师生涯，正是抱着这样一个宗旨，努力去做的。[①]

除此之外，我们还应当看到，社会都不是孤立的，而是有联系和延续性的。任何一个阶级要有效地进行统治，都离不开利用前人包括外国创造的某些成果，沿袭他们治理国家的某些规定的条文。法律也是有它的继承性的。1931 年国民党政府制定颁布的《训政时期约法》，是当时的国家根本大法，在宪法未实施前，具有宪法的同等效力，它在某些形式上继承了孙中山在民国元年(1912)制定的《临时约法》，而这个《临时约法》在当时是民主的、进步的。国民党政府编制的《六法全书》，法律思想上也沿袭了西方资产阶级反对中世纪封建专制统治建立起来的法学，并采取了西方的法律形式。更重要的是，国民党政府并不是按

① 《史良自述》，第 9 页。

照它所制定的法律而是按照权力来进行统治的。几千年的中国封建社会,皇帝拥有至高无上的权力。为了加强皇权,臣儒们竭力神化皇帝,宣扬“唯天子受命于天,天下受命于天子”。[1] 封建法律则明确规定,皇帝是“奉上天之宝命”的至尊和“兆庶的父母”,[2]任何违反皇帝意旨或侵犯其人身尊严的言行,都是“反天常,悖人理”的大罪。“刑不上大夫”这句话,也很足以说明刑法对封建统治阶级是不起作用的。封建专制统治的一大特征,是只有人治,没有法治。国民党也沿袭了这种历史传统。法律只能服从国民党统治者的意志,而不是后者服从前者。有法不依,统治者的意志高于一切,权力可以肆意践踏法律,在国民党统治时期比比皆是,是极为普遍的现象。史良和沈钧儒、沙千里、邹韬奋在解放前的文章和讲话中,曾不止一次地指出了这一点。国民党政府在编制了《训政时期约法》和“六法”这些基本法规的同时,为了镇压人民,维护加强其反人民反民主的独裁专制统治,另外还制定了某些特殊的法规,如1931年公布的《危害民国紧急治罪法》就是最典型的例子,它可以随意以“危害民国罪”逮捕人民,判以徒刑。该法第二条规定:“煽惑他人扰乱治安或与叛徒勾结者”或“以文字图画或演说为叛国之宣传者”,“处死刑或无期徒刑”;第六条规定:“以危害民国为目的而组织团体或集会或宣传与三民主义不相容之主义者,处五年以上十五年以下

① 董仲舒:《春秋繁露·卷十一·为人者天第四十一》。

② 《唐律疏议卷第一·名例》。

有期徒刑。”[1]中华民族无数奋发有为的革命青年和精忠报国之士，就是在这个紧急治罪法颁布后牺牲的。后来，史良等“七君子”也是以所谓“危害民国罪”被国民党政府逮捕入狱，并且企图依据该法第六条对他们判刑。因此，律师们可以依据某些基本法规的民主形式和法定程序，以及利用国民党司法当局的弊端，来进行合法斗争，保障人权，营救无辜被害者。例如史良一次在苏州出庭[2]审理的案件中，被告 8 个青年，被判“危害民国”罪处徒刑三至五年不等，后来她发现证明人的发言，只由公安局传出，并未当庭取证，而公安局无权代法庭取证。经她提出再把证人叫到法庭上来对证时，竟和公安局的报告完全不同。证言前后矛盾，犯罪证据于是便不能成立，结果这8个青年被宣判无罪。又如，“七君子”被捕后，沙千里在苏州狱中写的《七人之狱》一书，就征引了《训政时期约法》、《刑事诉讼法》的某些条文，和国民党政府颁布的其他若干法令，来证明他们是无罪的，逮捕关押他们完全是违法的。

史良从事律师业务后，来求助的女性不少。她接受的案件中，有相当一部分是有关妇女的，而且是已经审判过而再次上诉的居多。她对每一个投诉人、每一桩案件都认真审核，秉公办理。无论是原告或被告，她总是想办法使当事人得到公平一点的判决。自然，太无理的案子，她是拒绝受理的。而对于那些真

---

① 《国民政府公报》，1931 年 2 月 26 日，第 67 号。

② 按有关法律条文规定，律师一般只能在一个地方出庭，再兼一个地方也是容许的，但上海的律师不能到天津去出庭。当时史良和沈钧儒除了上海外，还兼了苏州的庭。

正受欺压和冤屈的妇女受害者，她总是要全力以赴，帮助她们胜诉。一次，一个穷困的妇女被一个已婚的男子骗了，生下孩子后才知道这个男人早有妻子。这个妇女长得很美，但文化程度不高，每天到史良家厨房门口哭泣，史家的阿姨问明缘由后将这个妇女的苦情告诉了史良。史良让她进来谈谈，在她了解了全部情况后，就决定义务替她辩护，并邀她同进午餐。后来她在法庭上胜了诉，男方答应按每月付给生活费用。史良认为，虽然如此，这个妇女仍然是吃了亏的。[①] 史良始终愿意为受冤屈的妇女辩护，她被赞誉为“妇女代言人”。

史良曾说：“律师其实是帮法官的，要监助把事情调理清楚，使褒贬放得恰得其所，并不是说要把有理的说成无理，无理的变成有理。法律本身就是一种情理。”[②]她还认为罪恶是社会环境造成的，实在的罪恶是社会，不是个人。社会制度越窳败，罪恶越多，所以她主张废止死刑。她说：“以前的法律偏重报复，现在的偏重感化。为什么一个人打死另一个人，这已经是社会造下的恶果了，再去治死另一个又有什么用，负罪的是现实社会。”[③]这体现了史良进步的法律思想。

四、尽力营救政治犯

1931 年 9 月 18 日，日本帝国主义发动对沈阳的进攻，由于

① 《史良自述》，第 16 页。

② 子冈：《史良律师访问记》，《妇女生活》，第 2 卷第 4 期。

③ 同上。

张学良采取不抵抗政策，南京国民政府主张诉诸国联，国联未采取制裁措施，东北三省迅速沦亡。“九一八”事变开始了日本变中国为它的独占殖民地的新阶段，中华民族面临生死存亡的问题。在国难危机之际，国民党蒋介石却置民族大敌的入侵于不顾，积极推行“攘外必先安内”的错误政策，全力“围剿”苏区红军的同时，在国民党统治区实行残酷的法西斯统治，大肆迫害共产党人和爱国民主人士。史良对此强烈不满，她以律师身份，尽力为一些被迫害的革命者、爱国志士和共产党人提供法律辩护，进行营救，为革命保存有生力量，为国家保存民族精英。

史良从事律师工作后不久，便参加了中国共产党设在上海的外围组织——“中国革命互济会”，并担任革命互济会的律师①。被聘任为互济会律师的，还有潘震亚、张志让、唐豪、陈志皋等人，他们都是当时上海的进步律师。中国革命互济会的前身是中国济难会，成立于1925年，是在中国共产党的推动、组织和领导下建立起来的，它以“救济一切解放运动之被难者，并发展世界被压迫民众团结精神为宗旨”。② 1929年底，中国济难会改名为“中国革命互济会”。它在各基层组织设立互济分会，吸收会员。其主要任务是“营救被捕蒙难的同志，到监狱探望判刑的同志”③，负责人都是中共地下党员。从此，史良便和党有了联系，并逐渐成为党的忠实盟友。

---

① 郑绍文：《互济会与邓中夏》，《党史资料》，1980年第4辑。

② 《中国济难会宗旨、事业》，《济难》月刊创刊号，1926年1月1日。

③ 黄静汶：《三十年代初互济总会的一些情况》，《党史资料》，1980年第4辑。

1932 年底 1933 年初，宋庆龄、蔡元培、杨杏佛等，为了反对国民党肆意蹂躏人权，营救政治犯，保障人民的民主自由权利，在上海发起成立中国民权保障同盟，倡导了民权保障运动。史良配合同盟的活动，作了许多营救政治犯的工作。这些工作都是中共地下党组织通过互济会和鲁迅、周扬领导的左翼作家联盟，同她联系请她办理的。史良曾在一份材料中写道：

> 我在执行律师业务的第二年，通过事务所秘书郑观松（前法科大学同学）介绍来许多共产党的案件，而且办理每一案件的时候，一定有人前来同我说明这个案子的重要性，当时被捕的经过，并提出有利于被告的证件，供我开庭时应用。在法租界马浪路有一酒店，是中共的交通站，出面老板为佘书山，经常和我联系。……通过办理这些案件，彼此的政治面貌比较了解。1934（按应是 1933）年上海民权保障大同盟介绍互济会上海负责人方忠同志前来担任我事务所的帮办，签了合同后，方以我事务所的工作人员的身份，对外公开活动，实际上这就是党在领导我的业务。[①]

下面是史良营救政治犯的部分事例：

（一）营救艾芜

1933 年 3 月 3 日，左翼作家艾芜到上海曹家渡一家绸厂同

---

① 史良文化大革命中检查交代材料，1967 年 5 月 3 日，未刊。

他所培养的工人通讯员联系时被捕，与艾芜同时被捕的还有6个工人，都押在南市的上海公安局拘留所，随后被指控“危害民国罪”，移往苏州高等法院拘留所第三监狱羁押。艾芜被捕后，左联即积极进行营救。鲁迅捐助50元交给周扬，要他聘请律师辩护营救。周扬找到沙汀，沙汀又找到任白戈，两人即商定请史良出面营救。史良随即研究了案情，认为证据不足，罪名不能成立，向苏州高等法院写了辩诉状。不久，史良得到法院开庭的通知，她即到苏州出庭辩护，结果判定可以交保释放出狱。任白戈有个熟人是苏州一个小官僚，找他当铺保，艾芜和同案的6个工人便于9月被释放出狱。据沙汀回忆说：“在这段时间，我同周扬的交往中，有两件事我印象较深。……另一件是，艾芜在培养工人通讯员活动中被捕了，是他通知我的，并交给我五十元，说是鲁迅捐助的，要我延请律师营救。接着任白戈同志和我就请史良同志为艾芜辩护。当时史良同著名法学家吴经熊一起开业，为政治犯辩护特别热心。……因为任白戈通过长住苏州的南充人李季高找到铺保，于是史良出庭辩护后，艾芜很快就从苏州监狱回上海了。”[①]艾芜回忆说：我被捕后，周扬领导左联，“便设法请律师出庭辩护，鲁迅就捐助了五十元钱，请史良律师进行书面辩护。后来史良得到法院通知，可以保释出狱，史良由任白戈陪同去苏州交二十元钱，让我出狱。出狱要找铺保，任白戈有位同乡叫李季高，常住苏州他舅父家里，这位舅父是小官僚，我

① 沙汀：《一个左联盟员的回忆琐记》，《左联回忆录》，第216、219页。

出狱任白戈就找他铺保。结果我和同案的六个工人都得到了自由”。[①]

(二)营救熊瑾玎和贺龙家属

1933年4月8日,因叛徒马绍武[②]告密,贺龙的家属向元姑(化名王向氏)在上海法租界徐家汇路眉寿里162号寓所被上海市公安局特务会同捕房捕员逮捕。同时被捕的还有贺龙的堂弟贺干臣(化名王文明)、堂侄贺学庠(化名王瑞卿),两人均系中共党员。同日,名为商人、实际为中共地下党员、担任中共中央会计科长并负责上海党中央内部交通工作的熊瑾玎(化名熊佑吾)[③]去眉寿里162号给贺龙家属送生活费时,被守候在那里的坐探逮捕。9日,又守获熊的儿子熊侃文。20日,眼线特务又在法租界卢家湾薛华立路附近熊瑾玎的寓所,将熊妻朱端绶(1925年入党,化名熊的表妹朱慧吾)逮捕。上述被捕6人均由法租界巡捕房转江苏高等法院第三分院关押。这是当时一件重要案子。

熊瑾玎和向元姑等被捕后,中共上海地下党组织非常关心,通过互济会聘请史良为辩护律师,予以营救,史良毫不犹豫地答应作他们的辩护律师,并立即进行营救。她还请了董康帮同辩护。此外还请有唐豪等律师。其中唐豪是史良在上海法科大学的同班同学。

---

① 艾芜:《三十年代的一副剪影》,《左联回忆录》,第237页。

② 马绍武当时讹传为叶功昭,叛变后供出了许多在上海的中共地下党员,1933年6月14日被中共地下特工人员击毙。

③ 当时江苏高等法院第三分院的文件均称“熊佑吾即熊雨时”。

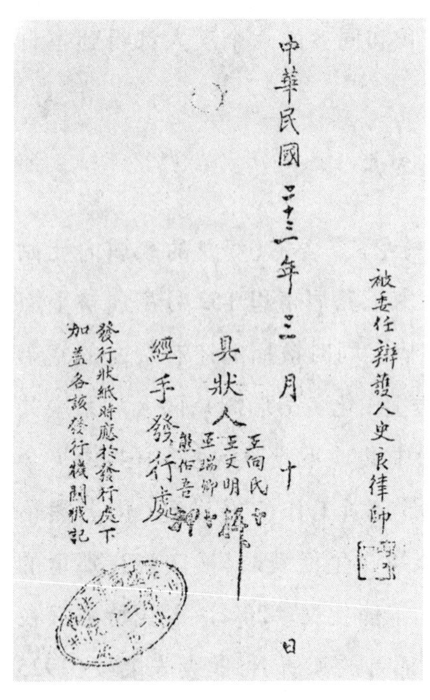
被委任辯護人史良律師
中華民國二十三年三月十日
具狀人 王向氏 王文明 王瑞卿 熊佑吾
經手發行處
發行狀紙時應於發行處下
加蓋各該發行機關戳記

史良担任中共地下党员熊瑾玎及贺龙家属辩护人

4月10日，史良即向江苏高等法院第三分院呈递了《刑事声请书》，要求接见被告熊瑾玎等，进行调查研究。声请书说："为声请准予接见嫌疑犯事。查熊侃文、熊佑吾被控危害民国嫌疑一案，声请人受被告等委任为辩护人，所有本案实在情形，亟应研究。为此具呈声请钧院鉴核，准予接见被告熊侃文、熊佑吾，以资办理，实为德便。"[①] 11日，又为向元姑等一案向高三分院呈递了《刑事阅卷声请书》，要求迅速指定时间，给阅本案卷宗，以资办理。

20日，高三分院再次开庭审讯熊瑾玎和向元姑等被告，史良出庭辩护。审讯中，向元姑等均不承认是贺龙家属，与熊瑾玎父子仅是在闸北熊开的酒店认识，别无其他关系。上海公安局也未向高三分院提供熊瑾玎等危害民国的真凭实据。因此，史良要求将被告交保释放，随传随到，以免无辜受苦。[②] 法庭不允，决

① 上海市公安局档案051－1－183，未刊。

② 同上。

定延期再审。

随后，上海公安局即备函江苏高等法院第三分院，要求将熊瑾玎、向元姑等被告一同移提公安局讯办[①]，以便从速加重对他们的判罪。

29日，高三分院第三次开庭审讯，史良和董康等律师出庭。公安局代表在法庭上带出出卖熊瑾玎的叛徒冯琦作证，要求将被告移提公安局讯办。审判长请董康、史良对于移提一节表示意见。董康说："协定第七条已载明移提之规定，本案情形尚未明了，警务处已起诉，钧院应先受理讯问。本律师意见应请依第七条办理。"[②]史良也表示反对移提，说："本案已讯问三次，移提一节，要看公安局有无证明，不能凭空言主张，况且公安局不是正式法院，本案请求移提是不合法的。根据协定第七条之规定，刚才董律师已说明，租界对于政治犯应加以保护。本案警务处现已起诉，请钧院先行受理。"[③]法庭最后作出裁决："本案被告等业经法租界警务处正式提起公诉，依法言之，应留本院受理。"[④]不同意移提。

后来叛徒马绍武一口咬定向元姑等就是贺龙的家属，在上海为共产党从事秘密工作。上海公安局又从其家中抄出贺干臣金印及日记本，记有支付军官及士兵款项多笔。高三分院函调贺龙家乡湖南桑植县县长陈策勋，陈复文亦确认是贺龙家属不

① 《上海市公安局公函》(法字第470号)，上海市公安局档案，未刊。

② 江苏高等法院第三分院审讯纪录，上海市公安局档案，未刊。

③ 同上。

④ 同上。

误。叛徒冯琦则咬定熊瑾玎在上海党中央会计科工作,后又调任内部交通,他曾与熊一起共事,经常见面。高三分院于12月16日以“危害民国”罪判处向元姑、贺干臣徒刑各12年,贺学庠徒刑2年零6个月;判处熊瑾玎徒刑8年。[①] 朱端绶、熊侃文无罪释放出狱。

熊瑾玎、向元姑等不服,于1934年2月向最高法院提出上诉,史良为他们写了辩诉状。她在为熊瑾玎写的辩诉状中说:“原判判处熊佑吾罪刑,其惟一根据为自首共党冯琦之供述,对于洪福生、毛绍先、唐行允[②]等有利于上诉人之证言,则一概抹煞,惟偏面之言是听。”[③]辩诉状中还列举了冯琦证言前后矛盾之处。在为向元姑等写的辩诉状中指出,所查获日记中记载各项事务,证明系贺干臣在武汉时期任贺龙军长[④]的军需处长所记,原判认定向元姑、贺干臣匿居上海,历年为“在湘鄂各省扰乱治安”的贺龙“管理经济,并拨给贺龙部下各伪军官之款项”,从而犯有“危害民国罪”的理由不能成立。[⑤] 因此,史良在辩诉状中,要求将熊瑾玎、向元姑等原卷移送上级审阅,“撤销原判,更为有利之判决”。[⑥]

---

① 江苏高等法院第三分院判决书,上海市公安局档案,未刊。

② 3人均为被告熊瑾玎提供的证人,此外还有唐克臣。唐行允档案另处为唐行永。

③ 史良为熊瑾玎、向元姑等写的辩诉状,上海市公安局档案,未刊。

④ 按此时向元姑、贺干臣等已承认是贺龙的家属。

⑤ 史良为熊瑾玎、向元姑等写的辩诉状,上海市公安局档案,未刊。

⑥ 同上。

11月29日，史良和唐豪律师在给高三分院一份关于向元姑的《刑事辩护》书中说："当钧院第一次函请湖南保安司令部调查王向氏是否系贺龙之妻，贺龙之妻母亲是否姓王，在共产党中担任有无工作，或重要工作，该司令部仅复称王向氏即贺龙之妻向元姑，年三十二岁，所称王向氏是化名，并未指在共党中担任有无工作，或重要工作。至第二次钧院又去函调查，则复称王向氏、王文明均负有重要工作，并称细阅相片，丝毫不爽。按查复文之桑植县县长陈策勋系剿匪指挥，虽自称生长桑植，但贺龙系拥有武力之'匪首'，陈策勋与之大小百余战，设彼时王向氏在贺龙军中担任重要工作，则陈策勋何由认识贺龙之妻？又据陈策勋第一次查复文中称，贺干臣并非贺龙，系贺龙之堂弟。至第二次查复文中，忽称王文明、贺干臣忘记其名。至第二次文中，忽称王瑞卿原名贺学庠，在贺龙部下工作。查既在贺龙部下工作，陈策勋何由认得对方军中之人。此实捕风捉影，虚伪指正，难以采信。"①

经史良等律师的有力辩护，1935年3月，最高法院判决："撤销原判，发回更审。"②1936年1月4日，高三分院改判熊瑾玎徒刑6年，褫夺公权6年；改判向元姑徒刑5年，褫夺公权5年；改判贺干臣徒刑5年，褫夺公权5年；贺学庠维持第一次原判，褫夺公权3年。③

---

① 上海市公安局档案051－1－185，未刊。

② 最高法院判决书，上海市公安局档案，未刊。

③ 江苏高等法院第三分院判决书，上海市公安局档案，未刊。

(三)营救邓中夏

邓中夏,湖南宜章人。1917年考入北京大学中文系。1919年参加“五四”运动,是北京学生联合会领导人之一。翌年10月加入北京共产主义小组,是中国最早的共产党员之一。1922年当选为中国共产党中央委员会委员。随后参加和领导了长辛店工人、开滦煤矿工人、京汉铁路工人大罢工。1925年参加领导上海日商纱厂工人大罢工。同年4月赴广州,任中华全国总工会秘书长兼宣传部部长,参加领导省港大罢工。1927年任中共江苏省委书记和广东省委书记。1928年赴苏联莫斯科出席中国共产党第六次全国代表大会,会后任中共中央驻共产国际代表。1930年夏回国,任湘鄂西苏区特委书记和中国工农红军第二军团政治委员。1931年因受王明“左”倾机会主义路线打击,从湘鄂西根据地到上海,没有工作,与妻子李瑛(中共党员)生活在一起。李瑛刚从苏联回国不久,在一家日本人开的纱厂当工人,并在厂里和区里作一些党的秘密工作,两人生活极端困难。1933年初,邓中夏任中国革命互济总会主任兼党团书记。

1932年11月2日,由于叛徒出卖,李瑛被捕。和她一同被捕的还有朱仲止(英文翻译)以及她的妹妹朱仲丽。14日审讯,朱仲止供出了李瑛的身份,说她是邓中夏的妻子以及他们在莫斯科的一段历史。18日李瑛被判徒刑5年。后来关押了3年零4个月取保释放。

李瑛被捕后,邓中夏多次派人去探监,给她送去衣服和吃的,但李瑛担心特务盯梢逮捕邓中夏,因而都拒之门外。邓中夏于是委托史良帮助，史良便以律师身份多次前往监狱探视李瑛，帮助他们传递信息。1933 年 4 月 27 日，邓中夏托史良去狱中看望李瑛，并给她带去一封信，信中说：

妹妹：几次托人来看你，见不着，送的东西也送不进，真把我急坏了。托史良律师来看你，你又无只字告我，心里更难过。现在又托史律师来看你，关于你和朱姊[1]生活上应如何得到我们的帮助，请对史律师详细的说，以便我好照办。无论如何请你写一亲笔信给我。我很好，耳病已医好了。

哥哥　四月二十七日[2]

李瑛含着眼泪随即写了回信交史良带给邓中夏，信中告诉他，她被出卖了，邓中夏自己也已被出卖，情况非常不利，千万不能来看她。5 月 8 日，邓中夏又托史良给李瑛带去一封长信，信中表述了他接读亲人入狱半年第一次来信的极大喜悦心情，除告诉她一些关于生活上的事情外，还用暗语透露了敌人到处搜捕，许多同志被捕，以及某些“左”倾机会主义者的情况。[3]

从这里可以看出，邓中夏对史良表示了极大的信任，同时也可看出史良和共产党关系的密切。

5 月 15 日晚，邓中夏到环龙路骏德里 37 号交通站去找互济

---

① “朱姊”即朱仲丽。

② 邓中夏致李瑛信原件，未刊，现存李瑛家。

③ 此信由李瑛抄在自己当年的日记本上，现存李瑛家。

总会援救部部长林素琴研究布置工作，上海市公安局会同法租界巡捕房前去逮捕林素琴，邓中夏也一同被捕。邓中夏当时在上海化名施义，上海市公安局并没有掌握他任何证据，只是后来林素琴叛变，才供出施义就是邓中夏。

邓中夏被捕的第二天（16 日）清早，便派人去找史良营救。史良立即去捕房探望邓中夏，采取对策，设法进行营救。史良后来写的一份回忆材料说：

> 1933 年初夏的一天清晨，有人匆匆的跑来见我，他送来一张粗草纸写的字条，上面用铅笔写着："我要求你来接见我"，署名是"施义"，背面写的"请代付送信人五元"（是不是还写了被拘留的地址，已经记不起来了）。我立即付了送信费，并向他询问了地址，便赶到法租界捕房去。因为一般在九小时以后就要移送法庭，开了庭便作出不准接见的裁定，就无法接见了。我到达捕房大概是八时光景。
>
> 到了捕房，很快就接见了施义，他说："史大律师，我早就认识你。"看守的还在旁边，我向他递了眼色。他说"我的妻子有一付金手镯，将来可作为公费，你给我当辩护人好吗?"我笑了笑，拿出两枚银币给看守，要他弄一杯开水喝，看守眉开眼笑走开了。施义告诉我："我被叛徒出卖了。"我对他说："你不要招供什么，第一步争取做到在租界审讯，不移提，就保住性命了，第二步再说。"当时，我害怕室内有偷听的装备，便掏出笔来在纸上写了"你一定不能承认什么"递给他，他很快地塞进口袋里。一瞬间，看守端着开水回

来了。

接见以后，我请了当时上海有名的董康律师共同给他作辩护人。高三分院开庭审讯，我与董康出庭。根据被告人住在租界，在租界内被捕等理由，请求裁定不准移提（即不送租界以外的法院审讯）；又经向捕房律师等的努力，法庭当庭也作出了“不准移提”的裁定，审讯的第一步算是胜利结束了。隔了一些时候，出乎意外地发生了变化。一天深夜，高三分院院长梁仁杰去见董康，说由于叛徒的检举，蒋介石知道施义就是邓中夏，极为恼怒，手谕将施义提解南高审讯，据说该院的庭长亦受了处分。我听到这个消息后，十分愤慨。后来托人在南京最高法院打听，据说该院没有收到这件案子。一位互济会的负责人方中告诉我说：“邓中夏是被一个女叛徒说出真姓名的。”①

上述史良回忆中所提到的那个女叛徒就是林素琴。原来在5月16日高三分院第一次开庭审讯时，上海市公安局的代表提出，本案是由公安局会同法租界捕房共同破获的，在林家查出大量传单和宣传品，有人证明被捕的林素琴就是共产党互济会的援救部长杜林英，为此要求将林素琴和邓中夏一同引渡到公安局讯办。但林素琴否认自己的身份，并称宣传品是一个朋友寄存的箱子，自己不知道里面装的是什么。史良和林素琴的辩护

---

① 史良：《邓中夏烈士在上海的审讯》，未刊，写于50年代末期。文中所说互济会负责人方中，史良写的另一材料为方忠。

律师发言认为案情尚未查清,仍应由高三分院负责办理,反对移提。法院最后作出不移提的决定。5月30日,高三分院第二次开庭审讯林素琴和邓中夏。这次史良请来了董康大律师为邓中夏辩护,此外还有唐豪律师。公安局代表在法庭上提出:“被告林素琴家里查出大批传单、宣传品,又有证人证明。林素琴虽一味否认,但不能提出反证。为此,坚决要求将林素琴及同犯施义引渡过去。”[1]林素琴的辩护律师据理力争。唐豪也为邓中夏辩护说:“被告施义,没有丝毫犯罪嫌疑和其他证据,所在地区又是法租界,完全属于本法院管辖范围;加上本人又没别的案子牵连,因此,根本没有引渡的道理。”[2]董康也表示激烈反对引渡。结果审判长宣布:“根据本法院审理结果,决定本案被告林素琴由上海公安局移提归案讯办,被告施义由本院处理。”[3]经过中共地下党的各种努力和史良等律师的大力营救,法院最后判邓中夏52天徒刑,并表示可以考虑让他交保释放。

但是,林素琴被引渡后,关在吴淞警备司令部,情况发生急剧变化,她可耻地叛变了。她供出施义就是邓中夏,他是中共中央委员、互济总会党团书记、在莫斯科参加过中共“六大”、回国后任湘鄂西苏区特委书记等,并供出邓中夏的住址是法租界麦琪路光华理发店三楼,说这个地址只有她和邓中夏两人知道。

国民党当局对于林素琴的供词,如获至宝,并为即将抓获邓

---

① 转引自魏巍等著:《邓中夏传》,人民出版社1981年版,第256页。

② 同上。

③ 同上。

中夏这样一位著名的共产党重要人物而欣喜若狂。蒋介石亲自下手谕,密令立即引渡归案。邓中夏随即被引渡到南京。此时史良虽想营救也无能无力了。1933 年 9 月 21 日,邓中夏被杀害于南京雨花台。

史良尽力营救邓中夏,但邓仍被国民党残酷杀害,对她影响很大。由此,她从欲做一个不出卖灵魂的律师逐步成为一个关心政治和民族命运的女政治活动家。她说:“每想起邓中夏同志的牺牲,就很难过。它使我明白,靠统治者的法律来争取人民的政治权利是不可能的。我就是在这个思想背景下,参加到爱国救亡运动的行列中来的。”①

(四)营救任白戈

1933 年 7 月,作家、中共地下党员任白戈在上海家里被捕。任白戈被捕时,只在他家中查出了一些日文马列主义著作②,并无其他证据。但是,当时国民党白色恐怖统治采取的方针,是不放过一个可疑分子,因此公安局根据这些日文马列主义著作的可疑点,加紧搜集有关他的材料。任白戈被捕后,沙汀请史良设法营救,并将上述情况告诉了她。史良听后,认为既然如此,只要还拘留在分局,可以设法赎取,并说她曾请法租界工部局的一位翻译人员赎出过一个被捕者。③ 赎救任白戈需要 1000 元钱,

---

① 史良:《关于救国会的一些回忆》,周天度编:《救国会》,中国社会科学出版社 1981 年版。

② 据沙汀给笔者来信。

③ 同上。

任退出辛垦书店时，收回了一笔股金约四五百元，其余就由曾在中法学院任过教的杨伯凯设法筹措。款子筹齐后，史良通过法租界工部局那个译员交给公安局。译员冒充任白戈的表兄，一见面就训他一顿，说："一天就不落屋，害得姑妈好着急呀，看你将来还乱窜吧！"[①]任白戈被押不到一个月，就这样保释出来了。史良在《自述》中谈及办理这一案件时说：

当时，通过互济会介绍来的案件相当多，其中最使我难忘的是中共党员任白戈的案件。这个案子是一九三三年办的，它的特点是严重而紧迫，但办得迅速而麻利。

那是一个夏天，上海互济会的负责人告诉我，任白戈因共产党员的嫌疑而被捕了，有特殊理由必须紧急营救。我接受了这个案件，担任他的律师，首先设法找到法院方面的熟人，托其向警察局方面了解案情。回话说，任白戈是在中国地界被捕的，被捕时警察掌握的证据并不充足，现正到处搜集证据。我听了以后，知道这案相当紧迫，因为凡在中国地界被捕的，国民党特务往往不经司法程序，秘密处理。如果转到特务手里，就既不能出庭辩护，又无法前往会见，甚至连关押在哪里都可能不知道，情况十分危急。为了达到营救目的，我和一个法律界的人商量以后，决定出奇制胜，先托法院查到此人关押地点，然后直接通过法院人员公开向警察局提出，说此事是误会了，望允许保释。当时警方确

---

① 据沙汀给笔者来信。

实没有掌握证据，而只把他做为一个思想左倾分子，未予重视，既是法院方面熟人提出，落得卖个面子。这次营救是采取快速战术，在敌人还没有来得及转到特务手里的时候，先解决了问题。在历次案件中，这次最为大胆，是别开生面之举。警察局显然没有意识到这一案件的重要性，更没有想到我们竟敢于采取如此直接方式营救重要人物，而把他释放了。[①]

经史良辩护营救出狱的中共党员和革命者还有陈卓坤、方知达、吴仲超等人。

在史良看来，营救政治犯，多保存一些国家民族精英，替革命做一点事情，这本身不仅是爱国行动，也是一种革命工作。因此，在国民党的白色恐怖统治下，对于受迫害的共产党员和进步人士，她以一颗赤诚的爱国心，利用自己的律师职业和法律知识，冒着生命危险，全力以赴，积极进行辩护和营救，为革命保存了有生力量。她的爱国精神受到了中国共产党和人民的称赞与敬仰。邓颖超在 1983 年夏天曾说过："史大姐从三十年代中期起就同情、支持我们党。"[②]习仲勋在史良逝世的悼念文章中说："我们党的邓中夏、任白戈等同志在遭到国民党反动派非法逮捕后，她奋不顾身，积极进行辩护和营救。当时她所表现出来的与我们党患难与共，密切合作，息息相关，英勇斗争的高尚精神，是

① 《史良自述》，第 13 ~ 14 页。

② 《中央盟讯》，1985 年第 10 期，第 24 页。

十分难能可贵的，令人由衷地敬佩。”[①]她逝世后，三十年代曾任CY团（共产主义青年团）中央少年真理报编辑的陈卓坤，特送来在5尺长的白布上写的18个浑厚凝重的大字，以寄托他对史良的无限深情和哀思：

永远不能忘记在法庭上为党的辩护人形象[②]

二十世纪三十年代，史良不避风险，积极为被捕的中共党员和进步人士进行辩护和营救，是她熠熠闪光一生的重要篇章。

---

① 习仲勋：《沉痛悼念中国共产党的亲密战友——史良同志》，《人民日报》，1985年9月16日。

② 《中央盟讯》，1985年第10期，第32页。

第四章

投身抗日救国运动

一、发起成立上海第一个救国团体

1935年5月和6月，日本为了侵占整个华北，蓄意制造“河北事件”和“张北事件”，迫使国民党认可了后来日本所指称的“何梅协定”，并签订了《秦土协定》，大大削弱了中国在华北的军事力量，使华北几乎成为非武装地带。随后，在日本帝国主义的操纵下，亲日派汉奸在华北发起所谓“五省自治运动”，河北东部成立了“冀东防共自治政府”的傀儡政权。同时，国民党政府在日本的压力下，撤销北平军分会，设置“冀察政务委员会”，汉奸王揖唐、王克敏、曹汝霖等，均为该会委员。中华民族面临空前严重的危机，亡国灭种的惨祸迫在眉睫。随着民族危机的日益加深，全国掀起了抗日救国的热潮，史良为了救国救民，不顾一切艰难险阻，投身到抗日救国的洪流之中。

早在“九一八”事变发生时，史良就参加了上海律师公会组织的反日爱国运动。她是在挂牌营业后，就加入了上海律师公会。9月30日，上海律师公会召开全体会员紧急大会，讨论反对日本侵略问题，史良出席会议。会议通过对日经济绝交计划，开展反日宣传等四项议案，并成立四个专门委员会，每天在公会研究进行办法，交执监委员执行，史良被推为“对日备战军事委员会"委员[1]。此后,她除参加律师公会主办的抗日爱国活动外,还积极参加了上海群众爱国运动。

1932年淞沪抗战期间,时已担任上海律师公会执行委员的史良,与其他执委一起,领导组织上海律师公会全体会员,积极开展募捐工作,慰劳浴血抗日的将士。据报道,截至11月初,上海律师公会已得捐款34800余元,用以慰劳东北义勇军和阵亡将士家属以及救济东北难民[2]。上海律师公会是上海各团体救国联合会和全国律师团体、救亡团体的表率,而史良等人则是上海律师公会的中坚。

这年的"三八"国际妇女节,上海各界妇女在四川北路女青年会召开纪念会,有好几位妇女代表在会上讲了话,其中有一人在讲话中说,妇女的责任是做好家庭主妇,帮助丈夫,搞好和睦家庭等等。这番讲话,不但与危难时局格格不入,而且有违妇女的解放。史良跳上讲台,发表讲话说:"今天中国妇女的最大责任是救国,而不是治家。中国妇女要得到解放,首先要使我们的中华民族得到解放,没有中华民族的解放,中国妇女的解放是不可能的。"[3]在她看来,处在帝国主义与封建主义双重压迫下的中国妇女,一方面应加倍努力,求自身能力的充实,在职业上、经济上力争实现男女平等;另一方面,也是更重要的,只有参加整个的反帝、反侵略的民族解放运动,才有前途。因为要争取妇女的

---

① 《申报》,1931年10月1日、7日。

② 《申报》,1932年11月4日。

③ 《史良自述》,第17页。

解放，必须先争取到国家的独立与自由。她“最反对一种以出风头为目的的妇女，自己跳上了政治舞台，只求自己的虚荣禄位，朝夕和所谓‘大人物’也者瞎混着，却把大众妇女的痛苦置诸脑后。这种妇女虽有一千人上了政治舞台，也只有一千人享乐，和大众妇女的福利是不相干的”。[①] 她的讲话与会者报以热烈的掌声。中共地下党员、任这次运动总指挥的陈家康特意走到史良的面前，向她致贺，表示敬意。会后举行游行，遭到国民党当局的弹压，军警用木棍殴打游行群众，不少妇女受了伤。这是史良离开学校后第一次参加爱国游行，她受到了很大的教育。

中华民族亡国灭种的危急局势，引起一切不愿意做亡国奴的人们的严重关注。1935 年七八月间，共产国际在莫斯科召开第七次代表大会，提出了战胜法西斯，必须建立广泛的统一战线的策略。8 月 1 日，中共驻共产国际代表团根据会议精神，以中华苏维埃政府和中共中央名义起草了《为抗日救国告全体同胞书》（即“八一宣言”）。宣言宣布：只要国民党军队停止进攻苏区行动，只要任何部队实行对日抗战，不管过去和现在他们与红军之间有任何旧仇宿怨，不管他们与红军之间在对内问题上有何种分歧，红军不仅立刻对之停止敌对行动，而且愿意与之亲密携手共同救国。宣言还提出了建立抗日民族统一战线，和其组织形式——抗日联军和国防政府，以及抗日救国的十大纲领等。在“八一宣言”的影响和北平地下共产党组织的领导下，12 月 9 日，富有爱国传统的北平青年学生不顾国民党的白色恐怖，举行

① 韬奋：《经历》，生活 · 读书 · 新知三联书店 1978 年版，第 126 页。

示威游行，反对“华北自治”，反对成立冀察政务委员会，要求停止内战，一致抗日，发起了声势浩大的“一二·九”抗日救亡运动。和“一二·九”运动发生的同时，上海文化界的爱国进步人士沈钧儒、章乃器、邹韬奋、李公朴、王造时等人，也发起救国运动。然而上海第一个成立的救国团体却是妇女救国会，它的主要领导人就是史良。

12 月中旬，上海市一些妇女文化团体如中华妇女同盟、妇女生活社、妇女园地社、妇女大众、妇女文化协会、妇女新地社、微明社等，以及上海妇女界的爱国和知名人士史良、陈波儿、陈维姜、邓裕芝等，即开始筹备妇女救国会。在一次筹建上海妇女救国会的小型集会上，史良慷慨陈词，说 4 年前“九一八”事变时，敌人侵占我国东北，现在又进而夺取华北，国难深重，民族危亡，我国的内政外交，受人控制，还能叫国家吗？愤怒火焰早已在我心中燃烧。[①] 她那悲愤的、火热般的爱国主义激情，打动了全体与会者的心。史良是上海的大律师，如上所述，她在学生时代就积极参加反帝爱国运动，热心妇女解放运动。特别是执行律师业务后，爱憎分明，敢于冒着生命危险，挺身而出，为营救受迫害的共产党员和爱国人士而努力奔走的事迹，早在妇女界广为传诵，享有崇高的声誉。因此，大家一致推选她主持上海妇女救国会的成立大会。

12 月 21 日下午，上海妇女救国会在北四川路青年会召开成

---

① 罗琼、左诵芬：《我们的良师益友——忆史良大姐》，《人民日报》，1986 年 2 月 16 日。

立大会,与会的女学生、女教员、女职员、女医生、女护士、女律师、女工人及家庭妇女共千余人。大会推选史良、何香凝、沈兹九、王孝英等7人为主席团,史良并任主席。首先由史良致词并报告筹备经过。她身材高大,声音洪亮,发言充满信心和力量:

诸位:任何人都知道国家是土地、人民、主权三种要素所构成的。但是我们现在的中国,人民可以受人压迫,任人残杀;土地今天被人割去一块,明天被人抢去几省;我们的内政外交,没有一件不受人家的强制,人家的干涉,还能叫国家吗?还能成为国家吗?我们居人民半数的妇女,还能装痴装聋躲在家里过苟安的生活吗?我们看,非洲的阿比西尼亚,被文明国家最看不起的一所谓"黑奴"的一个小国,他们这次受着意大利帝国主义的压迫,却在那面拼命反抗,奋斗杀敌;他们的妇女,不但代男子做任何苦工,并且也有和男子一样的英勇抗敌。我们二万万的妇女,难道没有力量如她们吗?难道甘心在家里期待亡国奴的生活来临吗?不!决不!今天我们上海各妇女团体和各个妇女个人,在此地总集合,就是我们中国妇女救亡运动的开始。[①]

她热烈的号召妇女抗日救国的讲话,获得了全场热烈的掌声,给与会者留下了深刻的印象。曾经和她一道出席会议的陆

---

① 伊素:《上海妇女救国联合会会场印象记》,《妇女生活》,第2卷第1期,1936年1月16日。

慧年后来回忆说:“我认识史大姐是在一九三五年上海妇女界救国会成立大会上。她担任大会主席,那高大的身影,昂扬的神态,洪亮的嗓音,热情洋溢的讲话,给我这个当时刚进大学不久的青年学生留下了深刻的印象。”①

接着何香凝扶杖登台演讲,她虽然年迈体弱,但情绪激昂,声音响亮。她说:“我们今天的集会,不能再说是救国,可以说是救亡。四年以前,失掉了东北许多土地,被屠杀了许多人民。现在敌人又来抢夺我们的华北了。如果照这样让敌人得步进步的下去,那么中国的灭亡,不必说,很快就临在眼前了。”她号召与会的女同胞姐妹们,要奋起精神,要武装起来,“要与男子一样的负起重大的责任,争取民族生存,同到战场上去。”

王孝英以及北平来的代表,也在会上讲了话。

大会通过要求政府取消冀察政委会,出兵讨伐汉奸殷汝耕,反对中日经济提携,电慰北平学生,组织募捐团及救护训练所,联合上海各界召开市民大会等九项提案后,由史良宣读宣言,并逐条讲解上海妇女救国联合会章程,获得通过。宣言指出:日军进取华北,是他们预定计划中的一个步骤,此时再不急起抵抗,整个中国的灭亡不可避免。华北问题绝不是暂时的局部问题,而是整个中国的生死存亡问题。呼吁上海各界妇女,在救国的共同目标下,团结一致,组织“妇女救国联合会”,“仿效阿比西尼亚妇女英勇抗敌的前例,来尽我们国民一份子的天职”。宣言最后提出八项主张:“(一)坚决保卫中国领土和主权的完整;(二)

① 陆慧年:《史大姐,请无憾地安息吧!》,《群言》,1985 年第 8 期。

反对秘密外交，否认一切破坏领土和主权完整的条约和协定；（三）反对一切在中国境内由外人操纵的特殊行政组织；（四）集中全国兵力财力，讨伐冀东伪组织；（五）严惩卖国贼；（六）要求人民结社、言论、出版的绝对自由；（七）要求立即释放北平被捕的爱国学生，严惩肇祸军警；（八）全国妇女立刻自动的组织起来，贯彻我们的主张。”①

最后大会推选史良、沈兹九、王孝英、胡子婴、罗琼、史伊凡、陆慧年、杜君慧、韩学章、高桂芳等11人为理事，左诵芬、张志学2人为候补理事。②

大会后，史良带领大家出发游行。游行队伍以“上海妇女救国会”的白色旗帜为先导，4人一排，手挽着手，由四川路经南京路、西藏路、浙江路、宝山路抵天通庵，高呼抗日口号，唱着《义勇军进行曲》等救亡歌曲，沿途络绎参加游行的达万余人。一位这次示威游行的参加者事后描述说：“大概在午后五点钟左右吧，我们的队伍又全部出动了。‘打倒××帝国主义！’‘打倒卖国汉奸！’‘反对华北自治！’‘反对秘密外交！’一声声的革命口号从那成千的妇女大众的娇亮的喉咙里发出来，又凄厉又悲壮，如针尖刺戳一般刺激我的泪腺，我的酸楚的热泪终于盈眶了！……夜色笼罩了大地，北风加紧的怒吼着，路灯愈显得微弱暗淡，可是冷不了这成千的男女大众沸腾到极点的热血。呵！的确，悲壮激昂的呐喊声，连奔带跑的步伐声，愤慨汹涌的热情，澎湃沸

---

① 《申报》，1935年12月22日。

② 《时事新报》，1935年12月22日；《申报》，1935年12月23日。

腾的热血，使我们完全忘记自己了！”“妇女们救亡的热情和热血也不亚于学生哩！民众同情于救亡运动的情绪也不后于学生和妇女哩！谁说中国民气已经消沉了！谁说中华民族甘心愿做亡国奴！”①

上海第一个救国团体上海妇女界救国会的成立及会后举行的游行，打破了淞沪抗战被国民党政府出卖后几年来的沉寂状态，推动了上海救亡运动的发展。12月23日和24日，上海学生的抗日救国大请愿示威，就是受妇女游行的影响而爆发的。② 对此，连国民党上海特别市执行委员会常务委员吴铁城、潘公展在一份报告中也不得不承认说：“先是有所谓妇女救国会者，曾于二十一日借四川路青年会开会，并在南京路、浙江路等处游行示威，人数不多，未肇事端。至是即有学生、市民二百余人于清晨八时在南京路大陆商场附近游行集会，散发传单，租界工部局预有所备，当以武力驱散，所[幸]未滋事。十时左右有所谓上海各界救国联合会③者二三百人由浙江路冲入车站，旋又出站至宝山路前商务印书馆、东方图书馆空场召开群众大会，散发反动传单，高呼反动口号，一时围观民众为数甚多。”④

随后，上海妇女界救国会发表《告全国妇女书》，指出华北事

---

① 《妇女大众的救亡运动》，《大众生活》，第1卷第8期，1936年1月4日。

② 《“一二·九”以来上海学运之史的检讨》，《救亡情报》，第23期，1936年10月25日。

③ 此误，上海各界救国联合会成立于1936年1月28日。

④ 中共上海市委党史资料征集委员会编：《“一二·九”以后上海救国会史料选辑》，上海社会科学院出版社1987年版，第39页。

件是东北事件的后果，再不急起抵抗，随之而来的是华中、华南事件。表明："我们要打破妇女只会在家庭里烧饭抱孩子的反动理论，我们要同爱国的男子同来负着救国的重任。我们反对敌人侵略中国，我们反对汉奸出卖中国，我们要集中自己的力量，一致参加救国运动。"①

1936年上半年，上海妇女界救国会会员已达1000余人，在上海抗日救亡运动中，是一支生气勃勃、十分活跃的队伍。妇女界救国会理事会是一个坚强团结的集体。理事会常常在史良家里一间宽敞的客厅召开，并由她主持，研究讨论有关动员妇女参加抗日救国的各种问题。史良思想敏锐，头脑冷静，善于分析和解决问题。她衣着整洁，举止端庄，又是一名大律师，理事中的韩学章、陆慧年和左诵芬都是青年学生，和她在一起开会，不免有些拘束。但史良平易近人，谈笑风生，没有架子，把她们当作小妹妹看待，并热情帮助带领她们一道工作，深受她们的尊敬和爱戴。曾经受到史良热情帮助的罗琼、左诵芬回忆说："她为人豪爽慷慨，乐于助人，经常热情地关怀和帮助同志、朋友和青年。我们就亲自受到她的亲切教诲和帮助。"1936年2月间，国民党政府欲逮捕罗琼，时罗已怀孕8个月，史良得到消息后，立即派人通知她，始得以免遭毒手。当年在中华基督教女青年会担任工作的邓裕志回忆说："我们成立了妇女救国会，当时我有点胆怯，史良同志告诉我'不要怕，白色恐怖吓不倒我们，因为我们是站在人民的立场上，为大众谋利益的，我们是为祖国贡献力量的。

① 《大美晚报》，1936年1月9日。

所以什么事情都阻拦不了我们'。"[1]在史良的鼓励下，邓裕志勇敢地投身抗日救国工作。史良的家人和律师事务所的同事都积极支持抗日救国事业，妇女救国会的很多会议都秘密在她家中召开，因此她的家成了妇救会之家，她的家人和同事们也都成了妇救会之友。从此，史良的名字便和妇女救国运动联系在一起。

二、积极参加抗日救国运动

史良的律师事务很忙，仅开庭一项，每月平均有四五十次，但上海各界民众举行的抗日救国集会和示威游行，她都是一个积极参与者。

12 月 23 日，上海复旦大学等校学生聚集北站，准备乘车前往南京向国民党政府请愿，要求抗日，为上海市当局所阻拦，火车开不出站。史良在常州女师和上海法政大学读书时，就是学生爱国运动的积极参与者，因此她十分理解和支持学生爱国运动。24 日，她和沙千里等人代表妇女救国会和文化界团体及职工团体，携带饼干、面包、糖果等到北站分送给学生，表示慰问。[2]

1936 年 1 月 28 日，上海各界民众在市商会礼堂举行"一·二八"淞沪抗战 4 周年纪念大会，史良和沈钧儒、何香凝、马相伯、章乃器、沈兹九等 19 人被公推为主席团。执行主席沈钧儒做报告后，史良等人在大会上发表了演说。最后，全体一致通过成

---

① 邓裕志：《和史良大姐在一起》，《上海盟讯》，总 284 期。

② 《"一二·九"运动中复旦大学的学生运动》，《党史资料》，1980 年第 4 期。

立上海各界救国联合会，史良被推选为执行委员之一，参加领导上海市的抗日救亡运动。会后，与会代表在主席团的率领下，列队步行至庙行镇公祭淞沪抗战无名英雄墓，史良与沈钧儒等人走在队伍的最前列。

3月8日，上海妇女界救国会、文化界救国会、学生联合会等7团体妇女代表1000余人及其他各方面人士，在青年会召开“三八”妇女节纪念会。会议开始后，当一位外国女基督教徒在台上大讲从事妇女运动应当改良电影、节制生育时，台下的群众发出嘘嘘声，并要求史良演讲。史良在一阵热烈的掌声中，登台发表了热情洋溢的演说。会后举行示威游行，原来的主席团成员都离开了，领队的只有史良一个人。[①] 著名的女记者彭子冈当时怀着对史良敬仰的心情，在一篇文章中追忆说：

> 记得是在上个月纪念“三八”的会场上，史良这个名字曾激热地响在群众口里，曾有多少双眼睛注视着听她发言，曾有多少个脸子对了台上的那个诚恳的脸子腾了欢跃，像是要由她得到一些群众所靠得住的话语。
>
> 人们的欢呼与鼓掌所拥上台去的是一个高高大大的影子。这高高大大的影子挥动着双手，安详然而却热情的话镇慑住了群众的狂风吹树叶般的情绪，把大众的四散的提议整理起来了，会场里安静下来。
>
> 之后，那穿着暗色旗袍的高大的影子又出现在游行的

① 《三月的巨浪》，《妇女生活》，第2卷第3期，1936年3月16日。

队伍旁边，她前前后后地跑跳着指挥着大队——不，是被大队指挥着。就那样，这个面影深深地印在人心上了。

面影的细部不必说了，总之，就是一个庞大的、能给你一点热力的面影。[①]

曾经和史良一道参加抗日救亡运动的胡夏青，1985 年在史良逝世时写过一篇怀念文章，其中回忆了史良在“三八”妇女节的爱国精神和行动：“一九三六年的‘三八’国际劳动妇女节这一天，上海各界妇女救国会举行了隆重的纪念大会。会后，举行了空前的而且是非常成功的示威大游行。敬爱的史大姐，是您，排列在我和方铭同志中间，我们手挽着手，走在队伍的最前面。一路上，上海各阶层人民涌上街头，围在马路两旁，热烈地声援我们。记得您，是那样精神抖擞，斗志昂扬，和我们、和群众在一起，一直坚持到最后，坚持到胜利。”[②]

在“五四”爱国运动 17 周年之际，史良发表了《准对我们的敌阵前进——纪念“五四”》一文，她写道，“五四”爱国运动，“实现了中国民族反帝反封建的任务，使帝国主义者对中国民族有所震惊，同时也可说是中国妇女从此开始知道从黑暗中寻求光明的起点。然而这一醒觉，这一有意义的斗争，并没有达到终点”。在随后的“五卅”惨案中，劳苦大众，尤其是妇女劳苦大众觉醒了；“九一八”的空前耻辱，激起了大众的民族意识；“一·二

---

① 子冈：《史良律师访问记》，《妇女生活》，第 2 卷第 4 期。

② 胡夏青：《怀念史良大姐》，《光明日报》，1985 年 11 月 10 日。

1936年救国会组织群众游行，公祭"五卅"烈士，史良和沈钧儒、王造时、沙千里走在游行队伍前面。

八"抗日的精神，是中外震惊的光荣事迹。她接下来写道："然而帝国主义的用武力侵略中国，与汉奸的公然卖国，也更属［厉］害。"她大声疾呼："在这生死存亡关头，我们在此值得纪念的'五四'前夜，我们只有大声竭呼，不愿做亡国奴的同胞，不管男和女，老和少，大家快快起来！巩固民族统一阵线！继续'五四'、'五卅'的精神，准对我们的敌阵前进！"①《准对我们的敌阵前进——纪念"五四"》，是迄今在报刊杂志上发现的史良的最早的一篇文章，该文感情充沛，言辞犀利，在广大人民群众中特别是青年中产生了很大的号召力。

5月9日，上海各界救国联合会在市商会举行悲壮热烈的"五九"国耻纪念会；5月30日，又召开上海各界民众纪念"五卅"11周年大会，并到江湾"五卅"烈士墓前致祭，史良都是参与者和领导者。

---

① 《救亡情报》，创刊号，1936年5月6日。

三、救国会的领袖人物之一

救国运动以上海为中心，在全国范围内蓬勃开展，北平、南京、武汉、西安、天津、广西、山东等地纷纷成立救亡组织，开展抗日救国运动。为了将全国各地的救国力量团结起来，建立一个全国统一的救国联合阵线，进一步推动抗日救国运动，5 月 31 日至 6 月 1 日，全国 20 余省市 60 多个救亡团体及十九路军代表共 70 余人，齐集上海，秘密举行全国各界救国联合会成立大会，史良作为上海妇女界救国会的代表参加了这次会议。会议讨论并通过了《全国各界救国联合会成立大会宣言》、《抗日救国初步政治纲领》等重要文件，全面提出了救国会建立抗日民族统一阵线的政治主张，反映了全国人民停止内战、团结抗日的共同意愿。史良和宋庆龄、马相伯、沈钧儒、章乃器、邹韬奋、李公朴、王造时、沙千里等 40 余人，被推为执行委员。随后，史良与沈钧儒、章乃器、李公朴、王造时、沙千里、邹韬奋等 14 人又被选为常务委员。从此，救国运动有了一个全国性的机构，而史良则是这个机构的领袖人物之一。

救国会成立后，以鲜明的立场和坚定的态度，主张停止内战，团结一致，共赴国难。7 月 10 日，国民党二中全会在南京召开，全救会派史良和沈钧儒、章乃器、彭文应、沙千里 5 人，组成代表团进京请愿。9 日代表团赴京，13 日向全会提出立即对日抗战，开放民众救国运动，保障言论、出版、集会、结社自由，释放政治犯，停止内战等要求，但未获圆满结果。当日代表团在京招待新闻界，史良在会上报告了全救会的组织经过，要求新闻界予以支持，扩大救国宣传，推进抗日救国运动。

上海各界救国联合会为了援绥抗日，决定发动会员于9月6日上街为绥东抗日军队募捐。为了避免和上海市当局发生冲突，决定把募捐队分成4人的小队，只在弄堂里募捐，不上马路。但当局仍然不允，5日晚通知救国会取消这次活动，说日本方面已经提出警告，如不取消这一次行动，日本陆战队要全部出动，直接干涉，捕人开枪，在所不惜。[①] 但救国会没有听从当局的恐吓和摆布，救国会委员其中包括不少妇救会会员仍于次日(6日)上街募捐，向民众宣传抗日，并将募集的款项汇寄给绥远前线抗敌的国民党将领傅作义。事后国民党上海市党部竟然发表一项通令，诬蔑这一爱国行动为"借救国为名，敛钱肥己"，并攻击救国会为"反动分子之集团"。[②] 为此，史良和宋庆龄、何香凝、马相伯、沈钧儒、章乃器、王造时、李公朴联名发表声明反驳说："相伯等对于救国阵线，或身居领导，或直接负责，曾否敛钱肥己，想为国人所共谅。十年来敛钱肥己者究为何人，亦难逃国人之耳目。"声明还严正指出："国难严重若此，党政诸公既不能领导人民从事救亡工作，人民自动组织，应何欣慰之不惶，讵忍诬为反动？实所不解。且其所指事实，系九月六日上海各界救国联合会为绥远抗敌军队募捐，倘为政府抗敌军队募捐而竟成反动，则

① 《救亡情报》，第21期，1936年9月12日。

② 《更正侮蔑救国会之通令启事》，《救亡情报》，第22期，1936年10月18日。

岂非媚敌卖国,乃得称为正动乎?"[1]史良等人还以救国会的名义,于11月17日分别致电国民政府和傅作义、张学良,要求出兵援绥,坚决抗日。致张学良的电文说:"望公本立即抗日之主张,火速坚决要求中央立即停止南京外交谈判,发动全国抗日战争,并电约各军事领袖一面对中央为一致之督促,一面对绥远实行士兵援助。"[2]

当"九一八"五周年纪念日时,救国会决定举行一次盛大纪念会,以推动抗日救亡运动,事先曾为上海市当局所默许,但后来当局又下令停止召开纪念会。救国会认为"九一八"不能不纪念,但经过几度磋商之后,再三忍让,决定放弃召开纪念会的原议,仅仅和上海各公团在离市区三十里之漕河泾举行"九一八"纪念碑奠基典礼,救国会会员有限制地参加。然而这个最低限度的正当要求,仍然遭到当局的无理禁止。但群众已经接获通知,救国会虽然极力设法减少参加人数,18日下午仍约有2000人集合在小东门一带。此时大批的军警特务,已经荷枪实弹如临大敌地布置在那里,驱逐并逮捕群众。随后约八九百人向漕河泾行进,史良和王造时赶往领导,避免发生事端。群众行至老西门时,即遭到早已布置在那里的大批军警的阻拦,不准通过。史良上前与警察讲理:"为什么不能走,人民不能在自己的街道

① 《更正侮蔑救国会之通令启事》,《救亡情报》,第22期,1936年10月18日。

② 《全救会为援助绥军抗战分致国民政府和傅作义、张学良电》,《救亡情报》,第27期,1936年11月22日。

上走路吗？警察是保卫人民的，不能那么无理！”[1]警察不由分说，随即开始镇压。他们用警棍、皮鞭、枪托、刺刀殴击徒手的爱国群众，并鸣枪示威。史良大喊：“为什么打徒手群众？”[2]并在队伍中奔跑，力图阻止军警行凶，但无济于事。结果受伤者百余人，被捕20余人，妇救会会员和女学生因在最前列，受伤最多。一位妇女的后脑被枪托击破，鲜血直流，晕倒在地上，旁边还围了好几个踢她的武装警察。史良叫了人力车夫去救治，车夫也遭军警不分青红皂白地乱打。此时，史良勇敢地前往扶救这位女同胞，将她的头枕在自己臂上，用手帕给她按住后脑，并劝阻军警不要行凶。这些国民党政府豢养的鹰犬便用鞭子抽打史良的背脊，用枪托击她的手臂。史良的背上和胳膊多处受伤，肺尖也因受伤而咯血。幸而一群工人赶来用臂膀扣着臂膀，构成一道人墙，将她和军警隔开，才把她救出送往医院。

这一惨案发生后，救国会发表通电和告全国同胞书，揭露控诉上海市当局这一血腥镇压罪行。史良在医院写的《九月的鞭笞》一文，称这“是一个创痛的纪念日”。她说：“血迹在每个角落发现，人们发现了自己的或同伴们的血全都惊叫起来了。这是上海救国运动起来后第一次的流血。以前流血的是少数人在‘示众’的用意下被牺牲，这次却是堂而皇之的‘一律优待’了。”她还愤怒地写道：“如果说是因了戒严而嫌我们扰乱了秩序呢，这是错误。我们知道捉强盗也得容许强盗伸开双手而停止伤

---

① 史良：《九月的鞭笞》，《妇女生活》，第3卷第6期，1936年10月1日。

② 同上。

害，何况现在的对手是徒手的爱国同胞！对敌人的伤兵按法也应该救呢。当我看到那位后脑喷血的女同胞躺在地上受踢时，我真要愤怒得叫出'你们是人吗'来了。"最后她满怀信心坚定地说："我们的甦醒的群众会一天天加多，我们的心和力要凝结成一条铁链！"[①]她对前来医院探望她的人说："五年来使我们民族含羞，激起了人人心头千万丈高的怒火，现在这怒火已经在重重压制下化作了伟大的力量，抵抗着敌人。"[②]

10月19日，鲁迅在上海逝世，噩耗传出，举国震动哀悼。鲁迅的丧事由救国会承担办理。当天，鲁迅的遗体移放万国殡仪馆，供各界群众瞻仰遗容和吊唁三天。22日鲁迅安葬，送葬的群众达五六千人，史良和蔡元培、宋庆龄、沈钧儒以及其他救国会领袖走在送葬队伍的最前面，大家唱着悲壮的挽歌，呼喊着"鲁迅先生精神不死！""打倒日本帝国主义！打倒军阀汉奸走狗！""民族解放斗争万岁！"等口号。送葬队伍到达万国公墓后，举行了下葬仪式，蔡元培、沈钧儒、宋庆龄等发表了简短的演说。鲁迅葬礼是救国会成立以来规模最大的一次抗日救亡示威游行，把抗日救亡运动推向新的高潮。

为鲁迅先生送葬后，11月12日，史良又领导和参加了救国会举行的盛大的孙中山诞辰纪念会。本来纪念会原订会址在宁波同乡会，因遭到国民党上海市当局的禁止，改在静安寺路基督教女青年会的草坪上开会。史良是大会主席团成员之一，并在

① 史良：《九月的鞭笞》，《妇女生活》，第3卷第6期，1936年10月1日。

② 韩学章：《悼念敬爱的师辈史良同志》，《中央盟讯》，1985年第10期。

会上发表了演说。她在演讲中高度赞扬了孙中山先生的革命精神，特别是他的联俄、联共、扶助农工三大政策，并呼吁全国各界、各党派继承孙中山的遗志，团结抗日，为中华民族解放而努力奋斗。救国会的其他主要负责人也都在会上发表了演说。会上，当一位沪东区日资纱厂女工向大会控诉日本帝国主义压迫剥削纱厂工人，介绍上海日资纱厂数万工人正在举行反日大罢工后，大会主席当场推选沈钧儒等人组织援助日资纱厂工人罢工后援会，并在门口设置临时募捐箱，为罢工工人募捐。史良很了解女工们的痛苦处境，十分同情工人的罢工斗争，和救国会同人一道，给予工人罢工以积极的支持。

史良在我国面临亡国灭种大祸的危难时刻，以大无畏的爱国主义精神，与沈钧儒等救国会的领导人一起，领导全国各地的救亡团体，反对国民党错误的内外政策，要求停止内战，团结一致，共同御侮，对建立抗日民族统一战线，促进国内和平，起了重要作用。因而有人称：全国各界救国联合会是抗战前夕国民党统治区一面抗日救亡的大旗，沈钧儒是掌握这面大旗的伟大旗手，史良则是沈钧儒的左右手。[①]

---

① 千家驹：《悼念史良同志》，《中央盟讯》，1985年第10期。

第五章

爱国入狱——“七君子”中的女君子

一、逮捕入狱，从容不迫

国民党政府对救国运动从一开始就采取敌视态度，特别是全国各界救国联合会成立后，不断对它施加压力，攻击救国会是“危害民国”，企图“颠覆政府”的反动组织，扬言如不解散，就要予以取缔镇压。同时，救国运动也引起了日本帝国主义的仇视，日本驻沪机构领事馆等，不断向国民党上海市当局施加压力，要求取缔抗日运动，逮捕救国会的负责人。

8 月 9 日，为反对日本在华北的猖狂走私活动，上海各界救国联合会举行上海民众缉私抵货大会，会后并举行了声势浩大的示威游行。次日，日本驻上海领事寺崎，立即访问上海市政府秘书长俞鸿钧，就上海市民学生缉私抵制日货事，要求严厉取缔一切抗日救国团体。[①] 9 月初，日本驻沪海军就上海各界救国联合会为绥远抗日将领募捐事，向上海市政府提出抗议，要求“立即加以制止，否则指示陆战队干涉”。随后，日本便企图压迫国民党政府取缔救国会，暗杀救国领袖，压制救国运动。10 月 28 日，上海日本报纸《日日新闻》登载消息说：“最近南京政府拟对

① 《上海日日新闻》，转引自《救亡情报》，第 15 期，1936 年 8 月 16 日。

上海抗日救国联合会加以弹压，即上海抗日救国联合会近来积极活跃，企图结成抗日救国阵线，但国民政府最近以中日国交调整名目，以中国共产党叛变者刘华（假名）之［为］中心人物，召集上海蓝衣社指导部之上海特区最高会议，讨论如何弹压抗日救国分子。最后会议如左：（一）将王造时、章乃器、邹韬奋等数十名之抗日救国联合会首脑部，以对付史量才之手段，处以死刑。（二）收买抗日救国联合会内之动摇分子，使其发生内部分化作用。（三）绝对禁止抗日救国联合会一切言论、出版、集会等公开行动。"①

11 月中旬，上海日商纱厂工人罢工在救国会的支持下，进入高潮，日本驻沪领事寺崎向上海市当局提出消灭救国运动三项要求：（一）逮捕沈钧儒等七领袖；（二）解散救国会；（三）取缔日商纱厂罢工。② 18 日，日商丰田纺织公司船津总务会见上海市政府秘书长俞鸿钧，提出要"取缔隐藏在罢工背后的赤色分子"。同日下午，寺崎奉总领事若杉之命，再次找到俞鸿钧，指出："丰田纺事件是一次暴动，它远远超出了劳资争议的范畴，背后有共产党及抗日救国联合会分子的煽动。"要求：（一）逮捕抗日救国会的幕后人物章乃器、沈钧儒、李公朴等五人；（二）搜捕共产党；（三）镇压各大学内的危险分子；（四）逮捕暴行犯。③ 俞鸿钧表示，沈钧儒等人，早已在监视之中，但是鉴于他们的社会地位等，

---

① 《沪日报造谣》，《救亡情报》，第 24 期，1936 年 11 月 1 日。

② 《日提三要求，谋消灭救国运动》，《救亡情报》，第 29 期，1936 年 12 月 9 日。

③ ［日］《日中战争》（五），日本现代史资料（13），第 38 页。

要有确凿证据才能加以逮捕。寺崎认为要等确凿证据,那将是遥遥无期的,要求立即动手,并警告说:"为了不使此次事态扩大,军队才隐忍自重,得以无事。将来如发生同样的事件,是否有不测之事发生,也不得而知。"寺崎随即也向工部局提出了同样的要求。

国民党蒋介石一方面慑于日本的压力,一方面对人民群众抗日救亡运动感到惊恐,于是向史良等救国会的领导人实施了镇压。

11 月 23 日,上海天气已经很寒冷,凌晨 2 时许,一个法国巡捕房捉人的头子"老虎",坐着一辆红色汽车,带领 10 多个捕员和上海公安局警察特务,来到辣斐德路辣斐坊 1 号史良的寓所。探警先叩后门,史家人未应,于是又转向前门,用力敲门。史良住在三楼,她母亲和弟弟史公载及一个妹妹住在二楼(一楼就是史良的律师事务所),正在睡梦中,忽听楼下人声嘈杂喧哗,并有急促的敲门声,把她们母女都惊醒了。母亲心中十分惊慌,连忙叫保姆包杏珍起来开门,此时探警们已爬墙而过,大门一开,一齐蜂拥入楼。那个捕房"老虎"对保姆说:"叫史良快出来,不出来我就开枪了!"[①]此时史良已经起床,知道发生了事情,便走出门房回答说:"你们在外面等着,我穿好衣服就下来。"[②]并吩咐保姆立即去取衣服。史良穿好衣服后下楼,索阅了拘票,便立即被带走。

---

① 笔者访问史公载记录。

② 同上。

史良知道自己没有犯什么罪,因此她心地坦然,态度从容,毫不畏惧。当夜她被押解到卢家湾法国巡捕房。在捕房门口下汽车后,被两三个人夹持着沿石阶往楼上走,后面邹韬奋也被押解进来,两人相距只10多步远。史良回头看了看邹韬奋,会心地微笑了一下。邹韬奋在《经历》一书中说:“我于十一月二十二日的深夜被押解到卢家湾法巡捕房。在捕房门口下了汽车以后,那个法国人和翻译在我左右拥着走上石阶。……刚走上石阶两三层,瞥见有两三个人也夹持着史良女律师在前面走。她身上穿着西式的妇女旅行装,上身穿的好象男子西装的上身外衣,下面穿的是好像水手穿的广[宽]大裤脚管的裤子,外面罩一件女大衣,全身衣服都是黑色的。我看她的态度很从容,偶然回过脸来,脸上还现着微笑。”①上海市公安局请求法租界协捕史良的罪名称:“向以纠集赤色群众,宣传共产主义,阴谋反动为职志,兹复企图捣乱,非严密拿办不足以惩凶顽。”②

与史良、邹韬奋同时被捕的还有沈钧儒、章乃器、李公朴、王造时、沙千里,这就是轰动一时的“七君子”事件。

当天上午,在法国巡捕房,一位巡捕说是为了防止自杀拿走了邹韬奋身上的小皮夹子、西装领上的扣子、领带、吊袜带、手表、鞋带、裤带,但当他要拿走邹的近视眼镜时,遭到邹韬奋的抗议,同样处于不自由境地的史良,认为这种做法荒谬至极,我们

① 韬奋:《经历》,第87页。

② 《国民党上海市公安局关于逮捕沈钧儒等七人的档案资料》,周天度、孙彩霞编:《救国会史料集》,中央编译出版社2006年版,第265页。

史良与陆殿栋

是无罪被捕,怎么会无罪自尽呢?于是她临时做起邹的“辩护律师”。她对监视她的捕房中国职员说:邹韬奋先生“是社会上有地位的人,不必这样搜查,眼镜也应该让他留用”,并让这位职员把这个意思转达给巡长[①]。然而抗议和辩护无效。史良也吃了被取走裤腰带的苦头,所幸的是她穿的是西裤。下午,史良由高三分院进行审问,张志让和唐豪两位律师出庭为她辩护。如前所述,唐豪是史良从前在上海法科大学的同班同学,随后两人又

① 《救国会史料集》,第 881 页;史良文化大革命中检查交代材料,1967 年 5 月 3 日,未刊。

都参加了上海律师公会，并曾一同积极为被国民党政府逮捕的政治犯辩护。审讯中，因上海市公安局拿不出证据，高三分院刑庭庭长吴廷琪当庭裁定，无犯罪行为，不予起诉，允准交责付辩护律师张志让、唐豪保出，同时由天生福长记酒行吴荫庭具保状。沈钧儒等6人也均于同日获释。

史良等人出来后不到10个小时，上海市公安局长蔡劲军又以从前拿获的共产党员供认他们7人是救国会委员，有共产党嫌疑，以及他们有逃亡之虞，致函江苏高等法院第二、三分院，[①]要求立即传他们7人到案。史良前因承办一些政治犯的案件，经常与高三分院打交道，她那满腔爱国的热情、直爽豪放的性格和渊博的法律知识，深为一些工作人员所钦佩，同时，她的恋人陆殿栋是法国巡捕房的翻译，因此她与高三分院院长和书记官等都比较熟悉。高三分院书记官孙瑛提前打电话把这一消息告诉史良，史良立即用电话通知沈钧儒、沙千里等人，叫他们赶快躲避，自己随即逃离寓所，前往陆殿栋的一亲戚家避难。[②] 沈钧儒等6人或因逃避不及而被捕，或自动投案，并于12月4日移解吴县（今苏州）横街江苏高等法院看守所羁押。史良因担负救国会的组织工作，有许多事情亟待安排，有些遗留的律师事务工作也需要交代，"九一八"五周年纪念时，她因被军警殴击身受重伤，咯血未愈，仍需休息。同时，当时传说上海市市长吴铁城决定把救

---

① 史良、章乃器和邹韬奋被捕后，送往高三分院审问，沈钧儒、李公朴、王造时和沙千里4人送往高二分院审问。

② 史良文化大革命中检查交代材料，1967年5月3日，未刊。

国会的7位领袖全数逮捕后，即付紧急处理，她认为此时前去投案，无异等于去送死，而且牵连其他6人生命，有中共地下党领导和全国人民奔走呼吁，等待时局好转，再去投案不迟。[①] 因此，她没有立即去投案。史良躲在上海富商、一家名叫咪吔洋行经理石南山寓所的一间密室内。石的夫人冯凤慧和陆殿栋的母亲是表姐妹，陆叫她为姨妈，史良称她为干娘。石南山夫妇和儿子石懋钟、儿媳戴敬文一家人都很开明，富有爱国心，对史良的处境很同情，予以热情接待和细心掩护。石家住在同孚路旭东里，房子很大，又是自己的房产，邻居不甚了解底细，同时地处法租界和公共租界交界的地方，谁也管不着，十分安全可靠。[②]

史良拒捕逃匿后，国民党当局到处张贴绘有她身影的通缉令，悬赏5万元捉拿她。但她仍很乐观，因为自己爱国，光明磊落，而且人民是支持救国运动的。为了嘲弄当局，一次她特意在上海爱文义路路口一张悬赏通缉她的布告下面拍了一张照片。[③] 在国民党的“通缉令”下史良“立此存照”，既嘲弄了当局，又表现了她面对国民党的镇压，心地坦然，毫无畏惧。

二、自动投案，患难与共

12月12日，爱国将领张学良、杨虎城在西安发动“兵谏”，扣

---

① 史良文化大革命中检查交代材料，1967年5月3日，未刊。

② 访问史公载、戴敬文、戴景贤（戴敬文妹妹）记录；史良文化大革命中检查交代材料，1967年5月3日。

③ 史良：《我所走过的道路》，日文版《人民中国》，1963年第7号。

押了蒋介石，并通电全国，痛斥蒋介石国民党丧权辱国，背逆人心，残害忠良，提出改组南京政府，停止一切内战，立即释放上海被捕的爱国领袖等八项抗日救国主张，西安事变爆发。随后，在中共代表团周恩来的斡旋下，张学良、杨虎城与蒋介石、宋子文达成停止内战，集中国力，一致对外；改组政府，集中各方人才，容纳抗日主张；释放上海各被捕领袖等协议，西安事变和平解决。国内形势发生了急剧变化，史良决定结束隐居生活，于12月30日前往苏州江苏高等法院投案，以便与沈钧儒等6位爱国领袖一致行动。

史良到苏州投案，颇具戏剧性。因为她是一名因拒捕而被悬赏通缉的“在逃犯”，如果在从上海前往苏州的途中，被特务机关或公安局发现抓获，那国民党当局就会通过它的宣传机构肆意渲染，这对于救国会和自己都很不利。因此事先由他的弟弟史公载和同学兼责付律师唐豪，坐汽车从上海前往苏州去探听风声。他们一路经过昆山等7道关口，沿途询问是否知道上海发生了沈钧儒等7人被捕，其中一个女的在逃的事情，回答都说从来没听说过，他们不管这种事情，史良等这才心里踏实下来。为了避免万一被人发觉抓获，30日史良动身前，陆殿栋还特请沈兹九为她化了妆，将她打扮成一个进香的贵妇人，身着黑色裘皮大衣，乘坐一辆汽车前往苏州。史公载、陆殿栋和沈谦（沈钧儒长子）、胡子婴（章乃器夫人）则乘坐去苏州的火车陪同前往，沿途谁也没有注意。[1]

---

① 访问史公载、沈兹九记录。

史良到苏州后，汽车一直开到道前街江苏高等法院门口，法院还以为是什么大法官来了，史良说出了自己的名字，并说是来投案的，检察官大吃一惊。法院收留并侦讯后，将她羁押于司前街女看守所，与沈钧儒等6人羁押的横街看守所相距两三条街，约2000米。据31日《申报》报道，史良在苏高法院投案时，“皮领大衣，态度镇静”。人们把史良、沈钧儒等7位爱国领袖被捕入狱，尊称为“七君子”之狱，史良是“七君子”中的唯一女性，邹韬奋曾称她是同共患难的“难妹”。[1]

史良投案后，被提审过一两次。她承认自己是全国各界救国联合会的执行委员，在国是问题上主张全国团结，一致对外。她认为这没有什么过错，更没有危害民国。她在狱中铭记但丁在《地狱篇》中说的“踏入地狱的人们呵，请你莫把一切希望都抛却”的名句[2]，以此勉励自己，坚信正义一定要战胜邪恶，抗日救国的洪流任何人也阻挡不了，前途是光明的。

当时沈钧儒等6人关在一起，天天见面，有事大家商量决定，“六个人是一个人”，比较容易形成思想和行动上的统一，而史良在别处独居一囚室，孤军奋战，但她巧妙地通过来探监的家属和亲友传递信息，始终和“六君子”保持言论和行动上的一致，使国民党当局无隙可乘，这是十分难能可贵的，因而为人们所特别嘉许。沙千里说：“她在苏州羁押期间，坚持斗争，孤军奋战，很有

---

① 《韬奋文集》，第3卷第128页。

② 罗琼、左诵芬：《我们的良师和益友——忆史良大姐》，《人民日报》，1986年2月16日。

气节，受到社会各界的特殊赞扬。”[1]沈钧儒在狱中写给家人的信中说：“史良到后，常通条子。……渠极安定，在所内（指看守所）并替同押者起信稿及状纸，真不错。”[2]

三、在牢狱中，帮助女犯

苏州高等法院女看守所位于司前街，共有10多间房子，每间住六七人，共关有60多个女犯。她们中大半是因为谋杀亲夫、误杀儿女、偷窃、拐卖人口等罪行而判刑，其中有七八个死刑，正在上诉，9个无期徒刑，其余一二年或数年不等，只有史良一人是因参加救国运动而入狱的，是一个特殊的“政治女犯”。开始三四个月，史良也住在“号子”里，后来看守所特殊照顾，给了她一间东房，经过她的布置，倒也显得雅致。而且房门除了晚上加锁外，终日开放，任其自由出入。同时，她不用穿一身犯人衣服和戴银铛的铁镣。在“一·二八”抗战纪念日，她自由地和同牢的一位爱国女青年举行了庄严的纪念，唱《义勇军进行曲》，并在看守所的空地走了几圈，作为游行示威。当看守所的女看守和犯人知道史良是爱国领袖人物和上海有名的大律师时，她们和那些国民党“大人物”有所不同，倒也能成为是非的裁判者，都对她另眼相看，怀有崇敬的心情，称呼她为“史先生”。有些生活上的事，史良想自己干，但看守和值日女犯，常常不让她动手，连吊一

① 沙千里：《漫话救国会》，文史资料出版社1983年版，第46页。

② 沈钧儒纪念馆编：《沈钧儒家书》，群言出版社2008年版，第177页。

1937年史良在苏州女看守所读书学习

桶井水也非代劳不可。女看守长姓任，是江苏宜兴人，有爱国心，很同情史良。她作得一手好菜，经常给史良弄一些好吃的，以至后来史良出狱时，体重由原来的140磅，增加到了180磅，咯血和胃病全好了。[①] 这从一个侧面也说明，逮捕羁押“七君子”，摧残爱国运动，是完全违反人民的意愿，极端不得人心的。

史良在被羁押期间，坚信爱国无罪，她除了在狱中读一些关于法律、经济、哲学方面的书，研究各国的犯罪学和经济学，写一些有关法律方面的东西外，一方面积极为自己的“爱国罪”进行研究，以便依据法理同国民党司法当局进行合法斗争；另一方面，女犯们都托她审核案情，撰写状纸，找她申诉自己心中的哀怨，甚至她们的日常纠纷与哭泣也要她去解劝。史良并没有因

① 史良：《我所走过的道路》，日文版《人民中国》，1963年第7号。

1937 年史良在苏州司前街看守所留影

为这些女犯们缺乏文化素养或愚昧无知而瞧不起她们。如前所述,史良认为人的犯罪,主要是社会不良造成的,实在的罪恶是社会而不是个人,因此她为这些女犯们的事情一天忙到晚,在法律所许可的范围内,尽量给予她们以帮助。有一个被判为死刑的女犯陈王氏,她原有情人,却被旧社会不合理的婚姻制度所苦,不能成婚,而被强迫嫁给了素不相识的男人。婚后受尽丈夫欺侮,痛苦至极,终于被迫杀人,去寻奔原来的情人,案发被捕。史良认为这是一个惨痛的故事,它是中国妇女在封建制度下被桎梏、被窒息的苦难的缩写;是中国妇女在绝望中挣扎而又倒下去的一出无声的悲剧。陈王氏触犯了刑律,杀人者罪当死。但陈王氏之所以犯罪,是社会、是制度造成的,实在的罪恶,是致人于死命的封建制度和旧的习惯势力,而不是陈王氏个人。她告诉陈王氏怎样申诉,并代她写了申诉状,最后陈王氏在终审时终于被改判为无期徒刑。史良还教这些女犯认字、读写,教她们唱救亡歌曲,讲抗日道理。史良后来回忆说:

> 这次关押,前后七个月,是我一生活动中最忙碌的时期之一。因为我和这些女犯朝夕相处,就很自然地成了她们的义务律师,她们每个人的案情,我都熟悉极了。我帮助她们每个人研究案情,告诉她们辩护的方法。在这些女犯中,有一部分不识字的,我又成了她们的义务教师,许多不识字的女犯在我离开的时候,已经能够大体看懂报纸了。[①]

史良真诚地帮助这些女犯,女犯们与她产生了浓浓的同胞手足之情,后来在她即将出狱时,有的女犯为她将获得自由而高兴;有的却因舍不得离开而哭了;有的向她要照片,请她留地址;有的做菜给她吃;也有的忙着绣枕套、做拖鞋,作为礼物送给她作个纪念,依依惜别之情宛如送别自己的亲人。

四、法庭上面对面申辩,法庭下反诱降斗争

西安事变和平解决,国民党蒋介石被迫同意停止内战,联共

---

① 史良:《我所走过的道路》,日文版《人民中国》,1963 年第 7 号。

抗日，释放爱国领袖及一切政治犯。1937年2月，国民党召开五届三中全会，其基本国策开始转变，即由内战、独裁和对日不抵抗，向着和平民主和抗日方向转变，抗日民族统一战线初步形成。在这种情况下，史良等人提倡全国团结，共赴国难，停止内战，一致抗日，襟怀坦白，光明磊落，理应无罪释放。另一方面，按照国民党政府法定的羁押侦讯期两个月计算，侦讯期早就应该结束了，但被无辜延长，到了1937年4月3日，侦讯期又已期满，法律规定侦讯期只准延长一次，史良等7人收拾行李，准备出狱。

然而，历史是曲折的，国民党并没能彻底转变其镇压救国运动的立场，仍然坚持把一切爱国运动都诬指为"危害民国"的老调子，继续对史良等人进行迫害。就在4月3日晚上，他们收到了江苏高等法院检察官提出的起诉书。起诉书以所谓"共犯危害民国为目的而组织团体，并宣传与三民主义不相容之主义"为辞，罗织成10大罪状，对史良等14人[①]提起公诉，并依法审判。所谓的10大罪状为：(一)"有意阻挠中央根绝赤祸之国策"；(二)"不承认现政府为有统治权，并欲于现政府外更行组织一政府"；(三)蔑视现政府，故为有利于共产党之宣传；(四)提倡"人民阵线"，有"国际背景，政治野心"；(五)"抨击宪法"；(六)煽惑工人，"以遂其不法之企图"；(七)所宣传之主张与"三民主义不能相容"；(八)与第三国际有关系；(九)"勾结军人，谋为轨外运

① 14人中，除史良等7人外，尚有救国会重要成员陶行知、张仲勉、陈道弘、陈卓(此4人未到案，受通缉)、罗青(在押)、任崇高、顾留馨(二人在保)。

动”，酿成西安事变；（十）沈钧儒、章乃器、邹韬奋命令罗青“参加以危害民国为目的之团体”①。

国民党当局继对“七君子”提起公诉后，又由国民党中央常委兼秘书长叶楚伧出面，通过杜月笙、钱新之向“七君子”进行劝降迫降活动，要他们写具悔过书，进反省院，然后交保释放。“七君子”认为这对争取救国自由不利，而且有损人格，坚决予以拒绝。史良回忆说“国民党反动派在全国人民抗议、指摘下，不敢对我们采取决然手段，却通过上海商界的杜月笙等人向我们提出了一个荒谬的妥协方案。方案是法院宣判五年徒刑，但并不真的执行，只要我们从反省院的前门进去，后门出来，转一转就算了。这个方案是对爱国人士的侮辱，是对中国人民的侮辱，我们宁愿坐穿牢底，甚至杀头，也决不接受。”②

“七君子”被迫应诉，为救国无罪进行合法斗争，他们商定，聘请律师进行辩护和起草答辩状。根据法律规定，每一个被告可以请律师 3 人作为辩护人，史良聘请俞钟骆、俞承修、刘祖望为辩护人，沈钧儒等人也每人各聘请 3 位辩护人，共 21 人，组成了一个强大的律师辩护团。这 21 位律师，有的曾担任过司法部长、国会议员、大理院审判，也有现任法学院院长、大学教授、苏州等地律师公会会长等，大都是在社会上有威望、有影响而且赞同抗日救国的知名人士。

答辩状由律师方面起草，经“七君子”审定后，于 6 月 7 日送

---

① 上海《大公报》，1937 年 4 月 7 日；《时事新报》，1937 年 4 月 7 日。

② 史良：《我所走过的道路》，日文版《人民中国》，1963 年第 7 号。

达江苏高等法院，同时经救国会努力，在上海各大报纸上刊登。答辩状全文一万七千余字，针对起诉书罗列的所谓十大罪状，以大量毋庸置疑的事实和充足的证据，逐条予以驳斥，并有力指出："以被告等爱国之行为，而诬为害国；以救亡之呼吁，而指为宣传违反三民主义之主义，实属颠倒是非，混淆黑白，摧残法律之尊严，妄断历史之功罪。"强烈要求国民党司法当局"秉公审理，依法判决，谕知无罪，以雪冤狱而伸正义"。[①]

国民党一意孤行，命令江苏高等法院对"七君子"开庭审理，判处徒刑。

6月11日下午，江苏高等法院第一次开庭审理。是日细雨连绵，天色阴沉若暗，高等法院内外，到处站满了全副武装的宪兵和警察，戒备森严，如临大敌。法院原定2时开庭，不到12点门口就挤满了人群。国民党政府事先曾宣称审判将要公开进行，并发出了一些旁听证，但临时却贴出布告"停止公开，所有已发出之旁听券一律无效"。[②] 这充分说明国民党当局多么害怕真理和群众。鹄立在蒙蒙细雨中的群众，都十分愤慨，要冲法院，"七君子"的亲属章乃器夫人胡子婴、邹韬奋夫人沈粹缜、李公朴夫人张曼筠等提出，不相信法院的审判，非旁听不可。史良和沈钧儒等全体被告决定不公审不发言，辩护律师也表示要保持缄默。法院不得已，被迫允许家属和新闻记者入内旁听。

史良不畏强豪的倔强个性，和她充满自信与正义感的内心，

---

① 《沈钧儒等答辩书》，《申报》，1937年6月8日至15日。

② 《救国无罪》，第70页。

使得她在法庭上面临即将开始的审讯斗争，反而显得格外精神焕发，态度从容。一个入庭旁听的记者描述说："史良衣蓝色西装，外翻白领，面团团如雪白，时时左右盼，且频频向家属席上微笑而频颔其首，发油墨，下作细卷，似新人者，诸人态度当以彼最从容。"①

审讯开始后，审判长依序询问了沈钧儒、章乃器、王造时、李公朴、邹韬奋、沙千里，接下来便是史良，这时已是下午 6 点 20 分。下面是她对审判长问讯答辩的纪录：

审判长问：你在救国会担任什么工作？

史良答：妇救常委及全救常委。

问：全救大会宣言和纲领是什么意思？

答：团结抗日。

问：你赞成各党各派联合救国吗？

答：凡是中国人，除汉奸卖国贼外，都应该联合一起抗日的。

问：联合各党各派是联合共产党吗？

答：救国会的意思任何党派都要联合，不管它是国民党也好，共产党也好，不分党派，不分阶级，不分男女，分的只是抗日不抗日。

问：建立统一的抗敌政权是不是指另组政府？

答：政府与政权是有分别的，政府是国家机构，政权是

① 《救国无罪》，第 71 页。

这个机构发挥的力量。譬如五权宪法的五权也就是政权，并不能说要五个政府！我们主张的是扩大政权，始终未想到改组政府。

问：你反对宪法吗？

答：并不是反对宪法，不过是要把抗日放在第一。

问：你们主张联合各党各派，这不是共产党提出的口号吗？

答：救国会主张不分阶级，不分党派，不分男女，一致抗日救国，是由于全国大众的要求，不是跟着共产党喊的口号。

问：你们是组织人民阵线吗？

答：救国会从来没有讲过“人民阵线”这句话，并且中国也不需要人民阵线。

问：那末，救国阵线呢？

答：救国阵线就是人民大家起来站在一条抗日救国的阵线上。

问：上海日本纱厂罢工后援会是救国会组织的吗？

答：十一月十二日我们举行中山先生诞辰纪念会时，有一个工人代表报告，于是由出席的人站在同胞的同情心上，援助他们。

问：事前知道不知道他们罢工？

答：顾名思义，这是后援会，事前当然不知道。

问：西安事变你知道吗？

答：事前不知道。

问：你知道救国会是违法的吗？

答:不知道,我们觉得起诉书对被告等援引的《危害民国紧急治罪法》是绝对错误的。如果一个国民真的犯了《危害民国紧急治罪法》,在今日,也只有劝导才是道理。我们并没有犯《危害民国紧急治罪法》,把我们所有的抗日行动和救国主张硬硬的拉到危害民国上面去,不知是何用意。

问:救国会登记了没有?

答:本来要登记的,因怕政府为难,所以没有登记。我们知道,如果政府准许我们立案,日本一定要和政府过不去。事实上,我们救国会代表曾不少次数正式和上海党政当局接洽;二中全会开会时用全救会的名义到南京去请愿,中央派中委马超俊正式接见我们,接受我们的主张。这一切证明救国会是合法的。

问:你还有话说吗?

答:没有别的话,我觉得我们的一切行动都是本着爱国心的。①

史良在法庭上理直气壮、斩钉截铁地阐述了她和救国会全国团结抗敌的政治主张,反驳了审判长对她的讯问。其他6人在法庭上也作了类似的申辩。江苏高等法院没有得到任何可以对他们定罪的口供和依据,审判长宣告退庭,第二天继续开庭。

国民党政府原来的部署是,对“七君子”第二天结束庭审后即当场判罪,并押送反省院,各判5年以上徒刑。然而,“七君

① 《救国会》,第306~308页。

子”是赤忱爱国的铮铮铁汉，绝不是俯首听命、甘心蒙冤受辱的弱者，史良和沈钧儒、沙千里又是著名律师，精通法律，同时他们的辩护人也都是著名的律师，并且有全国广大人民的声援，因此，“七君子”和他们的辩护律师决定先发制人，在次日开审前，由他们7个人按照《刑事诉讼法》条文规定，以审判长拒绝对起诉书列举的事实进行调查和对证为理由，向法院提出《声请回避状》；回避状以合议庭推事“已具成见，不能虚衷听讼，而将专采起诉书所举不利于被告之主张以为诉讼资料，断难求得合法公允之审判”[①]为由，一致要求主审的审判长和推事全体回避，并决定全体辩护律师也宣布罢席，来挫败国民党当局随审随判、强迫送反省院的部署。原来在当天的审讯中，“七君子”曾一再提出要求对起诉书列举的事实，向有关人员如马相伯、吴铁城、张学良、宋哲元等进行调查，并要求认真研究答辩书中已经指出的文件和书籍上的证据，以证明被告无罪。审判长均不予考虑，径行谕知陪审推事驳回，有时则以摇手示意，不加置答；辩护律师要求重新考虑，也借口时间关系，制止发言。

6月12日下午，江苏高等法院再次开庭时，虽然法庭内外依旧戒备森严，然而律师席上却空无一人。法院猝不及防，审判不成，只好宣布停止诉讼程序，暂停审理。

第二次审判延至6月25日举行。这次开庭和第一次一样，仍戒备森严，只许家属和新闻记者入内旁听。由于“七君子”提出声请回避状，该案改由刑二庭审理，审判人员除检察官仍为翁

① 《申报》，1937年6月13日。

赞年外，其他人都作了更新，主审为朱宗周，承审推事改为李岳，陪审推事为张泽甫，书记官为管翎飞。

这次庭审，审判长企图把西安事变的发生和“七君子”及救国会联系在一起，即以张学良、杨虎城提出的抗日救国主张，与救国会的主张相同，以及救国会曾敦促张学良火速坚决要求蒋介石援绥抗日为借口，诬指“七君子”“勾结军人，谋为轨外行动，驯至酿成巨变，国本几乎动摇”，[①]达到判处徒刑的目的，因而把讯问的重点放在西安事变和救国会的因果关系上。这里我们简单叙述一下救国会、“七君子”和张学良的关系。

张学良、杨虎城在西北率领东北军和十七路军奉命剿共，损兵折将，屡遭失败后，开始对国民党“攘外必先安内”政策产生怀疑，寻求与共产党联系，联合抗日。随后，共产党通过各种渠道和人物，在争取张学良和杨虎城转向合作抗日方面，做了大量工作。与此同时，救国会也极力从旁劝促张、杨停止内战，一致抗日，挽救危亡。1936 年 7 月，张学良到南京出席国民党五届二中全会，住在首都饭店，当时史良和沈钧儒、章乃器、李公朴代表救国会在南京向二中全会请愿，遂前往饭店与张学良会晤，“畅谈当时各地救国运动风起云涌的一派大好形势”，并商讨“组织联合战线，抗日救国诸问题”。张学良还曾邀章乃器去西北理财，邀杜重远掌东北大学，并答应在经济上援助救国会。[②] 这次会晤

---

① 《救国会史料集》，第 326 页。

② 中国社会科学院近代史研究所编：《西安事变资料》，第 2 辑，人民出版社 1981 年版，第 82 页。

给张学良留下了深刻的印象。他后来在《西安事变忏悔录》中提到："五全大会后，良在京，耳所闻，目所睹，使心情受重大的刺激，今尚记忆者，略述如下：(1)友朋之奉劝，如沈钧儒、王造时等之鼓励……"[①]"沈钧儒、王造时等则云：良同蒋公密切之关系，以及今日之地位与过去之历史，应破釜沉舟，向蒋公谏陈，当无不听纳之理，他人不敢言者，以良当言之。"[②]8月，日本帝国主义及其豢养的伪蒙军侵犯绥东，随后发动对绥远大规模进攻。11月17日，救国会致电张学良，希望他"本立即抗日之主张，火速坚决要求中央立即停止南京外交谈判，发动全国抗日战争，并电约各军事领袖一面对中央为一致之督促，一面对绥远实行士兵援助"。[③] 震惊全国的"七君子"事件发生后，张学良派其亲信秘书应得田去上海公安局慰问。接着，12月3日，张学良只身自驾军用飞机飞往洛阳，面见正在那里部署"剿共"内战的蒋介石，央请他改变"攘外必先安内"的错误政策，释放"七君子"。蒋介石拒不接受张学良的请求，张见蒋介石如此固执不听劝谏，忍无可忍，质问蒋说："委员长这样专制，这样摧残爱国人士，和袁世凯、张宗昌有什么区别？"[④]西安事变发生的当日，张学良、杨虎城通

---

① 张学良：《西安事变忏悔录》，香港《明报月刊》，第3卷第9期，1968年9月。

② 李云汉：《西安事变始末之研究》，台北近代中国出版社1982年版，第38页注68；王禹廷：《细说西安事变》，台北传记文学出版社1898年版，第278页。

③ 《救亡情报》，第27期，1936年11月22日。

④ 张学良：《对总部全体职员的训词》，西安《解放日报》，1936年12月16日。

电全国，痛斥蒋介石国民党丧权辱国，背逆人心，残害爱国忠良，说："绥东战起，群情鼎沸，士气激昂。……前方之将士，浴血杀敌，后方之外交仍力谋妥协。自上海爱国冤狱爆发，举国痛心，爱国获罪，令人发指。"[①]通电提出的八项主张，其中之一，即为要求立即释放被捕的爱国领袖。随后，张学良在一项演讲中说："上海各救国领袖究竟犯了什么罪，我想全国大多数人谁也不晓得。沈钧儒是一位六十多岁的著名教授，他所犯的罪，只好说像他自己所说的'爱国未遂罪'！"[②]张、杨还与到西安参与调停的中共代表周恩来向蒋介石、宋子文提出，安排沈钧儒和宋庆龄、杜重远、章乃器在改组后的国民政府中任职。

由上可见，救国会、"七君子"与张学良确有一定联系，在抗日救国问题上的主张也基本相同，但西安事变绝非救国会所策划，更不是身在囹圄的"七君子"煽动的，而是蒋介石自己逼出来的。事实昭然，人所共知。审判长和检察官硬要诬指"七君子"与张学良勾结，引发西安事变，显然是蓄意罗织，故入人罪，不能不激起全体被告和辩护律师的义愤，群起争辩，一致要求传讯张学良调查证据。检察官翁赞年一会狡辩说："已在起诉书上载明，不必调查。"一会儿又说"不用传讯证人，讯问笔录已够"。被告及辩护律师同检察官发生激烈争辩，法庭内空气十分紧张。后经审判长朱宗周和陪审推事慎重研究，表示同意向军事委员

① 西安《解放日报》，1936年12月13日。

② 张学良：《在西安市民大会上的讲演词》，西安《解放日报》，1936年12月17日。

会调查军法会审案卷，紧张形势才和缓下来。

审讯史良时，已是下午3时21分。她就审判长提出的救国会主张联合各党各派包括共产党共同抗日、“反对宪法”、“勾结张学良”、“煽动罢工”等问题，一一作了回答。她说：

> 所谓各党各派，因共党与抗日，谁都知道抗日最重要，各党各派是要各党各派放弃成见，一致对外。且各党各派并不专指共产党，此点与国难会议宣言完全相同。至于共党抗日组国防政府一点，我已言过政权与政府不同，救国会亦未主张组国防政府。如谓共党抗日，我们就不能抗日，最好将地方一起送给日本人。此点沈钧儒前已说过：共党吃饭，我们不能不吃饭。[①]
>
> ……
>
> 关于宪法问题，我们以为如不抗日，国民政府将先被抢去。我们主张抗日第一，宪法其次。给张学良的电报，请先看过给国府的电报及其文句。要是给张电图谋不轨，那么致政府的电也是让政府图谋不轨。即给张学良电引起事变，这好像我要他杀人，杀人的是他，我也不负杀人的责任啊！……张学良八项主张中有与我们相同的，中国人所受压迫相同，要求相同是自然的道理。[②]

---

① 《救国无罪》，第112页。

② 同上。

当检察官进一步提出，“因为你们给张学良的电报引起西安事变，而给政府及宋（哲元）、韩（复榘）、傅（作义）的电报，并未引起西安事变”时，史良立即巧妙地反驳说：“比方一爿刀店，买了刀的人也许去切菜，也许去杀人，检察官的意思难道说杀了人应该刀店负责么？”[①]检察官张目结舌，哑口无语。

关于“煽动罢工”问题，史良说：

> 罢工事是罢工后才来请求援助，我们怎么煽动他们呢？事前如有煽动，事后他们为什么来要求援助？[②] ……检察官说我们侮辱检察官，现任检察官是侮辱救国会。请问买刀杀人，刀店是否负责？否则太缺少常识了。同样工人罢工，我们也不能负责。我希望检察官抱了爱国心怀，不要挑拨我们人民与政府对立。[③]

史良在法庭上所表现的勇敢机智，给人们留下了深刻的印象。

第二次审讯又未得丝毫结果。

6月28日，江苏高等法院致函军事委员会调查张学良的案卷。7月6日，军委会复函如下：“贵院二十六年六月二十八日第二五六三五号公函，以受理沈钧儒等危害民国一案，嘱检送张学

---

① 《救国无罪》，第119页。

② 同上，第112页。

③ 同上，第113～114页。

良劫持长官一案卷宗，以资参证等由。查张学良劫持长官一案内，与沈钧儒有关之供词仅：‘我们一切的人都是爱国的，我们痛切的难过国土年年的失地，汉奸日日的增加，而爱国志士所受的压迫反过于汉奸，事实如殷汝耕同沈钧儒相比，如何乎？’等数语。相应函请查照为荷。”①复函清楚表明，张学良发动西安事变，完全是出于一片抗日爱国赤诚之心，他和救国会的主张一致，即共同抗日救国，同时也表明了张学良对爱国领袖“七君子”的极大同情和支持。所谓“七君子”勾结张学良，“谋为轨外行动”，显然纯属对“七君子”的栽赃陷害！江苏高等法院这种极端不得人心的审讯，实际上再也无法继续下去了，所以后来并未再次开庭。苏州审判以“七君子”被审判者的胜利而告终。

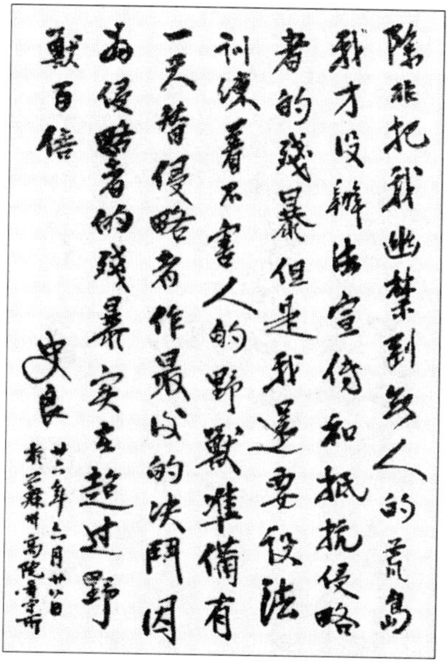

1937 年 6 月 28 日，江苏高等法院第二次开庭审讯“七君子”后的第 3 天，史良写下的一段誓言。

五千年的优秀历史文化传统，哺育了伟大的中华民族，使它产生了无数值得敬仰歌颂的反对外来侵略的英雄儿女和优秀人

① 《军事委员会公函》，法丑字第 10286 号；《李公朴日记》，1937 年 7 月 24 日。

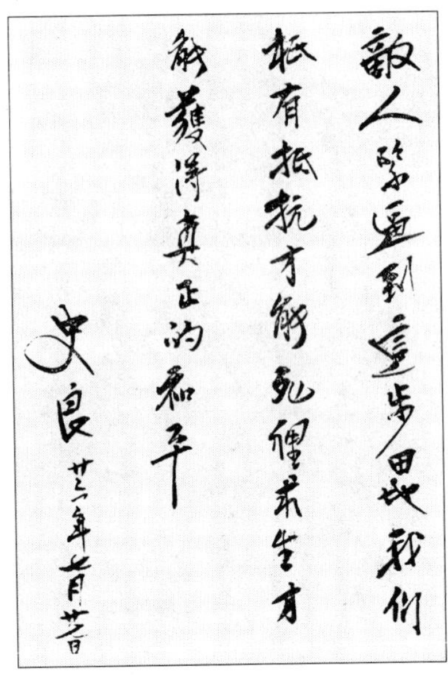

1937年7月，史良在苏州狱中为探访者题词。

物，“七君子”就是这样的人物。牢狱无法磨损他们赤诚爱国的坚贞意志和无畏精神，苏州法庭上面对面的斗争和法庭下反诱降的斗争，生动地说明了这一点。第二次审讯后的第三天，即28日，史良在女看守所写了如下一段誓言，以表示她反抗日本侵略，拯救祖国危亡的坚强决心：

除非把我幽禁到无人的荒岛，我才没办法宣传和抵抗侵略者的残暴。但是我还要设法训练着不害人的野兽，准备有一天替侵略者作最后决斗，因为侵略者的残暴实在超过野兽百倍。[①]

她对前来探望的港报记者说：

爱国救国，是国民的义务，不是权利，可以容得你抢我夺……敌人已杀入我们的门内，我们还自相水火，凿凿权利

① 《救国无罪》，扉页史良墨迹。

义务之争,何从说起?[1]

她还断言:“退却是自取灭亡的原因,抵抗乃求生唯一的道路。”[2]“我们只有抵抗,才能死里求生,才能获得真正的和平。”[3]

五、全国人民巨大声援,备受鼓舞和感动

史良等救国会7领袖在上海遭逮捕,旋被关押江苏高等法院看守分所,随后被提起公诉,开审判罪,国民党当局一手制造的这个“救国有罪”的政治冤案,激起了全国各界爱国人士的极大义愤。从他们被捕到开审,全国各界爱国人士开展了声势浩大的抗议国民党政府无辜逮捕爱国领袖和声援营救“七君子”,要求国民党当局立即无罪释放“七君子”的群众运动。

宋庆龄最早出面营救“七君子”,12月23日,即“七君子”在上海被捕的当天,她就委托孙科带函面见国民党军事委员会副委员长冯玉祥,请他主张公道,“迅电蒋介石,立即释放‘七君子’”。她在信中表示,救国会7领袖被“诬为共产党”,拘禁巡捕房,“殊为愤慨”。她说:“我国东北失地几及六省,而绥远战事又已爆发,国难严重至此,正国民急应奋起救国之时,章先生等系救国会办事人,救国为全国国民责任,岂救国者即为共产党乎?”

① 《救国无罪》,第181页。

② 《李公朴日记》,1937年7月1日。

③ 同上。

并表示如果须要联名发电营救时，她和何香凝即“联名加入”。[1] 26日，她以全国救国联合会执行委员的身份，公开发表声明，抗议无辜逮捕救国会7领袖，反对此等违法逮捕，反对以毫无根据的罪名横加于诸领袖。并指出“救国会的七位领袖已经被捕了，可是我们中国还有四万万人民，他们的爱国义愤是压迫不了的。请让日本军阀们当心些罢，他们虽可以指使七位领袖被捕，但还有全中国的四万万人民在这里咧！”[2]稍后，她还介绍李公朴、章乃器、邹韬奋等人的家属到南京和冯玉祥接洽，商量营救办法。

11月24日，全国各界救国联合会发表《为沈钧儒等领袖无辜被捕紧急宣言》，指出：全救会“领袖们的行动是公开的，是大公无私的，光明正大的，可以昭之天日而无愧的”。国民党当局无辜逮捕他们，“实在是一种对于全国人民爱国运动的一种公开的无理摧残，在这日帝国主义进攻绥远的今天，更完全是一种在客观上助长敌人势力的行动”。表示“救国会的人士既以身许国，决不是逮捕等等足以阻遏其志的。如果当局不愿人民救国，一定要人民做垂手听命的顺民、亡国奴，那么一切不愿做亡国奴的人们，也都一定会自动起来争取他们的生存权利的”。[3] 同一天，全救会还发表了紧急通电，说明政府当局逮捕7位爱国领袖“实出意外”，表示全救会现除仍决继续工作，率全国救国民众为诸领袖做后盾，并要求当局将此案公开审判，将他们立即释放

---

① 《宋庆龄冯玉祥营救“七君子”电函选》，《民国档案》，1985年第2期。

② 《宋庆龄先生为全国各界救国联合会七领袖被捕声明》，《救亡情报》，第28期，1936年11月29日。

③ 《救亡情报》，第28期，1936年11月29日。

外，希望全国各界人士、各公团，凭正义，凭良心，一致主持公道，加以援助。27日，全救会再次发表《为七领袖无辜被捕告当局及全国国人书》，对上海市当局前日正式公布的逮捕7领袖的所谓罪名，一一予以批驳，严正指出："此次敝会七领袖于一无罪证之情形下，即为市公安局会同英法租界捕房所逮捕，于法律上言之，实为非法；就领袖本身言之，实为无辜。"要求政府当局立即释放诸领袖，并开放民众救国团体，允许民众救国自由。[①]

11月30日，中国共产党的《红色中华》报和巴黎《救国时报》分别发表《反对南京政府实施高压政策》、《争取救国自由》等文章和社论，营救"七君子"。前者指出：南京政府逮捕上海救国领袖，"实为全国人民所痛心疾首的。全国人民决不会为南京政府的爱国有罪政策所威胁而坐视中国的灭亡，必须再接再厉，前仆后继，来发展正在开展着的全国救亡运动。"[②]后者则赞扬救国会努力从事宣传和组织救国运动，推动和赞助了海内外救国运动的进展；号召海内外爱国同胞和救国团体一致行动起来，反对南京政府"爱国有罪的暴政"，援救爱国领袖，争取救国自由。[③]

国民党内一些党政军上层人士对逮捕爱国领袖也深为不满。如国民党政府军事委员会副委员长冯玉祥，对"七君子"被捕深为同情，想方设法进行营救。11月24日，他亲自到陈立夫处，提出让"七位来南京，大家谈谈为好，以免自己对立"。但陈

---

① 《救亡情报》，第28期，1936年11月29日。

② 《红色中华》，1936年11月30日。

③ 巴黎《救国时报》，1936年11月30日。

立夫不同意，提出："（一）维持政府威信；（二）中央不便与地方不一致。"冯对陈的意见颇不以为然，他在日记中说："我觉得是即是非即非为好。"[①]随后，冯玉祥又多次和杜重远以及国民党元老李烈钧、石瑛等商谈如何营救事。26日，冯玉祥致电在洛阳的蒋介石说："沈等七人热心国事，祥亦素有所闻，尚非如报纸宣传之为共党及捣乱者，且其设立救国会，宣传救国，立论容有偏激，其存心可为一般人所谅解。今若羁押，未免引起社会之反感，而为日挑拨离间之口实。"请求蒋介石电令释放，以示宽大，并表示将他们释放后，自己愿意和李烈钧、孙科等人，"招其来京，共同晤谈，化除成见，在中央统一领导之下，为抗日救国努力"。[②] 同时，冯玉祥还在南京发起征集10万人签名营救运动。如国民党爱国将领张学良，如前所述，他亲自从西安飞到洛阳，当面要求蒋介石释放7位救国领袖，遭到蒋介石的拒绝。如广西实力派人物李宗仁、白崇禧、黄旭初，于11月25联名致电冯玉祥、孙科、居正等国民党要人，指出："当此日人主要匪伪侵我绥东，全国舆情极端愤慨之时，政府对于爱国运动，似不应予以压迫。况声援抗日战士，立意极为纯洁，纵或对日纱厂罢工工友有同情举动，亦系爱国热情所应有之表现，与危害民国实极端相反。且沈钧儒等七人平时或主教育，或主言论，其为爱国志士，久为世人所公认，如政府加以迫害，足使全国志士寒心。"恳请他们"迅予援

① 《冯玉祥日记》，1936年11月24日，江苏古籍出版社1992年版。

② 《民国档案》，1985年第2期，第27页。

1937 年，史良(右一)与前来苏州女看守所探望的李公朴夫人张曼筠(左一)、陈维姜留影。

救”。[①] 其他在南京的国民党中央委员于右任、孙科、李烈钧、石瑛、蔡元培等，以及著名的爱国将领蒋光鼐、蔡廷锴等，也都纷纷采取行动，反对逮捕爱国领袖，援救“七君子”。

与此同时，上海、北平、天津、成都、广州、广西、山东等地各界爱国人士和救国团体，或致电南京国民政府，或发表文章、社论，或举行群众集会，或成立援救爱国领袖后援会，或发起援救签名运动，以各种不同的方式，声讨国民党镇压爱国救亡运动，发起援救爱国 7 领袖的运动。

救国会 7 领袖被捕的消息传到海外，激起了海外爱国侨胞和一些国际友人的极大义愤。

在美洲，纽约中华公所及纽约全体华侨抗日会联合致电南京国民政府，要求立即释放 7 领袖，并惩办陷害 7 领袖的主犯。

---

① 《桂林日报》，1936 年 11 月 26 日。

旅美华侨王德崇、柳无垢等33人领衔发起，并有300余人签名的《为营救七先生告海外同胞》书说：上海7领袖，“奔走呼号，目的纯在抗日救国，不仅得全国人民之敬佩，且得全世界之同情。抗日救国不仅我全国同胞之公意，亦全国人民之天职。若谓沈、章诸先生有罪，是我四万万同胞均为有罪也”。[①] 要求立即释放7位爱国领袖，实行对日抗战，保障人民救国运动。

国际知名人士美国学界泰斗杜威、爱因斯坦等16人联名致电蒋介石、孔祥熙、冯玉祥，表示对“七君子”被捕事件，“至感不安”，“严重关怀”。[②]

在欧洲，正在日内瓦举行的世界和平会议各国代表联名发电，要求国民政府于最短期内，恢复“七君子”自由。全欧华侨抗日救国联合会、巴黎中国学生会、旅法华工总会、侨商协会和留英学生抗日会等团体以及英国名流罗素等，纷纷致电国民政府，要求立即释放7领袖，开放抗日自由。

其他新加坡华侨和留日中国学生抗日会，也发表函电，抗议政府当局无辜逮捕爱国领袖，要求释放致力抗日救国运动的“七君子”。

国民党当局却置一切抗议、营救于不顾，反而加紧了对“七君子”的迫害。如前所述，在国民政府的授意下，1937年4月3日，江苏高等法院公然对“七君子”提起公诉，并决定开庭审判定罪。全国有识之士的社会舆论认为，国民党对“七君子”的迫害

① 《“一二·九”以后上海救国会史料选辑》，第349页。

② 《救国时报》，1937年2月5日。

升级，强加在他们头上的罪名一旦成立，不仅将“永远造成历史的大错”，而且关系到救国运动的命运，“影响整个民族的前途”。因而围绕着阻遏国民党当局对“七君子”的审判，全国各方面人士开展了新一轮的抗议营救浪潮。

4月11日，毛泽东致电和国民党谈判的中共代表潘汉年说，对7领袖起诉判罪，“完全违反民意，违反两党团结对外主旨”，希望潘迅即至南京，向国民党谈判代表陈立夫、张冲“提出严正抗议，并要求迅即具体解决”。[①] 不久，毛泽东又电他的秘书周小舟说：“我们根本反对苏州六爱国领袖之被审讯，主张立即释放。”[②]周恩来也于11日致电张冲，指出国民党此种作法，“大失国人之望”，希望他“进言当局，断然改变此对内苛求政策”。[③] 12日，中共中央发表《以沈章诸氏被起诉宣言》说，“诸先生以坦白之襟怀，热烈之情感，光明磊落之态度，提倡全国团结，共赴国难，停止内战，一致抗日，此实我中华男女之应尽责任与光荣模范，而为中国及世界人民所敬仰”。要求立即释放他们及全体政治犯，并彻底修改《危害民国紧急治罪法》。[④] 15日，周恩来致电蒋介石说：以危害民国罪名起诉上海爱国7领袖并通缉陶行知等，已引起全国不安。“良以三中全会后，先生即以释放政治犯、容许言论自由晓谕全国，会今沈、章、邹诸人，政治犯也，其行容

① 中国中央文献研究室编：《毛泽东年谱》上卷，人民出版社、中央文献出版社1993年版，第668页。

② 同上，第670页。

③ 《周恩来年谱》(1898～1949)修订本，第369页。

④ 《解放》周刊，创刊号，1937年4月24日。

或激越，其心纯在救国，其拥护统一尤具真诚，锒铛入狱已极冤，抑乃苏州法院竟违背先生意旨诉以危害民国之罪，不特群情难平，抑大有碍于政府开放民主之旨。先生洞照四方，想能平反此狱，释沈等七人并取消陶等通缉，以一新天下耳目，是则举国民众所引颈仰望者也。”[①]

6月25日，江苏高等法院对“七君子”进行第二次审理的这一天，宋庆龄和何香凝、胡愈之、胡子婴等16人，向江苏高等法院递交了状纸。状纸写道：“沈钧儒等，从事救国工作，并无不法可言，羁押囹圄，已逾半载，倘竟一旦判罪，全国人民均将为之惶惑失措。具状人等，或为救国会会员，或为救国会理事，或虽未加入救国会，而在过去与沈钧儒等共同从事救国工作。爱国如竟有罪，则具状人等，皆在应与沈钧儒等同受制裁之列。具状人等，不忍独听沈钧儒等领罪，而愿与沈钧儒等同负因奔走救国而发生之责任。为特联名具状，束身待质，仰请钧院将具状人等悉予羁押审讯。爱国无罪，则与沈钧儒等同享自由；爱国有罪，则与沈钧儒等同受处罚。具状人等愿以身试法律上救国之责任。”[②]同时，他们发表了《救国入狱运动宣言》，指出：“沈钧儒等七位先生在牢里已经七个月了。现在第二次开审，听说还要判罪。沈先生等犯了什么罪？就是犯了救国罪。救国如有罪，不知谁才没有罪。我们都是中国人，我们都要抢救这危亡的中国。我们不能因为畏罪，就不爱国、不救国。所以我们要求我们所拥

---

① 《周恩来书信选集》，中央文献出版社1988年版，第131页。

② 《救国无罪——“七君子”事件》，第338～339页。

护信任的政府和法院，立即把沈钧儒等七位先生释放。”坚定表示，如果不释放，“我们就应该和沈先生等同罪。沈先生等一天不释放，我们受良心驱使，愿意永远陪沈先生等坐牢”。[①] 26日，宋庆龄、何香凝等人，邀请上海新闻界发表书面谈话，详尽地说明了他们发起救国入狱运动的动机、经过。谈话指出，孙中山曾经说过，“三民主义就是救国主义”，起诉书认为沈等组织救国会，宣传抗日救国主义，是危害民国，并宣传与三民主义不相容之主义，是“绝对不能成立的”。如果法庭判定沈等爱国领袖有罪，“那就将成为世界上空前未有的冤狱了”，“而且在政治上要铸成大错”。因为沈钧儒等人因组织和参加救国会而被判罪，那么一切参加救国会的都有罪，而且以后人民组织参加任何爱国团体，也都会有罪。“这关系就决不是沈先生等七位，而是全中国四万万五千万爱国的人民，而是整个中国民国的前途。所以七位先生事小，而抗日救国事大，救国有罪这一个恶例是万万开不得的”。并表示如果法院判决沈等有罪或不判罪依然羁押，他们都准备齐去法院，要求羁押。“我们讲过了这些话，以人格保障都要做到，直到七位先生恢复自由，爱国无罪达到目的时，我们的工作才完成”。[②]

7月5日，宋庆龄扶病携带简单行李，偕同胡愈之、彭文应、胡子婴、沈兹九、陈波儿、张天翼、张宗麟等共12人，冒着溽暑酷热，到苏州自请入狱。江苏高等法院对于他们视为国母的宋庆

---

① 《妇女生活》第4卷第12期，1937年7月1日。

② 《救国无罪》，第130~136页。

龄带领下的这些投案者，茫然不知所措，始终不敢答应收受审理。宋庆龄等明知这是一场制造舆论的政治斗争，于是趁机提出要入狱探视“七君子”，法院被迫答应。宋庆龄等首先到女看守所看望史良。史良是在三十年代初营救政治犯过程中与宋庆龄相识的。当时史良在上海任律师职业，宋庆龄是中国民权保障同盟的发起者和领导人之一。出于为反对国民党反动派对共产党人和进步人士的迫害的共同认识，只要是宋庆龄介绍来的营救政治犯案件，史良总是甘冒风险，欣然接受，并不遗余力地为受迫害遭逮捕的当事人辩护。她那正直无私的品格得到宋庆龄的赞赏。今天，宋庆龄冒着酷暑，不畏迫害，带病来探望她，史良感动万分，眼泪夺眶而出，急忙走上前和宋庆龄热烈拥抱，感谢对她的支持和鼓励，并保证“要同反动分子斗争到底”。[①] 后来史良曾深情地回忆说：“我永远不会忘记宋大姐到牢房来看望我们的情景。当我同大姐紧紧拥抱时，不禁热泪盈眶。大姐给我们带来了水果和食品，再三安慰和鼓励我们，她说‘民族危亡，抗日无罪，全中国人民都在支持你们，你们是一定能够获得自由的’。”[②]

第二天，“七君子”联名写信给宋庆龄，对她扶病率同诸人莅苏要求入狱的正义热情，表示“衷心感动，无可言状”；表示深信她发起的救国入狱运动，“必能使全国人心为之振奋，司法积弊

① 史良：《三次难忘的会见——纪念宋庆龄大姐诞辰九十周年》，《人民日报》，1983 年 1 月 24 日。

② 史良：《人民的事业必胜——沉痛悼念尊敬的宋庆龄同志》，《中央盟讯》，1981 年第 6 期。

逐渐澄清，民主权利奠定基础，其在历史上意义之重大，实不可思议也”。同时表示担心她的健康状况，希望她：“劳顿之后，务请善自珍摄，以慰千万人喁喁之望。”[①]

宋庆龄发起的救国入狱运动，在社会上引起强烈反响。7月2日和3日，作家何家槐、周钢鸣等13人，电影界著名导演，以及演员袁牧之、赵丹、郑君里、金山、王莹、白杨等，分别呈文具状江苏高等法院，愿与“七君子”同享自由或同受处罚。不少大学教授、戏剧理论家、音乐家、教师、学生、工人以及公司职员、工商界名人等，纷纷响应，各自具状，要求与“七君子”同负法律上救国责任。

在营救“七君子”的新一轮高潮中，全国的报刊杂志也发挥了强大的舆论作用，纷纷发表文章、社论，称颂“七君子”是“赤胆忠心的为国家为民族的志士，是领导民众从事救国家救民族的领袖”；[②]批评国民党蒋介石在宣示和平统一、团结御侮的宗旨下，对“七君子”起诉将判罪，“完全违反民意，违反两党团结对外主旨”，将使人民与政府间“隔膜加深，对于民族国家的团结统一，投下不堪乐观的影响”。[③] 强烈要求国民党当局对“七君子”审判无罪释放。

全国人民的抗议、声援和营救，特别是宋庆龄倡导的救国入狱运动，一方面给国民党当局以强大的政治压力，使他们不敢对

---

① 李公朴：《狱中日记》，1937年7月6日，《伟大的民主战士李公朴》，江苏文史资料编辑部1996年版。

② 《救国究否有罪》，《天下日报》，1937年6月27日。

③ 《当局应注意沈案的政治影响》，《天下日报》，1937年6月11日。

"七君子"贸然判罪;另一方面给史良等人极大的支持和鼓励。

六、保释出狱,历史宣判救国无罪

由于"七君子"在狱中坚持爱国正义立场,对救国无罪坚信无疑,忠贞不屈,加上全国人民的热烈声援营救,同时随着国共停止内战,第二次合作积极进行,国内形势有了明显变化,蒋介石对"七君子"的态度发生了重大变化。

史良等人遭上海市政府的逮捕,蒋介石和南京政府在背后是支持的。他们被关押在法院受审时,上海市公安局代表唐豹及杨福麟均明确声称:"各被告均有共党嫌疑,奉中央密令拘捕。"[①]本案"系拿中央密电"拘捕。[②] 他们的一度被保释,是因为上海市政府和法院方面的联络出现了差错,市政府在他们被逮捕的当天,曾给司法部打电报,"要求法院不要妨碍市政府的行动"。[③] 如前所述,史良等人被捕后的第三天,冯玉祥曾密电蒋介石,请电令释放,蒋于12月3日复电说:"沈钧儒、章乃器等诸人,有为中(蒋自称,下同)所素识者,亦有接谈数次者。前曾以国家大势,救国要义,向之详切劝导,乃彼等不唯不听,而言论行动反日益乖张,若非存心祸国,亦为'左'倾幼稚病,中毒已深,故尔执迷不悟。近更乘前方剿匪紧张之时,鼓吹人民阵线,摇惑人心,

---

① 上海市公安局档案,旧卷宗号050-1-623,新卷宗号Q181-0-623。

② 上海市公安局档案,旧卷宗号050-1-624,新卷宗号Q181-0-624。

③ 王士花选译:《日本外务省情报部等有关"七君子"事件的报告》,《救国会史料集》,第275页。

煽动罢工,扰乱秩序。中处迭据确报,沪上罢工,其经费均由章乃器以救国会经费散发,每日七千元,其背景可知。若非迅予制裁,不特破坏秩序,危害民国;即彼等自身,亦必重陷于不可赎之重大罪恶。值此国难严重,固当集中心力,爱惜人才,但纲纪不能不明,根本不能不顾,故此时处置,正所以保全彼等,使不得更趋绝路以祸国。中意除依法惩处,不令放任外,仍当酌予宽待,以观其后。务望兄等同此主张,以遏乱萌,而正视听。"[①]蒋还曾对人说:"我对他们是很客气的,谈了话还请他们吃饭;可是他们反而闹得更凶了,所以只好逮捕了。"[②]陈布雷回忆说:"所谓人民阵线沈、邹、章、李等七人之被检举案亦发生于此时,各方为之营救,来电颇多不明立场者,蒋公均命以严正剀切之词复之。"[③]以后他们被关押江苏高等法院,也是经蒋介石批准。时任国民党中央监察委员会秘书长王子壮说:"请诸蒋先生获准——捕送苏高等法院。"[④]可见,蒋介石这时对"七君子"的态度是严厉镇压。

国民党五届三中全会后,内战已基本停止,国共第二次合作正在积极进行,蒋介石为了表示团结抗日,准备邀集一些社会名流在庐山开会,共商抗敌御侮、复兴民族的大计。"七君子"既是著名学者,又是抗日救国的领袖人物,也在蒋介石的邀请之列。以此为契机,蒋介石对"七君子"案转而采取宽大怀柔政策。6月

---

① 《冯玉祥为营救"七君子"与蒋介石来往密电》,《历史档案》,1981年第1期。

② 《救国会史料集》,第976页。

③ 《陈布雷回忆录》,廿世纪出版社1949年版,第63页。

④ 《王子壮日记》,1937年3月31日,台北中央研究院近代史研究所编印。

初的一天，蒋嘱咐国民党中央党部秘书长叶楚伧，早些结束该案，不要再拖延下去了。叶楚伧却坚持要对“七君子”先在苏州高等法院审讯一下，然后押解南京反省院，具结“悔过”，再由杜月笙出面保释出来，送到庐山参加会议。叶楚伧把这个办法向蒋介石汇报后，蒋皱皱眉头说：“不要这样麻烦了吧！”显然，蒋不满意叶的处理办法。叶诡称“七君子”已经同意这样安排，不会有什么问题。蒋这才点点头说：“那也好，不过到时候一定要把他们送来啊！”[①]随后，蒋介石从《大公报》社社长张季鸾处获悉，“七君子”反对进反省院，并不惜用绝食来进行抗拒，担心“七君子”案不能顺利了结；又适逢审讯“七君子”发生申请回避波折，蒋非常恼火，在电话里训斥了其亲信秘书陈布雷一顿。6 月 14 日，蒋介石密电叶楚伧，“七君子”赴庐山时，“请代邀杜月笙、钱新之两君同来牯岭晤谈为盼”。[②] 同一天，蒋也致电杜、钱两人，请他们偕同“七君子”“赴庐晋谒”。蒋介石对“七君子”态度这一重大转变，对他们的出狱有着决定性的影响。

7 月 7 日，日本在卢沟桥向中国守军发起进攻，“七七”事变爆发，史良向前往苏州访问她的记者表述对当前时局的意见说：“假如这次的事情再看作为‘地方事件’的话，那又将上敌人的当了。过去的丰台、塘沽协定等，都是在‘地方事件’这四个字下面牺牲的，故而这次切盼政府当局能充分的援助二十九军抗敌，以

① 胡子婴：《关于救国会和“七君子”事件的一些回忆》，《救国会史料集》，第 1000 页。

② 李公朴：《狱中日记》，1937 年 6 月 28 日。

作收复失地的起点。否则北平、天津的成为第二个‘伪××’(按指伪满国)是有极大可能性的。同时民气的激昂已成为铁一般的事实,每一个不愿作亡国奴的人民,在他们的心中就只有‘抗敌’两个字,所以要是政府真能抗战的话,中国是决不会失败的,因为每个国民都愿做政府的后盾呢!”[①]不久,她写道:“敌人紧逼到这步田地,我们只有抵抗,才能死里求生,才能获得真正的和平。”[②]她还在一位来监狱探望慰问“七君子”的扇面上题字:“强盗一天不打出大门,我们就没有一天定心日子过。”表达了她坚决抗战的决心。因而当她获悉中国驻军第二十九军将士英勇还击,奋起抗日,立即和沈钧儒等人共同致电第二十九军军长宋哲元及全体将士,并捐赠100元表示勖勉。电文说:“敌在卢沟桥等处连续挑衅,后复围攻平市,并调集大军,企图席卷华北,幸赖贵军英勇抗战,未逞奸谋。同人等身羁囹圄,应援乏术,翘首北望,只有忧惶,谨先汇上百元,聊表寸意。尚望再接再厉,不屈不挠,坚守疆土,抢救危亡。”[③]21日,“七君子”闻讯蒋介石在庐山发表谈话,宣称卢沟桥事变为最后关头,确定了准备抗战的方针,深为感动,当即联名致电蒋介石说:“家属见告,钧座昭告国人以最后牺牲之决心,为渴求和平之后盾,而以卢沟桥事件之能否结束,为牺牲最后关头之境界,其解决之条件,亦须一本领土主权不受分割之原则,否则惟有以牺牲到底之决心,为民族生存

① 《七君子偶访记》,《国讯》第171期,1937年8月11日。

② 《“七君子”狱中提词》,《救国会史料集》,第442页。

③ 《救国无罪》,第157页。

之保障，义正辞严，不胜感奋。深信在此伟大号召之下，必能使全国人心团结愈固，朝野步骤齐一无间，同在钧座领导下，以趋赴空前之国难。钧儒等身羁囹圄，心怀国族，寇氛日亟，倍切忧惶，赴难无方，赤诚共抱，企望旌麾，无任神驰。"[①]

"七七"抗战爆发后，举国一致团结抗战局面的形成，更加证明了"七君子"在华北事变国家民族危难之际，率先奋起倡导抗日救国运动，不仅无罪，而且有功。国民党当局已无任何理由继续羁押他们了。7月中旬以来，蒋介石格外关注"七君子"案，并催促江苏高等法院释放"七君子"。据蒋介石日记记载：7月18日，"对沈等保释"；7月19日，"对沈等之处置宜早解决"；7月20日，"沈案了结"；7月24日，"解决沈案"；7月26日，"解决沈案"。[②] 在蒋介石的直接过问下，7月30日，江苏高等法院以"沈钧儒等各被告危害民国一案，羁押时逾半载，精神痛苦，家属失其赡养"为词，要求史良和沈钧儒、章乃器、王造时、李公朴、邹韬奋、沙千里，"各提出殷实之人或商铺二百元之保证书，以便交保释放"。[③] 史良遂由潘经报担保，其他6人也分别择人担保，办妥手续。

31日下午5时，史良先由女看守所释放，随乘车往横街看守所与沈钧儒等6人会合。至此，史良和沈钧儒、章乃器、邹韬奋、李公朴、王造时、沙千里胜利出狱，结束了在苏州监狱近8个月的

---

① 《沈钧儒等七人昨电蒋委员长》，《立报》，1937年7月22日。

② 原件存美国斯坦福大学胡佛研究所档案室。

③ 《救国无罪》，第187页。

1937年7月31日，史良与沈钧儒、章乃器、邹韬奋、李公朴、王造时、沙千里（史称“七君子”）出狱时在看守所院内留影。

羁押生活。以前他们为救国而入狱，今天，他们为救国而出狱。当他们走出看守所大门时，军乐齐鸣，爆竹喧天，受到了鹄立在烈日下等候的亲友、律师及其群众热烈的欢迎，欢呼声和抗日救国的口号声响彻云霄。如此场面，使7人感动得热泪盈眶。沈钧儒代表大家发表谈话说：“钧儒等今天步出狱门，见抗敌之呼声已普遍全国，心中万分愉快，当不变初旨，誓为国家民族求解放而斗争。”[①]随后，他们在欢迎群众的簇拥下来到花园饭店，与吴县各界抗敌后援会歌咏团合唱《义勇军进行曲》，并由史良指挥，共喊“中华民国万岁，万万岁”口号。旋至国货公司三楼出席张一麐、李根源等举行的欢迎宴会。

① 《沈钧儒等保释出狱》，《申报》，1937年8月1日。

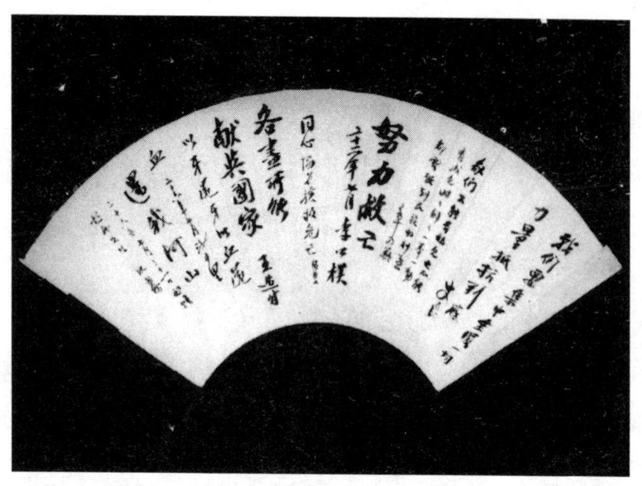

1937 年 7 月 31 日，史良等“七君子”出狱时，在陈起云的一把 119 厘米的大扇子上题词留念。陈为江南名中医，曾为在苏州狱中的“七君子”治病。

8 月 1 日，史良等人回到上海。他们出席了救国会负责人、各团体代表及亲友等为他们举办的洗尘宴会。7 个人都发表了简短的讲话，史良说：盼妇女界也总动员，以热血换取敌人头颅。①

同一天，史良向记者发表简短谈话说：“出狱要做的：(一)设法维持生活，恢复律师业务；(二)我们决不改变以前宗旨和态度，我们认为过去并没有做错，我们仍做过去决定的救亡工作。……华北时局紧张，政府已决心抗敌了，我们决定联合民众做政府的后盾。”②

---

① 《救国无罪》，第 190 页。

② 同上，第 184～185 页。

史良等人出狱，江苏高等法院的裁定书写明是“停止羁押，交保释放”，对于救国是否有罪，他们是否危害民国，案情并没有彻底了结。抗战全面爆发后，国民政府于9月4日公布修正《危害民国紧急治罪法》，其中删除了原来所规定的宣传与三民主义不相容之主义者为犯罪的条款，表明江苏高等法院检察官当年对“七君子”的起诉“更完全不能适应”。[①] 因此，已抵重庆的史良和沈钧儒、邹韬奋、王造时、陶行知、沙千里，联名呈文国民政府司法行政部，要求撤销“七君子”案。当时，上海、南京、苏州已沦陷，国民政府已迁至重庆，审理“七君子”案情的江苏高等法院也因一再迁移，“在事实上已不能行使审判权”。1938年12月2日，司法行政部训令由最高法院核办。旋最高法院将此案的第一审管辖权移转四川高等法院第一分院。

1939年1月26日，四川高等法院第一分院正式撤回起诉，其《撤回起诉理由书》说：“本案被告沈钧儒等，前在上海以联合各党抗敌御侮为名组织全国各界救国联合会，并发表刊物，以资号召，经江苏高等法院检察官翁赞年依据所出各种刊物，认被告等宣传与三民主义不相容之主义，实有《危害民国紧急治罪法》第六条之罪嫌，提起公诉。惟查该项《危害民国紧急治罪法》已于民国二十六年九月四日修正公布施行在案，核其条文，于宣传与三民主义不相容之主义者并无犯罪之规定，是该被告等犯罪后之法律已废止其刑罚。复查该被告等虽属组织团体，号召民众，但其所谓抗敌御侮及联合各界救国各节，均与现在国策不相

① 《沈钧儒等呈司法行政部》，未刊。

违背，不能认为以危害民国为目的，该被告等之行为自属不罚之列。依据前开法条各款，均系应不起诉。本案虽经起诉在先，惟既发见有应不起诉情形，合依同法第二百四八条第一项撤回起诉。”[①]

2月11日，在重庆的史良、沈钧儒、邹韬奋和沙千里收到四川高等法院第一分院的《撤回起诉理由书》，陶行知、王造时、李公朴、章乃器等10人，因“住址不明”，则以“公示”的形式送达。

救国无罪，最终由历史作出了判决。

① 《“七君子”案撤回起诉的呈、训令、公函、理由书、牌告》，《救国会史料集》，第448页。

第六章
抗战初期

一、“抗战只能牺牲到底”

史良出狱后，曾和沈钧儒等人应国民政府的要求前往南京，贡献关于救国运动的意见。期间，陈立夫、邵力子、叶楚伧代表国民党中央和国民政府同他们进行谈判，要他们同意解散救国会。遭到他们的婉言拒绝。同时，他们还会见了冯玉祥、汪精卫、阎锡山、刘湘等国民党党政军要人，一同分析形势，商谈救国方针。他们还和杜重远一起看望了爱国老人马相伯，大家一致对抗战必胜充满信心，并在马老的寓所门前合影留念。马相伯是救国会执委，时已 98 岁高龄，因在上海参与抗日救亡运动，反对国民党的不抵抗政策和对救国会的压迫，引起国民党当局的不满，将他移居南京，使之与救国会隔开。

抗战爆发后，中国军队进行了英勇的抵抗，但日军依仗强大的军事力量，很快占领北平、天津，8 月 13 日，又大举进攻上海，企图迅速直捣国民政府首都——南京，实现其三个月灭亡中国的狂妄野心。面临日军的嚣张气焰，汪精卫公开发表反战求和言论，说什么“中国的国家力量，不能挡住日本的侵略”；[①]说什么“和呢，是会吃亏的，就老实的承认吃亏，并且求于吃亏之后，有所以低偿。战呢，是会打败仗的，就老实的承认打败仗，败了再打，打了再败，败个不已，打个不已，终于打出一个由亡而存的局面来。这种做法，无他巧妙，只是说老实话而已”。[②] 他还和周佛海等人组织“低调俱乐部”，鼓吹“战必大败，和未必大乱”，主张对日妥协投降。蒋介石虽然被迫抗战，但也一直寄希望于英美等国“主持公道”，期待他们出面干涉调停，以便与日和平停战。同时，也有一部分人民虽有不当亡国奴、驱逐侵略者的愿望，但不少人缺乏抗战到底的决心。

史良针对这种情况，写了《谈对日绝交》一文，极力主张对日绝交。她认为自我国神圣的全面抗战爆发后，日本倾其全国的海陆空力量大举进犯，屠杀我平民，凌辱侵略我们，我们和他们早已没有什么“邦交”可言；从法理上讲，也早已超越了绝交的程序。但是我们现在的大使还逗留敌国，侨胞仍逗留在敌境，难道政府还有所期待、有所希望吗？她以雄辩透彻的语言指出，宣布绝交有百利而无一弊：（一）就对外说，对日绝交，是表示我们破釜沉舟，抗战到底的决心，使各国知道我们只有前进，决不后退，不惜牺牲，抗战到底。（二）就对内说，那些患“恐日病”者和亲日分子，仍然盘踞要津，假使前线军事稍有失利，他们便将乘机活

① 汪精卫：《最后关头》，黄美真等编：《汪精卫集团投敌》，上海人民出版社1984年版。

② 汪精卫：《大家说老实话大家要负责任》，黄美真等编：《汪精卫集团投敌》。

跃，破坏持久战的计划，如果对日绝交，此路就不通了。（三）就军事上说，现在前线上一部分官兵，也许因为政府不曾对日绝交，说明国策还未到明显的地步，因而他们的抗战决心，难免不受影响。倘一旦对日绝交，他们知道不论中日间的战局如何变化，决不可能妥协，决不会再像“九一八”、“一·二八”、“长城之役”、“华北事件”、“绥东之战”那样，中途废弃，他们自然为国拼死而战。（四）从经济上说，现在上海和内地有一部分商人和其他人士，希望战争早日结束，过他们的安乐生活，因此在技术和财力上作战时准备不够。如果政府对日绝交，他们知道非长期抗战不可，就会早做准备，另想办法了。[①]

接着，史良又发表了《九国公约会议和我们的立场》一文。当时第八届九国公约国会议即将在比利时首都布鲁塞尔举行，国民党蒋介石对会议抱有很大希望，为了得到与会国的同情，甚至要淞沪前线的将士在极端不利的态势下再撑持半个月，作出重大牺牲；国民政府向各国表示“愿竭力促成中日问题的永久解决”，提出了“顾及各国及日本在华利益”的、以恢复卢沟桥事变以前状态为中心内容的14条建议，作出重大让步。史良在这篇文章中指出，英美等国虽然基于他们的在华利益，并不赞成日本的侵华战争，但他们也不愿得罪日本，不肯为中国而卷入战争，“只愿调解，不愿制裁”。因而中国政府应在会前或开会后发表宣言，郑重声明：“中国系为拥护公理、正义、世界和平及国际法与条约的尊严而从事自卫抵抗的战争，中国之独立与主权及领

---

① 《妇女生活》，第5卷第3期，1937年10月20日。

土与行政之完整，绝对不能丝毫放弃。因此对于‘九一八’及卢沟桥事变以来，日本在中国所造成的既成事实，绝对不得承认。凡以此种既成事实为根据之任何调解或解决，中国方面决不能接受!”在这篇文章的结尾，史良明确地向全世界宣告:“中国为自卫而战，为生存而战。会议能主持公道膺惩违约者，固好;会议短视浅见，畏首畏尾，中国除深表遗恨外，亦决不改变态度，放松责任。要知抗战辞典中只有‘牺牲到底’的名句，没有‘中途屈服’的丑话!”①

10月底，九国公约会议召开前夕，上海各妇女团体招待各国侨沪妇女界领袖，史良在招待会上发表演词，指出:“妇女是最爱和平，但我们所需要的是真正的、互惠的、平等的和平，而非妥协的、屈服的和平。在此次九国公约会议中，我们应该极力主张正义，保持条约的尊严。”②

稍后，史良在另一篇文章中写道:“敌人的残暴，不过刚刚开始，它是非把我们整个国家灭亡，不肯停止，决非稍会屈服，就能满足它的欲望……正因为我们过去存着稍会屈服而不抵抗，才养成敌人想立刻独吞中国的野心。”她坚定地表示:日军的残杀惨酷暴行，已使我们全国上下抱定了宁为玉碎毋为瓦全的牺牲决心，侵略者外力的压迫，已迫使我们走上了团结互助，拼命抵抗的唯一光明大道。她还曾题字表示:誓把中华儿女的血向敌

① 《妇女生活》，第5卷第4期，1937年11月5日。

② 《各国侨沪妇女界领袖招待会》，《妇女生活》，第5卷第4期，1937年11月5日。

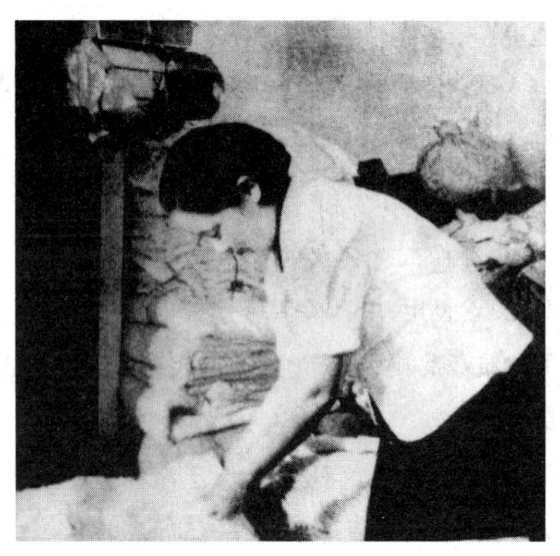

1937年10月,史良在上海亲手向抗日将士分发慰劳品。

人清算历年来的血债。

史良的上述论述打破了某些人对日本存在的幻想,对人们树立抗战必胜和坚持长期抗战的思想准备具有十分重要的意义。她也并没有停留在口头的说教上,她出狱自南京谈话归来后,就奋不顾身地投入到抗战工作中。

首先,史良应"上海十四妇女团体联合办事处"的邀请,任对外负责代表,"合力做救亡工作"。[①]

接着,史良参加了中国妇女慰劳抗战将士会上海分会的工作。原来抗战爆发后,何香凝为团结上海妇女界一切力量,发起成立了"中国妇女抗敌后援会",亲自担任主席,并由沈兹九等21

① 《欢迎史良和孟君》,《战时联合旬刊》,1937年第1期。

1937 年冬至 1938 年初,史良(前排右三)与澳门中国妇女慰劳会工作人员合影。

人任常务理事。该会下设总务、慰劳、救护、征募四组。总务组组长原由何香凝担任,史良出狱,何便推荐史良出任。该组的工作既繁重又重要,总理一切对内对外的事务。① 不久,宋美龄在南京成立“中国妇女慰劳自卫抗战将士总会”,要求各地妇女界迅速组织分会,与总会取得联系。同时,由于国民党上海市党部组织了“上海市各界抗敌后援会”,规定其他救亡团体不准使用“抗敌后援会”的名称。于是,何香凝与理事商定,为了团结抗战,为了发展抗日民族统一战线,将中国妇女抗敌后援会的名称改为“中国妇女慰劳自卫抗战将士总会上海分会”,隶属于宋美龄主持的妇慰总会。“上海妇慰分会”积极开展工作,成立了救

① 沈兹九:《中国妇女慰劳将士会上海分会略述》,《战时联合旬刊》,第 1 期,1937 年 9 月 1 日。

护训练班、缝纫服务团、伤兵慰劳队、征募抗战基金组等组织，热烈参加抗战工作。史良曾亲自到前线，向上海抗日将士分发慰问品，极大地鼓舞了浴血奋战抗敌将士的斗志。

史良还参加了上海市各界抗敌后援会设计委员会的工作。上海市各界抗敌后援会"为求战时集思广益起见"，特聘请专家学者成立设计委员会，史良与郭沫若、章乃器、邹韬奋、王造时、沙千里、钱俊瑞等30余人担任设计委员会委员，史良分工负责"筹募救国公债和调整抗敌后援工作的需要与供给以及维持当前的教育等工作"。[①]

淞沪抗战期间，史良还和何香凝、胡兰畦等人发起组织"上海战时壁报工作服务团"，"把每天抗战的消息，战时应有的知识，后方民众应尽的义务，通过壁报来贡献给市民和辅助其他工作团体进行工作"。[②]

史良刚刚出狱获得自由，就奋不顾身地投入抗日工作，受到人们深深地敬仰。《战时联合旬刊》的一篇文章说："史良的恢复自由，确于上海妇女界的参加救亡工作上，起着绝大的力量。"[③]

11月12日，日军占领上海。在上海沦陷前夕，史良和郭沫若、章乃器等一同撤退到香港和澳门，受到港澳救亡团体的热烈欢迎。在这里，他们热忱指导救亡团体开展救亡工作的具体方法，促进各救亡团体的大联合。例如，在澳门产生了由20余团体

---

① 《各界抗敌后援会设计委员会首次会》，《申报》，1937年8月28日。

② 《救亡日报》，第12号，1937年9月10日。

③ 《欢迎史良和孟君》，《战时联合旬刊》，第1期，1937年9月1日。

组成的文化界救亡协会筹备会,在香港成立了120余校的学生联合救国赈济会。除此之外,史良还着重推动当地的妇女界和各团体共同成立了座谈会。她认为座谈会可以使人们对抗日救亡理论有更深刻的认识,对工作方法有交换意见的机会,更重要的是能促使各种团体团结一致,通力合作进行抗日救亡工作。[①]

二、动员广大妇女参加抗战

抗日战争是一场伟大的民族革命战争,要战胜财力和军事技术装备都比中国雄厚优良得多的日本帝国主义,争取民族解放战争的彻底胜利,必须动员全国民众参加,进行持久战。抗战初期,国民党政府和军队对日作战是比较积极的,但是它对人民群众的抗日运动,基本上不肯开放,实行的是不要人民群众参加的单纯政府的片面抗战路线。

史良一贯主张发动全国人民起来抗战的路线,认为开放民众运动,发动全民抗战,是保证抗战胜利,不至亡国或中途妥协的最重要的保证。尤其是她作为妇女界的代表和妇女救国运动的领袖人物,十分注重发动妇女参加抗战。在她看来,抗日战争没有占全国人口一半的2.25亿妇女的参加,是根本不可能取胜的。

10月13日,中华妇女互助会召开成立大会,史良出席会议并在会上发表讲话,提出知识妇女应发动并团结下层妇女积极

① 《史良女士会见记》,《新华日报》,1938年2月22日。

参加抗战。

1938年2月，史良发表《妇女动员中的一点意见》一文，比较系统全面地阐述了她对动员妇女参加抗战的意见。

她认为抗战6个月中，各地妇女直接间接地参加抗战的虽然不少，但和整个妇女总数相比，无疑还是绝对少数，许多妇女还是安闲自在，只顾个人的享乐，并不知道这次抗战的意义，更没有想到抗战与自身的关系和自己的责任。即使有一部分妇女认识到了这次抗战的意义，却以为这是男人们甚至是军人的责任，而没有把它当作自己切身的问题努力去做。之所以形成这种局面，她分析了三方面的原因：

第一，知识妇女没有认识自己的任务。她认为少数有较高知识和优越地位的知识妇女，应当唤醒大众妇女，教育她们，组织和训练她们，动员她们的一切力量来参加抗战。但"事实是，大部分的知识妇女还是不能将抗敌后援的工作负担起来，而少数的知识妇女参加抗敌工作的，也只整天给慰劳、救护、募捐等事务工作支配着整个的时间，而忽视了动员大众妇女的重大的根本任务。"她指出："知识妇女除了慰劳、救护、募捐等工作外，还有更大的唤起和动员大多数妇女的力量来参加工作，才能获得更大的成效。"

第二，政府忽略了妇女的力量。她说："数千年来男子统治政权，包办一切，已变成男子意识中当然的定律。虽然经过了妇女历次的努力参加革命运动，已获得立法上的男女地位平等，可是男子因袭的统治，并未丝毫的改变。政府机关里，虽然也有容纳极少数的妇女担任工作，其实还不过是从属或点缀罢了。我不是在全面抗战中、统一战线里来和男子争什么权，不过在动员全国民众参加抗战的政治号召下，当然不容忽视了占民族半数的妇女力量。要使妇女贡献力量，只［至］少要她有参加抗战工作的机会。”

第三，各妇女工作者缺少相互间的联系。她指出：“各妇女工作者整天在自己的团体范围内，忙着事务工作，却忘掉和其他团体密切联系，或共同计划，以求更大的成效。甚或有一般上层妇女摆起了唯我独尊的架子，不屑与中下层的妇女往来，唯恐有损自己的体面似的，因此永远与大众的妇女离开。而下层妇女见到这班大人先生的太太小姐们养尊处优，衣冠楚楚，意识中也绝对不相信她们会和大众妇女去干艰苦的救亡工作。在这样互相矛盾的歧视下，绝少合作的可能。妇女就因为上下平行的工作者，都缺少了相互间的经常联系，因此没有总的组织，也没有整个计划与各方面的工作路线，所以到今天还是停留在‘零碎’和‘不够’的阶段上。”

针对上面的缺点，史良在文章中提出以下几点亟须补救和实践的办法：

第一，抗战妇女工作的基础，“应当建立在大众的妇女、劳动妇女、农村妇女的身上”。她说：“我们站在总动员的立场上，我们的工作步骤，是要各地有知识而认识正确的妇女，来培养干部，提拔干部，做妇女总动员的发动机。刻苦而严密的多方面打进农村妇女、劳动妇女的中间去，用各种宣传方法引起她们做救亡工作的热情与政治上的兴趣，进一步使她们参加救亡工作，从实际工作中进行训练与组织，更积极地参加抗战。”

第二，各级政治机构里要吸收相当一部分妇女参加。“我们已经指出动员妇女，应建立在农村大众妇女的身上，就是要从下层发动广大群众做组织基础。可是在总动员的政治机构里，只[至]少要把各部门的门户开放，吸收各阶层的分子，才能代表各阶层的真正意见，达到官民打成一片，而有利于工作的开展。”

第三，“各妇女工作团体应迅速联络各方，沟通上下，把贵贱智愚的一切观念打破。首先求得各团体工作步骤的一致，进一步的建立更密切的联系，促成组织统一，统筹整个动员妇女计划，制定各项工作纲领，分工合作，务使各项工作迅速的在各方面开展起来，以完成妇女总动员的重大任务。”①

《妇女动员中的一点意见》实际上是史良抗战中关于妇女运动的一个指导纲领。文中提出的这些意见和主张，无疑是正确的，不仅切中时弊，而且接触到了中国妇女解放运动的某些根本问题。尤其是她把目光向下，强调发动广大下层劳动妇女和农村妇女大军参加抗战的必要性和重要性，要求各级政治机构向妇女开放，吸收妇女参加，包含着可贵的民主主义精华。但是在国民党仍然不愿意开放民众运动，尤其是不能改变歧视妇女的传统偏见的情况下，她的这些意见和主张，是很难做到的。

随后，史良为纪念“三八”节写了《今年“三八”纪念中的特殊任务》一文，指出正当日本帝国主义用武力向我们全面进攻的时候，敌人的炮火决不会专拣男子轰炸，妇女也同样受害，特别还遭受敌人侮辱奸淫的摧残，所以今年纪念“三八”节，妇女

---

① 《妇女生活》，第5卷第8期，1938年2月15日。

要和男子共同参加抗战，负起救亡图存的任务。她说："我们要了解，我们这次的抗战，是次殖民地的被压迫民族和帝国主义的侵略者争取民族解放的革命运动。在整个民族方面讲，少一个人参加抗战，就减少一分斗争实力。假如忽视了妇女参加，不动员她们贡献力量，无异甘愿毁灭一半抗战实力。所谓民族解放运动，当然包含男女解放在内。如果仅是男子解放，女子得不到解放，整个民族就讲不上解放。男女同样得到解放，才能完成民族的解放，也只有民族解放的成功，才足以保证妇女解放的实现。"①

史良认为，在抗日战争这个非常时期，男人们要上火线去，妇女们要成为抗战的后盾，不仅后方的工作当有妇女维持，同时前线也有许多工作，亦需妇女参加。她指出了妇女在战时应做的具体工作：前方的妇女工作包括救护伤兵、救护妇孺、军中杂务、慰劳工作和运输等；后方的妇女工作则主要有生产、治安、交通、看护、征募、慰劳、救济、防奸等。②

八年抗战中，史良始终坚持不懈地为发动广大妇女参加抗战而努力。

三、促进和加强妇女界抗日统一战线

1938年2月初，史良由香港来到武汉。国民党政府虽然在

① 《新华日报》，1938年3月8日。

② 史良：《战时妇女工作计划》，《战时联合旬刊》，第4期，1937年10月1日。

1938初，史良（前排左一）和沈钧儒（前排中）等在汉口交通路生成里74号（此为沈钧儒的住宅）。

上海失守后宣布迁都重庆，但南京失陷后，国民党军事委员会和国民政府的许多领导机关迁至武汉，中国共产党也在这里设置代表团办事处，大批的文化人、专家、学者和流亡青年云集于此，武汉一时成为全国的政治、军事、文化中心，抗日救国气氛十分热烈。

抗战初期，日本军攻占了我华北、华东大片国土。由于战区不断扩大，无数儿童流离失所，饥寒交迫。为抢救民族后代，培养无家可归的难童，使之健康成长成为将来抗日建国的力量。中共长江局决定由分管儿童工作的邓颖超负责筹组战时儿童保育会。但要正式成立该组织，则需要得到国民党中央社会部批准，成立后的经费开支也需有可靠的财政渠道，还要防止国民党特务的破坏捣乱。于是先由邓颖超等联络国民党、各党派以及社会各知名的爱国人士184人联名发起、筹备成立。接着邓颖超委托史良和沈兹九、刘清扬一道去见时任中国妇女慰劳自卫抗战将士总会主席宋美龄，请她出来主持儿童保育工作。宋美龄在宋氏三姐妹中，虽被中国老百姓形象化地评说为爱权，但如前所述，抗战爆发后，她便在南京成立“中国妇女慰劳自卫抗战将士委员会”，发动妇女参加抗战。淞沪抗战期间，她通过广播，用英语向美国民众发表演说，揭露日军的侵华暴行，争取美国对中国抗战提供援助。她也曾因赴前线慰劳抗日将士，所乘汽车从公路上翻落，而造成数根肋骨折断。这些都使她受到国人特别是妇女界的尊重，也赢得了史良对她的好感。史良曾说：“如果抛开政治见解，我对宋美龄个人印象是好的，她能干、大方，说话

1938年夏，战时儿童保育会主要负责人在汉口合影（后排右二史良，右一邓颖超，中排左四宋美龄，左五李德全）。

做事得体。"而且"她这个人最会'做人,喜欢笼络人心'。"[①]当史良等人向宋美龄说明来意后,宋表示赞同。

3月10日,战时儿童保育会在武汉召开成立大会,宋美龄出席了会议,史良是主席团成员之一。大会推选宋美龄任理事长,李德全任副理事长,史良和邓颖超等51人为理事,还聘请了蒋介石、毛泽东、周恩来、朱德、叶剑英、林森、冯玉祥、阎锡山等包括国共两党领导人以及社会各界知名人士、国际友人和驻华使节在内的286人为名誉理事。13日,战时儿童保育会举行首届理事会,史良和宋美龄、李德全、邓颖超、孟庆树、沈兹九、曹孟君等15人被推为常务委员,[②]刘清扬、徐镜平等5人为后补常务委员,负责办理战时儿童保育会一切日常事务。常务理事会设秘书处和设计、组织、宣传、保育、输送、经济委员会,史良担任设计委员会主任。战时儿童保育会最广泛地动员了各党各派以及无党派的知名妇女人士共同参加抢救难童的工作,它的成立为稍后在庐山召开的妇女谈话会,建立全国妇女统一战线奠定了基石。[③]后来延安成立战时儿童保育会陕甘宁边区分会,史良被选为名誉理事。史良以大量的精力满腔热忱地从事保育会的工作。她亲自到保育院给难童们讲话,勉励他们好好学习,长大后投入抗日斗争,为父母报仇。她把难童视为亲生的子女一样看待,难童

① 《史良自述》,第49、50页。

② 《新华日报》,1938年3月11、14日。另据全国妇联编、中国妇女出版社1991年出版的《抗日烽火中的摇篮》,担任总会理事的有56人,担任理事会常务委员的有17人。

③ 《史良先生谈三年抗战妇运》,《新华日报》,1940年7月4日。

们也把她当成亲妈妈一样呼叫。一位当年被抢救的难童回忆说:保育院的妈妈“给我的教育时间虽不是很长,但对我后来一生所走的路,却奠定了坚实的基础。我考入江津国立九中后,每年寒暑都要到求精中学保育总会领取生活费、冬夏衣被等,见到次数最多的要数史良妈妈。她的个子高大,也是容易被我们记着的一个原因”。[①]

战时儿童保育会在当时十分艰苦的战争环境下,做了大量工作,抢救、保育了3万多名难童,这些难童在新中国成立后,有的成为艺术家、工程师、教授,有的是各条战线上社会主义现代化建设的骨干,有的成为党和国家的领导人。战时儿童保育会是抗日战争中我国妇女界的一大贡献,是中国儿童保育史上的伟大创举,也是全国妇女大团结的先声。

5月20日至25日,宋美龄在庐山召集全国各地的妇女领袖和妇女工作者40余人开谈话会,这个会包括了各党各派和无党派的著名妇女人士。救国会方面与会者有史良、沈兹九和刘清扬,中共方面有邓颖超和孟庆树,国民党方面有宋霭龄、沈慧莲、唐国桢、陈逸云等,基督教女青年会方面有张蔼真、邓裕志、陈纪彝,还有社会名流学者李德全、吴贻芳、俞庆棠、雷洁琼、劳君展等。会议讨论并决定了抗战时期全国妇女工作计划。与会的各方面和各地的妇女代表和妇女工作者,通过这次会议互相认识和交换意见,从而加强了妇女界的团结。由于全国各地妇女代表一致要求成立全国妇女总的组织机构,会上决定将“新生活运

---

① 《再喊我一声“史良妈妈”》,《摇篮》,2009年第5期。

动妇女指导委员会”改组扩大为“新生活运动促进会妇女指导委员会”，作为动员领导全国妇女救亡运动的总机构。7月1日“新生活运动促进会妇女指导委员会”在汉口正式成立，开始办公。它标志着妇女统一战线的正式建成。该会的主要任务是：“动员全国妇女，团结全国妇女和指导全国妇女，加紧从事抗战建国的工作。”①妇女指导委员会由宋美龄任指导长，史良、邓颖超、李德全、康克清、曹孟君等人任委员，下设总务、训练、文化事业、生活指导、生产事业、慰劳事业、儿童保育、战地服务等8组。其中组织训练组组长是刘清扬，她还兼妇女干部训练班负责人；文化事业组组长是沈兹九。此外还设立了一个联络委员会，专司联络、组织和动员妇女工作，史良任主任委员。宋庆龄在《中国妇女争取自由的斗争》一文中说：“1938年7月（应为5月）在庐山举行会议，成立一个统一的妇女组织，这就是当时的‘妇女指导委员会’。……这个委员会发展得很迅速，因为它在一开始就是一个真正的统一战线组织，国民党、共产党和无党无派的妇女站在平等的地位，参加会议的讨论。”“这一年曾花了很大的力量来把所有妇女活动统一在指导委员会的领导下，这样就奠定了中国各阶层各党派的妇女友好合作的基础。”②

史良任主任委员的妇女指导委员会联络委员会，横向联络在武汉的各妇女团体，纵向联络各省新运妇女工作委员会和指

---

① 《目前的妇女救亡工作——史良女士访问记》，《新华日报》，1938年8月3日。

② 宋庆龄：《为新中国奋斗》，第132、135页。

导国民党党政军各部、院、会的新运妇工队，并可以妇女指导委员会名义，对动员妇女参加抗战建国的各项工作进行指导、检查和督促，是一个极为重要的部门。史良在武汉期间，以她卓越的才干和充沛的热情，在联络、组织和动员妇女方面，做了大量工作，促进了各妇女团体的联合。她领导的联络委员会，不仅包括了妇女慰劳会、女青年会、儿童保育会的代表，而且吸收了16个正式的妇女团体代表参加，另外还与9个团体的妇女工作部门也建立了工作关系。

妇女指导委员会联络委员会除联络武汉各妇女团体外，全国各省的女青年会、63个慰劳分会、17个儿童保育分会，以及其他43个团体，也在它的领导下，进行抗战建国的工作。[①] 后来在重庆，更发展到与全国各地的280多个妇女团体建立了工作联系。不容否认，妇女指导委员会一成立，便在史良等进步势力的影响、支持和推动下，促进了各阶层、各党派的妇女进行友好合作，在伟大的民族解放战争中起了积极作用。

史良认为，加强全民族统一战线，实行全面的、全民族的抗战，是争取抗日战争完全胜利的保证。她曾在一篇文章中指出："谁都不能否认，我们过去国家地位的降落，完全由于内部的纷争，给敌人乘隙，直到西安事变发生，获得和平解决，方从此国共两党相互谅解，建立了国内团结的基础。到了卢沟桥事变，外力的压迫，更促使两党进一步的密切合作。没有真正的反帝斗争，

---

① 《目前的妇女救亡工作——史良女士访问记》，《新华日报》，1938年8月3日。

就不会有国家的统一，尤其是对外抗战，才造成了民族统一的阵线。如果统一阵线不坚固，就谈不到抗敌的大任务。因此统一阵线的推动与巩固，就成了当前救国的唯一道途。谁破坏统一阵线，谁就是走向绝路上去，就是全国人民的公敌，我们大家要用全力来制裁他。”[①]史良把做好妇女指导委员会的工作，看成是妇女精诚团结，建立妇女抗日统一战线的重要条件之一，她把主要的精力投入到妇女指导委员会的工作上。

四、参加保卫大武汉

武汉三镇地处中原腹地，长江水路联络东西，平汉、粤汉两大铁路干线贯通南北，素有“九省通衢”之称，是日军进攻的主要战略目标。1938 年 6 月 12 日，日军攻占安庆，打开了沿江北岸西进的大门，揭开了进攻武汉的序幕。对此，国民党政府做了准备，一方面调集兵力，进行保卫武汉的防御作战，一方面号召全国军民保卫大武汉。

史良是一个杰出的妇女运动领袖，她懂得在这样的时刻，应该动员妇女一起参加保卫武汉的战斗。为此，她写了《对于动员妇女保卫大武汉意见》一文。她认为为着便利军事布置，疏散武汉人口起见，老弱而又有家累的妇女应该有计划地撤退，但在武汉还有大批热心救国的青年知识妇女、勇于牺牲的劳动妇女和爱护乡土的农村妇女，她们具备死守武汉的决心，有不可抗拒的

① 史良：《今年“三八”纪念中的特殊任务》，《新华日报》，1938 年 3 月 8 日。

战斗力，如果能够把她们动员起来，对于保卫大武汉，一定有很大的帮助。她说："西班牙政府军为着保卫马德里，曾经动员了十五万妇女，在前线在后方英勇的参战，现在她们这种伟大的努力，已经表现在全世界人士的面前了。为着巩固武汉，加强武汉防御力量起见，应该立即动员武汉卫戍区的青年妇女，在党政军各机关的领导之下，参加保卫大武汉工作。"她提出妇女在保卫大武汉中的具体任务是：（一）扩大保卫大武汉宣传运动，以加强民众保卫武汉的信心；（二）扩大救护负伤运动，广泛地训练救护人才；（三）加紧慰劳抗敌将士，以鼓励将士保卫大武汉；（四）迅速训练各种交通、运输、通讯等技术人才，代替男子担任一切后方工作；（五）扩大防空防毒运动，普及防空防毒教育；（六）协助政府遣散老弱有家累的妇女及儿童；（七）协助政府进行征兵募兵运动，鼓励富有民族意识的壮丁源源入伍；（八）普及军事训练、政治训练，参加军队政治工作及组织妇女自卫军；（九）扩大青年妇女战地服务运动，协助军队并动员战地农村妇女。[①]

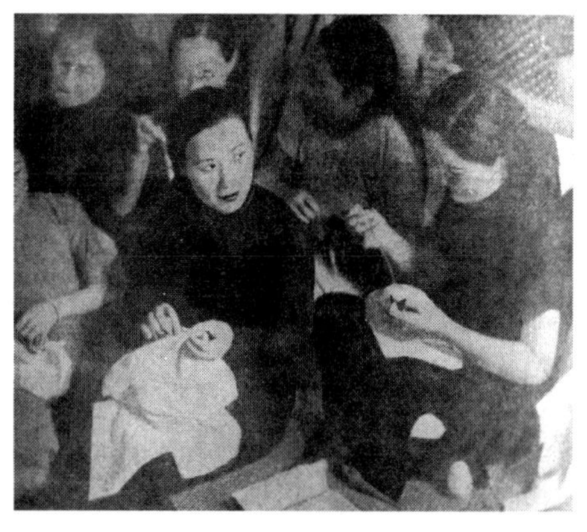

1938 年，史良和宋美龄等为抗日将士缝纫衣服。

① 《全民抗战》，第 3 号，1938 年 7 月 13 日。

同时，史良充分利用妇女指导委员会联络委员会主任委员的职权，组织武汉女青年会、妇女慰劳会、儿童保育会等20余团体，成立了武汉妇女代表座谈会。座谈会每两周召开一次，讨论“保卫武汉妇女应该做些什么”、“保卫武汉的工作已经成为刻不容缓的事，妇女怎样保卫武汉”等议题，提高妇女参与保卫大武汉的意识。

随后，在史良的领导下，首先举办了“妇女救护训练班”和“武汉妇女流动救护训练队”，以救护在炮火中受伤的战士和敌机轰炸下受伤的民众。其次是营救儿童的工作，成立了“儿童步行团”，将因缺乏交通工具而又亟待疏散迁运的儿童，以10个为1小队，5个小队为1大队，每1大队配备2名教师负责，向后方疏散。第三是组织“武汉难民妇女服务队”，替伤兵洗衣服和参加空袭后的救护工作。

8月上旬，武汉局势进一步危急。4日，史良以妇女指导委员会联络委员会主任委员的身份，召集代表30余个妇女团体的妇女领袖42人举行座谈会，商讨紧急动员武汉全体妇女，协助政府保卫大武汉工作。在史良的主持下，与会代表一致决定：(一)立即扩大救护训练班，登报征求救护人才；(二)动员知识妇女200人组织宣传队，扩大宣传运动，鼓励民气；(三)动员各妇女团体会员，协助战时儿童保育会，抢救难童；(四)为统一工作步骤，加强工作效能，成立各妇女团体联合办事处。

史良和广大妇女尽一切力量参加保卫武汉的战斗，然而终因敌我力量悬殊，保卫武汉一役经过4个月的苦战而告失败。

在武汉时期，为了推动成立一个在新的形势下团结面更为广泛的全国性的救亡团体，史良与在汉之原救国会同人、各民主党派、民众团体的负责人沈钧儒、左舜生、孟宪章、张西曼、阎宝航、许德珩等73人，共同发起成立全国抗敌救亡总会，[①]但由于国民党害怕人民抗日民主运动，不予立案，致使组织全国抗敌救亡总会的活动中止。之后，自1938年5月下旬至7月上旬，史良参加了沈钧儒、邹韬奋、沙千里、胡愈之、柳湜、杜重远、金仲华、钱俊瑞等救国会同人召开的座谈会，讨论是否需要成立一个自己的组织问题。经多次开会讨论，决定先成立一总的组织，"但在会名下不必加以总会之名称"。在讨论本会名称时，有提"抗战建国同志会"的，有提"抗战建国协进会"的，有提"救国同志会"的，史良则提议"抗战建国协会"，最后决定改用"抗战建国同志会"。座谈会讨论通过了政治主张等文件，提出本会以"团结民众救国力量，实现抗战建国方策，以求中华民国之自由平等为宗旨"。政治主张为：(一)拥护政府，拥护领袖，争取抗战胜利，完成民族解放；(二)巩固国内团结，完成国家统一；(三)辅助政府，动员民众；(四)加强民主机构，发扬民治精神；(五)实现言论、出版、结社、集会自由；(六)发展战时生产，保障人民生活；(七)实施战时教育，推进大众文化；(八)实行生活互助，养成苦干精神。[②] 座谈会决定成立经济、职工、教育、青年、文化、政治、妇女各部门，并推选了各部门人选，史良和沈兹九、胡子婴、罗叔

① 《救国会史料集》，第481～482页。

② 同上，第497～498页。

章、曹孟君为妇女部门成员。[①]

史良等救国会同人在武汉期间，为扩大抗日民族统一战线，建立一个团结各党派的全国性的救亡团体，开创全民抗战的新局面，最终因国民党的压迫，以及中共长江局领导人之一王明右倾错误的影响，而未获成功。

五、为数不多的女参政员之一

抗战爆发后，各抗日民主党派和民主人士一致呼吁建立抗日的民意机构，实行抗日民主。迫于压力，"八一三"淞沪抗战后，国民党在国防最高委员会下设置了国防参议会，延揽各方面的代表人物25人，共商国是。1938年3月，又在国民党临时全国代表大会上通过决议："在非常时期，应设一国民参政会。"大会制定的《抗战建国纲领》规定："组织国民参政机关，团结全国力量，集中全国之思虑及识见，以利国策之决定与实行。"4月7日，国民党五届四中全会通过《国民参政会组织条例》，规定参政员产生的条件，即凡在各省市、蒙藏地区、华侨居住地的公私机关团体和重要文化经济团体工作3年以上，"著有信望"或"努力国事信望久著"，年满30岁者，经地方政府和国防最高会议遴选，交国民党中央执行委员会决定。这种遴选办法，虽然确保国民党及其附庸能在参政会占有绝对多数，但也提供了中共、救国会、青年党、国社党、职教社、乡建会、第三党等其他政治派别的

① 沈谱、沈人骅编：《沈钧儒年谱》，中国文史出版社1992年版，第210页。

代表以及无党派的社会知名人士进入参政会。6月17日,国防参议会宣告结束,同时正式公布了第一届国民参政员200人名单,其中女参政员共有10人,史良是其中之一。

根据国民参政会组织体例规定,其有听取政府施政报告及对政府提出建议权、询问权(1940年又增加一项"调查政府委托事项"职权),并决议政府对内对外的重要施政方针,但此项决议必须经国防最高会议通过方生效力,因此它对国民政府没有约束力。不过与此前的国防参议会相比,无论其人数还是职权,都有所扩大,有"进一步团结全国各种力量为抗战救国而努力的作用,企图使全国政治生活走向真正民主化的初步开端的意义"。[①] 因此,国民参政会的设立,受到了各抗日党派及社会舆论的欢迎。国民参政会开幕前夕,史良向《新华日报》记者发表谈话说:"这一次参政会的代表虽由政府选派和决定,但其中有各党各派的代表,且来自各省各地,所以一方面表示出各党各派的团结,一方面也更能代表各方面的意见。""参政会的代表人数,约两百多人,其中女代表占二十分之一,数量虽不多,较之以前是大有进步,而妇女能积极参政,实为前所未有。"[②]她认为参政会的提案不在数量多,"而应该使之简单化,具体化,主要能见诸实行"。她希望各级政府机构能多吸收妇女工作人员,使妇女能参加抗战建国的工作。对于参政会的议案须经过最高国防委员会通过方能实行这一点,她希望政府当局能进一步明确具体的规定,使

① 《我们对于国民参政会的意见》,《新华日报》,1938年7月5日。

② 《国民参政会前夜史良女士意见》,《新华日报》,1938年7月6日。

进行迅速，更能体现民意。后来在第二次参政会召开时，史良认为应检讨一下第一次会议通过的议案，“彻底实行了多少，已经实行了的，当然没有问题，而其仍旧没有实行的，我们要研究一下它之没能实行的理由。如果是因为第一次的议案太不具体了，或者有什么毛病，我们要设法改良或修正”。[①] 史良对国民参政会满怀欣慰与期望。

作为为数不多的女参政员，史良十分珍惜争取到的民主权利。为了把全国妇女的呼声传达到参政会里去，7 月 4 日，她与在汉口的邓颖超、陶玄、罗衡、刘蘅静 4 位女参政员，召集各界妇女代表 100 余人开会，广泛听取她们的意见。这次会议提出许多有关动员妇女参加抗战建国问题的提案，如请求政府帮助妇女团体，动员和组织妇女参加抗战建国工作；训练妇女干部，建立全国妇女的统一组织；改良战时妇女生活问题；实行战时教育；普及识字运动，扫除文盲，并给妇女以职业、技术和军事常识训练；奖励积极从事抗战建国的模范妇女等。[②] 7 月的武汉正是炎热天气，但史良和与会者发言热烈，无人感到疲倦，会议自下午 4 时一直讨论到 7 时，始尽欢而散。

7 月 6 日至 15 日，国民参政会第一届第一次大会在汉口举行。会议期间，史良列名联署支持沈钧儒提出的《切实保障人民权利案》重要提案，其中指出国民党当局于抗战开始后，仍然继

---

① 《各党派参政员谈话》，《新华日报》，1938 年 10 月 29 日。

② 《武汉妇女界盛大集会，女参政员听取妇女意见》，《新华日报》，1938 年 7 月 5 日。

续实行专制，压制民主，破坏法治，不利抗战的行径："有毫无罪嫌之人民亦遭逮捕，有无法律根据之机关亦执行拘捕禁押之权，因而人民有忽然失踪者，有受刑拷打者，有已判决徒刑而又遭杀戮者，此皆确有事实可征。至若结社集会、言论出版，则时受限制，书报刊物，常被没收。立法原系保障人权，执行乃多违反法律本意，致使人民与政府之意见，未能完全沟通，正常派别，亦当难免隔阂。至于以前因政治见解不同而致遭羁押者，其羁押原因早经消失，中央宽大为怀，予以开释者固属甚多，惟尚有迄今仍在禁锢中者，致令一部分才智有为之士，末由参加神圣之抗战，似不仅有损中央德意已也。"[①]并针对此提出了 11 项补救改正办法。议案充分反映了包括史良在内的参政员要求保障人民的权利，以利抗战民主团结的真诚愿望。同时，史良在会中努力争取提高妇女的地位，竭力提倡妇女参政权。在讨论选举国民参政会休会期间驻会委员会委员时，她提出希望选举一二位女参政员在内。[②]

从此，史良暂停了自己的律师业务，利用国民参政会这个讲台和参政员拥有的"权利"，同国民党展开争取民主，反对独裁，以推进抗战的合法斗争。

---

① 国民参政会秘书处编印：《国民参政会第一次大会记录》，1938 年版，第 183 ~ 184 页。

② 《参政会旁听散记》，《新华日报》，1938 年 7 月 16 日。

第七章

抗战时期在重庆(上)

一、坚持团结抗战，声讨汪精卫叛国投敌

1938 年 10 月 21 日，日军占领广州。25 日汉口陷落，27 日武汉三镇全部沦于敌手。史良于武汉失守前几天撤离至重庆，住枣子岚垭犹庄 25 号。

抗战时期在重庆的史良

广州、武汉相继沦陷后，抗日战争进入相持阶段。日本在对国民党政府继续进行打击的同时，加强了政治诱降。11 月 3 日，日本政府发表建立东亚新秩序的声明，即第二次近卫声明，宣称："如果国民政府抛弃以前的一贯政策，更换人事组织，取得新生的成果，参加新秩序的建设，我方并不予以拒绝。"日本政府侵华新方略，遭到国民党内以蒋介石为首的亲英美派的严厉驳斥，另一方面加速了以汪精卫为首的一部分亲日派分子的叛国投敌活动。抗战开始后，汪精卫既任国民党的副总裁，又任最高国防会议副主席和国民参政会议长，但他却反对抗战，主张与日本妥协投降，与周佛海、高宗武、梅思平、陶希圣等组织了一个"低调俱乐部"，宣扬"战必大败，和未必大乱"的求降论调，并派高宗武等人到香港、上海、东京与日本秘密联系，商洽妥协投降条件。广州、武汉沦陷后，汪精卫对于抗战前途更加悲观失望。10 月 28 日至 11 月 6 日，一届二次国民参政会在重庆举行，汪精卫在会上公然鼓吹"凡两国战争终须和平，以我国积弱，非和平即亡国"，宣扬对日投降。史良一腔爱国赤情，她和其他各抗日党派参政员对此非常不满，坚决反对汪精卫等亲日派的妥协投降倾向。

在一届二次国民参政会召开前夕，即 10 月 26 日，重庆妇女界 500 余人召开大会欢迎史良和邓颖超、刘蘅静 3 位女参政员。史良首先在会上发表讲话，说明在广州不守，武汉放弃后，中国抗战在国际国内的趋势。她说：(一) 武汉的放弃是有计划的，是为了持久战、全面战，为了更有把握地争取最后胜利的战略撤退。(二) 国际的调解，并不能使中国屈服。中国抗战 15 个月来有了许多进步，特别是各党各派益加团结，是中华民族战胜敌人的主要保证。(三)外交方面,虽然法西斯势力猖獗,但世界大多数人民和民主国家是同情中国的。最后她要求大家共同检讨15个月来的民众动员工作,把抗战利益、民族利益放在第一位,坚决拥护政府抗战到底。[①] 在另一次妇女招待会上,她说:"现在大家的意见都集中在民族、国家的问题上,即是团结一致,抗战到底。目前的问题不是合作不合作的问题,而是怎样巩固团结,进行持久抗战。"[②]她针对汪精卫的妥协投降言论和行动,向新华日报记者发表谈话说:"外传种种谣言决不可信,妥协讲和是不可能的。"[③]

汪精卫决心叛国投敌,11月20日,他的全权代表高宗武和梅思平与日本代表影佐祯昭、今井武夫签署了卖国密约——《重光堂密约》。12月18日,汪精卫携其妻陈璧君以及曾仲鸣、何文杰、陈常焘潜离重庆飞昆明,次日和先期到达昆明的周佛海一伙10人,乘专机由昆明叛逃越南河内,29日,发表艳电,响应日本政府旨在灭亡中国的第三次对华政策声明,公开投降日本,堕落成为国人皆曰可杀的头等汉奸卖国贼。

汪精卫集团叛国投敌,激起全国人民无比愤怒,反汪讨逆声浪在全国各地迅速出现。1939年1月1日,国民党召开中央常务委员会临时会议,处理汪精卫一伙叛国投敌问题,决定永远开除汪的党籍,撤销其一切职务。2日,史良和沈钧儒、张申府、邹

① 《渝妇女昨欢迎女参政员》,《新华日报》,1938年10月27日。

② 《招待女参政员等茶会席上》,《新华日报》,1938年11月1日。

③ 《各党派参政员谈话》,《新华日报》,1938年10月29日。

韬奋、胡愈之、张仲实等20人，联名发表声讨汪精卫叛国投敌罪行的《快邮代电》，指出："汪兆铭背党叛国，通敌求和，违反国策，惑乱人心，固革命政党所不容，亦全国人民所共弃。""抗战到底，原属全国拥护之国策"，"乃汪兆铭竟认贼作父，甘为敌伥。征诸过去汪氏所发表之言论，其于内政外交主张，本已处处表现其妥协动摇之倾向。艳电发表，贼子用心，始乃毕露。"代电还指出：国民党中央采取断然措施，"永远开除其党籍，并撤除其一切职务，当机立断，义正词严，非特足以肃党纪，正视听，更可以安人心，振士气，破奸谋，固国本，威声所播，全国奋兴。"表示：我全国同仇敌忾之决心，绝不受其影响，我政府领导抗战之威信，更将因之增强。"我全国人民除坚决拥护政府抗战国策、领袖革命主张及中常会锄奸决议外，更应以此事变为殷鉴，提高对于汉奸国贼之警觉。自兹以后，凡属言论行动表现妥协动摇倾向之份子，均应随时揭发，严加制裁，以击破日寇之诡计，巩固革命之阵营。"①

二、支援抗战，领导妇女开展征募活动

史良始终坚信，占全国人口一半的妇女发挥力量和团结，参加抗日救亡工作，是坚持抗战到底的重要保证之一。她一到重庆，即为动员广大妇女参加抗战，全力以赴。她除了利用各种集会，发表演说，要求政府加强妇女的组织工作，彻底地开展妇女运动，强调"妇女运动应注意下层问题，广大妇女同胞，应一律享

---

① 《全民抗战》，第46号，1939年1月5日。

受教育，特别是给予有关抗战的政治、军事教育”①外，还充分利用妇女指导委员会联络委员会这个组织机构，采取实际步骤，组织广大妇女积极投入抗日斗争，做到有钱出钱，有力出力。

史良到重庆不久，便以妇女指导委员会联络委员会的名义，公开致信全国各地妇女团体，号召各妇女团体与联络委员会建立联系，协同开展妇女工作，并派工作人员到重庆各团体和学校了解各阶层妇女的活动情况。接着，联络委员会在宋美龄的提议下，发动在重庆各机关的女公务员及公务员眷属，成立了36个新生活妇女工作队，主要从事征募、慰劳、协助抗属、救济难童、提倡手工艺和扫除文盲等工作。

1939年的“三八”节到来之际，以史良为主任的联络委员会为了打破妇女运动的狭隘范围，将抗战动员深入到各阶层妇女中去，决定举办一次隆重的纪念活动。在“三八”节纪念活动筹备期间，联络委员会拟定了纪念“三八”节工作纲要，寄发到全国各地去。纲要包括纪念办法、宣传大纲、大会程序、标语口号、纪念歌曲等。结果，不仅重庆的纪念会开的隆重而又热烈，有四五千名妇女群众参加，会后，还举行了大游行，而且其他许多城市如成都、南昌、昆明、桂林、延安、香港等也都召开了有众多妇女参加声势浩大的纪念会，会后或举行游行，或举行义卖献金活动，或分赴伤病医院慰劳受伤将士。各地大会还通过“电请世界妇女援助中国抗战，制裁暴日”；“电请国际反侵略大会策动各国援华”；“电请政府协助生产合作事业，使妇女得到生活解放”；

---

① 《招待女参政员等茶会席上》，《新华日报》，1938年11月1日。

抗战时期，史良（右）与谢兰郁在重庆一次各界抗日群众大会上交谈。

“电请政府积极救济难胞，训练战区妇女”[①]等议案。情况热烈，体现了动员妇女支援抗战的精神，获得较大成功。

① 《各地纪念“三八”》，《新华日报》，1939年3月9日。

这年春天，重庆各方面人士为支援抗战，开展了献金竞赛运动，史良参与领导了妇女界的献金运动。由于开展了上述“三八”节筹备纪念活动，因此重庆妇女爱国热情高涨，献金出现高潮，仅第八日即3月5日这一天，即创纪录得献金632, 359余元。这个数目不仅超过以往7日的献金，而且超过第六日银钱、图书业的献金数额，是这天重庆各界献金的第一名。累计8天妇女献金共1, 396, 089元。这件事当时轰动了重庆，受到政府及各界人士的好评。中共在国统区的机关报《新华日报》，特地发表《“三八”前夜的妇女献金》的短评，予以肯定赞扬说：这几天轰动全重庆，甚至轰动全国的一件事情，是各业各界和个人的献金竞赛，尤使人兴奋和注目的是昨天的妇女献金，这不仅因为妇女界献金的日期正处在“三八”节的前夕，而加重了它的意义；不仅因为她们的献金数目达到了惊人的数字，而且这个数目竟超过了以往7日各界的献金，同时竟超过第六日银钱、图书业的献金。短评肯定说：“妇女占全人数的一半，她们必须发挥力量和团结，中国的抗战建国不仅需要男人，同时需要妇女！”[①]苏联《真理报》也发表文章说：自日本侵略开始以来，中国妇女为祖国自由奋斗最为活跃，前方后方都可看到中国妇女与其兄弟、丈夫共同保卫祖国，抵抗日寇。中国妇女之英勇行为，在中国民族解放战争史上，占光荣之一页。[②] 这是对包括史良在内的为支援抗战作出了重大贡献的广大中国妇女的肯定和赞扬。

---

① 《新华日报》，1939年3月6日。

② 《苏联真理报赞扬我国妇女》，《新华日报》，1939年3月10日。

自9月中旬开始，妇女指导委员会指导长宋美龄以蒋介石夫人的名义在重庆发动为前方将士征募寒衣运动，号召全国妇女完成征募50万件棉衣，送往前线，支援抗战。史良十分支持征募寒衣运动，她写了《透过寒衣运动的教育与组织妇女工作》一文，说："在这寒风袭人的深夜，又当前方拼命杀敌的紧张局面，谁不关心将士身上的衣薄，尤其与他们直接关系的抗属，更不断地怀念她的丈夫、儿子、兄弟的寒冷，这便是造成寒衣运动客观有利的环境。我们要把握住这个必要与可能的条件，掀起寒衣运动的巨浪，波动到每一个场所，每一个角落。……我们要达到或超越这个五十万件寒衣的数字，必须用各种方法向各处各阶层的民众去宣传，说明前方寒衣的需要，与前方将士的英勇事迹，以及敌我战事的形势，与国际的变化，使其了解这次战争和切身的关系，以及我们人民在抗战中应尽的责任。要说到他们心悦诚服，自动愿意捐工输款，表现他自己的责任，这便是已奠定了民族意识之初步教育基础。"[①]为了动员更多的家庭妇女参加征募寒衣运动，圆满地完成任务，史良在文章中提出两点建议：一是要用各种活的教育方法，如访问、讲述、歌唱、演剧等，来启发她们集体讨论，共同计划关于征募、缝制等技术问题；二是用组织的方法、组织的力量，动员家庭妇女参加寒衣工作。她除了亲自裁剪、缝制棉衣外，还经常到一些家庭去征募棉衣。这次征募寒衣运动，在史良等的努力下，一时间，在妇女群众中形成了为前线将士筹募棉衣的热潮，她们有钱出钱，有物捐物，钱多多出，钱

① 《时事类编特刊》，第43期，1939年11月1日。

少少出,圆满地完成了任务。

此后,在开展的其他支援抗战募捐运动中,史良都积极参与。总之,史良在重庆动员妇女征募资金、寒衣、军鞋,支援抗战,全力以赴,有一种拼搏精神和牺牲精神。同在妇女指导委员会联络委员会工作的陆慧年回忆说:“那时,她(史良)已放弃了律师业务,一心扑在妇女抗战救亡工作和参加各界抗日民主运动上。她在重庆南岸和市内都有寓所,但为了工作,她经常和同事们一块住在求精中学新运妇指会宿舍里,和大家一同在饭厅里吃那搀杂着砂砾的平价米,佐餐的常是一些缺油少盐的空心菜和带着长长根发的豆芽。”①

三、政治立场坚定,拒绝宋美龄的拉拢

由于妇女指导委员会是一个统一战线组织,内部包括国民党、共产党、救国会等党派,以及不同政治倾向的人,因此在开展工作中充满了微妙的斗争。史良大胆、坚定、机警、灵活,以坚定的原则性和高度的灵活性相结合的斗争艺术,在妇女指导委员会内依靠中共地下党员、救国会成员及其他进步人士与宋美龄等国民党妇女工作者合作,为宣传、动员、组织广大妇女参加抗战工作,作出了重大贡献。

尽管妇女指导委员会的宗旨是广泛地发动各界妇女起来做抗日救亡工作,然而真正实行的时候,经常遭到会内国民党女党

---

① 陆慧年:《史大姐,请无憾地安息吧!》,《群言》月刊,1985年第8期。

棍陈逸云、唐国桢的极力反对，她们害怕唤起两万万的广大妇女群众。每逢发生斗争的时候，史良总是采取既斗争又团结的方式，使工作顺利开展起来。那还是在妇女指导委员会未成立之前，《妇女生活》主编沈兹九召集陕甘宁边区妇联代表邓颖超等，救国会和进步文化界代表史良、李文宜等，基督教女青年会的代表邓裕志等，国民党代表陈逸云等30余人举行座谈会，讨论成立一全国性的妇女工作机构，更好地领导全国妇女的抗战活动时，史良根据事先和邓颖超、沈兹九、曹孟君等人的商议，提出征求宋美龄和李德全的意见，邀请她们参加，以体现妇女界抗日统一战线的广泛性。史良的提议，得到全体与会人员的赞同。会上，国民党代表陈逸云和唐国桢表示赞同筹备召开纪念抗战后第一个"三八"节，会后却指使国民党特务扬言要破坏"三八"节大会。为了排除国民党特务的破坏捣乱，史良受邓颖超的委托，亲自去请宋美龄参加"三八"节集会。宋美龄欣然应允。邀请具有特殊身份的"中华民国第一夫人"宋美龄出面负责领导全国性的妇女组织，出席"三八"节纪念大会，有利于团结各党、各派及无党派的妇女抗日力量，共同开展抗日救亡活动。

史良回忆说："每年'三八'节，都要为宣传口号问题发生严重争论，国民党的唐国桢、陈逸云等人，连全国妇女动员起来参加抗战的口号都要反对，因为动员起来，就要唤起广大妇女群众，而她们是最害怕群众的。在组织乡村服务队问题上也发生过争论，但每次争论我们都胜利了。"①

---

① 《史良自述》，第48页。

妇女指导委员会下属的总务、训练等9个机构的负责人，中国共产党方面被排斥在外，没有人担任职务，但每周或隔周，邓颖超、孟庆树、沈兹九就在史良的家里一起开会，讨论布置工作，同时还选拔了一些中共地下党员以及有社会声望、有群众基础和斗争经验的妇女领导骨干，分配在史良任主任的联络委员会、刘清扬任组长的训练组和沈兹九负责的文化事业组内，担任股长或训练班教导主任。一次，有400多个流亡的女学生被国民革命军总政治部主任陈诚收容，组成一个战时服务团，史良为了争取这批学生，设法将这个战时服务团弄到了妇女指导委员会下面来。后来这批学生在宣传抗战方面作了不少工作，其中还有一部分学生，由于思想进步而走上了革命的道路。[①] 可以说，在妇女指导委员会中，史良形式上接受宋美龄的领导，实际上她是在中共的领导下，主要依靠会内的中共地下党员、救国会成员和其他进步力量，从事工作的。

史良性格开朗豁达，善于交际和应付不同的环境，结交人士甚广。她和宋氏三姐妹宋庆龄、宋美龄、宋霭龄的关系都处得较好，她们都是她的好朋友。30年代在上海，因营救政治犯和参加救国运动，史良就怀着敬佩的心情和宋庆龄时有交往，宋庆龄也喜欢她。在武汉和重庆，由于妇女指导委员会的工作关系，她和宋美龄的过从很密切。因宋美龄的关系，又结识了宋霭龄。史良曾记述宋氏三姐妹为一个训练班的教育方针问题，而发生的针锋相对又充满戏剧性的斗争。那是在一个以各省主席的夫人

---

① 史良：《我的检查和交待》，1967年5月，未刊。

为主体的妇女训练班上，宋美龄说："你们都将有机会参加接待外国朋友的工作，一定要学会有关的仪节，例如吃西餐，怎样用好刀叉，就要学习。"她讲完以后，宋庆龄就提出异议说："今天中国妇女和中国人民不是会不会用刀叉吃饭的问题，而是有没有饭吃的问题。"说的宋美龄很窘，于是一向与宋美龄站在一起的宋霭龄赶紧出来打圆场说："今天妇女界的问题，我看还是团结问题。"[①]史良的记述，说明了宋氏三姐妹不同的思想基础。由于史良思想敏捷，能力强，工作打得开，又在社会上有声望，宋美龄把妇女指导委员会最重要的部门交给她负责，妇女指导委员会的许多事情交给她去做的，有时还让她代表自己出席会议并致词。如重庆市妇女界联谊会为响应《新华日报》支援抗战发起的义卖献金运动而召开会议时，宋美龄因故未出席会议，而委托史良向与会者转达了她对妇女同胞的勉励。[②] 再如，在慰问出征军人家属游艺大会上，史良代表宋美龄致词说："蒋夫人曾说过，国家到了这样危急存亡的关头，每个国民，都要尽其天职，来抵抗奋斗。前方的英勇士兵要拼命流血打仗，而我们妇女也要尽我们的责任，鼓励自己的丈夫、儿子、哥哥、弟弟去打敌人。蒋夫人并以全副精神设法告慰我们的前方将士，使他们的家属有工可做，使他们的子弟有书可读，这样才能使他们无后顾之忧，专心一志去杀敌。现在正拟办出征军人家属工厂，希望你们到市商

---

① 《史良自述》，第 49 页。

② 《妇女联谊会决定响应本报义卖献金》，《新华日报》，1938 年 12 月 14 日。

会去报名。”[①]史良代表宋美龄出席会议并致词，一方面给足了宋的面子，另一方面借宋的特殊身份，推动广大妇女群众参加抗战工作。

抗战前期，以宋美龄为指导长的妇女指导委员会，在国民党、共产党、救国会和无党派妇女工作者的共同努力下，在援助难童和受伤的军民，开展文娱活动进行慰劳前线官兵，教育农村妇女，出版杂志，恢复和改良手工业方法以发展地方生产，以及训练妇女工作干部和组织人员等方面，作了大量的、有效的工作。这和宋美龄所起的积极作用分不开。宋美龄因之也出了名，不仅国内妇女拥戴她，在国际上也有影响。美国纽约妇女俱乐部以她在“国难中组织领导全国妇女从事抗战，其无上果敢之精神，至可景仰”，[②]曾赠予她荣誉金章。史良也曾在一篇文章中称赞说：“蒋夫人宋美龄女士，她一向是妇女中的杰出者，但过去她的才能，她的魄力，她的对工作的热情，只表现在一般的，特别是航空和慰劳的工作上，但一九三八，这伟大的年头，激励了她，她把她的一切转移到二万万妇女同胞身上来，把全副精力贯注在妇女抗战事业上。”[③]然而，宋美龄的基本立场是维护国民党和四大家族的根本利益，为了加强国民党在妇女运动中的影响，她极力拉拢妇女指导委员会内的一些骨干成员和知名人物加入国民党。思想敏捷、工作能力强、在妇女界和社会上有巨大影响和

---

① 《慰问出征军人家属昨举行游艺大会》，《中央日报》，1939 年 3 月 1 日。

② 《新华日报》，1939 年 3 月 6 日。

③ 史良：《妇女工作的回顾与展望》，《妇女生活》，第 6 期第 11 期，1939 年 1 月 1 日。

号召力的史良，自然成为她的目标之一。一次，宋美龄请史良吃饭，蒋介石也在座。宋对她说："国民党需要增强新的血液，在国民党中央委员中，妇女就太少了。"还说："国民党的确腐败，你为什么不加入国民党，一道把它进行一番改革呢？"[①]并表示愿意作她的介绍人。但史良头脑清醒，有自己的主见，为了共同抗日，她可以同宋美龄合作，并保持良好的友谊，但不能模糊她们之间政治立场上的分歧，因此客气但是坚定地拒绝了宋美龄的拉拢。

宋美龄想拉拢史良加入国民党，史良也希望利用宋美龄的关系捍卫邹韬奋的生活书店。生活书店所出版的期刊和图书，主要是宣传抗日救亡的读物和马克思主义书籍，而且在抗战大后方各重要城市有50多处分支店，进步书刊空前流传，引起了国民党反动派的嫉恨。从1939年起，国民党开始查封生活书店，并逮捕生活书店的工作人员，仅4月至7月，短短几个月的时间，就有11家分店被查封，8名工作人员被捕。到了1940年6月，50多个分支店，被国民党打击摧残的只剩下6个分店。邹韬奋愤怒不止，不断地向国民党有关方面交涉，但毫无结果。于是一天，他问史良"有没有什么办法可以走一走门路"？史良立刻想到了宋美龄，认为她"最会做人，喜欢笼络人心"，想通过她向蒋介石"说情"。史良的想法得到邹韬奋的同意后，便打电话给宋美龄，约好时间来到宋的住处。当时蒋介石不在家，到中午时才回来。宋留史良和蒋介石共进午餐。在午餐席上，宋美龄向蒋介石提起史良的来意。史良也向蒋介石着重陈述"生活书店是抗战的

---

① 史良：《我所走过的道路》，日文版《人民中国》，1963年第7号。

书店，出了许多宣传抗日的书，为什么反被封闭呢？这太不公平了”。蒋介石听后，故作很惊讶的样子说：“有这样的事么，岂有此理！岂有此理！”还表示一定要去查。[①] 史良这次和蒋、宋的谈话，加上邹韬奋以参政员的身份，直接向议长蒋介石写信交涉，使蒋也担心生活书店在社会上的影响很大，迫害的太厉害，会引起社会上的反感。于是国民党党部从1940年7月起的半年中，暂时停止了对生活书店的查封和对其工作人员的逮捕。

四、赞同实行宪政，提议案与之相呼应

抗日战争进入相持阶段，国民党的政策由重点抗日逐渐转向防共限共方面。1939年1月，国民党召开五届五中全会，制定了“防共、限共、反共、溶共”的方针，并决定设立“防共委员会”。会后，国民党又颁布了《限制异党活动办法》、《沦陷区防范共党活动办法草案》等一系列秘密文件，并相继制造了袭击抗日军民，残杀共产党的山东博山、河北深县、湖南平江、河南确山等惨案。与此同时，叛逃到南京的汪精卫正紧锣密鼓地筹备召开“国民党六全大会”，企图以实现宪政蛊惑人心。为了遏止国民党政治上的逆转，争取民主政治和各抗日党派的合法地位，巩固团结，坚持抗战，挫败汪精卫集团的阴谋，各抗日党派参政员在国民参政会一届四次会议上共同掀起了一场要求结束国民党一党治，实行民主政治的宪政运动。在史良看来，要救国就必须抗

① 《史良自述》，第49～50页。

战;要争取抗战胜利,就必须巩固团结;要使团结巩固,又必须实行民主,抗日救国和政治民主不可分。因此,她在会上积极签名联署要求实行宪政的提案,同时领衔提议案与之相呼应。

1939 年 9 月 9 日,国民参政会第一届第四次会议在重庆开幕,包括史良在内的参政员共 172 人出席会议。会议开幕后,各党派参政员提出要求结束国民党一党专政,实行宪政,明确保障各抗日党派合法地位和改革现行政府的提案共有 7 件。这 7 件提案,按照《国民党参政会第四次大会议事记录》的顺序为:(一)国民党参政员孔庚领衔提的《请政府遵照中国国民党第五次全国代表大会决议案定期召集国民大会制定宪法开始宪政案》;(二)中共参政员陈绍禹领衔提的《请政府明令保障各抗日党派合法地位案》;(三)青年党左舜生、国社党张君劢和第三党章伯钧领衔提的《请结束党治立施宪政以安定人心发扬民力而利抗战案》;(四)职教社江恒源领衔提的《为决定立国大计解除根本纠纷谨提具五项意见建议政府请求采纳施行案》;(五)救国会张申府领衔提的《建议集中人才办法案》;(六)救国会王造时领衔提的《为加紧精诚团结以增强抗战力量而保证最后胜利案》;(七)张君劢领衔提的《改革政治以应付非常局面案》。史良对上述 7 个提案积极支持并签名联署。此外,她还单独提了两个有关妇女的提案,和要求实施宪政,结束党治的提案相呼应。这两个提案,一为《请中央切实改进女子教育以适应抗战建国之需要案》,一为《请政府从速救济抗敌军人家属以励兵役案》。

史良在前一提案中说:“我国妇女文化与一般男子比较,其落后固为明显之事实,但以同一级层,同一环境,甚至同一教育机关培养之中学以上之青年男女学生，其政治认识与普通常识，亦相差甚远。考其原因，绝非男女天生智力与兴趣之不同，实由于教育当局平日对于女子教育之政治认识、一般常识教育之忽略。其次，如妇女家庭教育，终年除家庭琐事外，绝不提及政治与一般常识。蒋夫人曾谓‘在抗战建国中要动员全国妇女参加一切工作，则知识妇女应起酵母作用’。但欲知识妇女之能起酵母作用，必须改进中学以上之女子教育，使其能在动员妇女及提高一般女子文化工作中，起真正之酵母作用。否则对于抗战建国之基本认识，以及女子在抗建中之任务，尚不了解，如何能执行教育与动员一般妇女之重任。”①为此，她提出以下补救方法：(一)请教育部聘定教育专家，将改进中学以上之女子教育，详加研讨，拟具适合于抗建中之妇女教育计划，通令全国中等以上之学校切实执行，并在半年后，进行严密考核，以促成效；(二)严令中等以上之学校当局，对于中学以上之女生，必须使其于课余之后，参加救国工作；(三)严令中学以上之女生必须举办各种社会问题、妇女问题、时事问题等集体研究会、讨论会、演说会、竞赛会等等，多方引起其对于政治及社会问题之兴趣。

在这次参政会召开前，《新华日报》记者就这次参政会的召开走访史良，她发表谈话，希望政府切实优待抗战军人家属，从多方面扶持妇女团体。她说：“谈到妇女工作，目前所感到最大的困难，就是民众团体往往从政府取得帮助太少，像经费的困

① 国民参政会秘书处编印：《国民参政会第四次大会纪录》，1939 年 11 月，第 146 页。

难，领导的不够，都加重妇女工作及民众运动的困难。民众动员的口号，早随抗战而提出，而已动员的民众离应有的程度，还是有相当距离。这次参政会应给以更多的注意。此外，工作干部的大量培养，也是决定工作开展的因素之一。”[①]因此，她在《请政府从速救济抗敌军人家属以励兵役案》中指出：“中央虽早经颁布优待抗敌军人家属办法救济抗属，惟各地政府迄未切实执行，以致抗属痛苦异常，鲜受实惠。根据各地调查结果，希望政府最低限度应解决下列各问题：(一)对于无依无靠、无自活能力之抗属，应设立养老院，或规定最低限度之生活费；(二)通令各地广泛组织代耕队，协助抗属耕种；(三)训练抗属妇女手工艺，并尽先安插其工作；(四)通令全国公私立学校一律免费收容抗属子弟。”为了使上述问题易于解决，她要求切实注意“改善各地协助抗属机构”和“确定协助抗属经费”两件事。[②]

9月15日晚间与16日上午，关于实施宪政的7个提案在重庆大学礼堂举行“扩大会议”，展开激烈讨论。据邹韬奋记述，国民党方面“出马参战”的有李中襄、许孝炎、陶百川、刘伯闵等，共产党方面有陈绍禹、董必武、林祖涵等，青年党方面有曾琦、左舜生、李璜等，国社党有罗隆基、徐傅霖等，第三党有章伯钧“匹马当先”，此外还有救国会派、职教派、村治派、教授派、东北派等参政员，[③]凡是热心宪政愿意参加该问题讨论的参政员都到了。由

---

① 《参政员史良谈话》，《新华日报》，1939年8月25日。

② 《国民参政会第四次大会纪录》，第109页。

③ 韬奋：《经历》，第232页。

此我们可以认定,史良也参加了讨论。经过唇枪舌剑的激烈辩论,一届四次国民参政会终于通过了《请政府定期召集国民大会实行宪政决议案》。决议案内容分治本与治标两项办法:甲、治本办法:(一)请政府明令定期召集国民大会,制定宪法,实行宪政;(二)由议长指定参政员若干人,组织国民参政会宪政期成会,协助政府促成宪政。乙、治标办法:(一)请政府明令宣布,全国人民除汉奸外,在法律上,其政治地位一律平等;(二)为适应战时需要,政府行政机构应充实并改进,借以集中全国各方人才,从事抗战建国工作,争取最后胜利。①

实行宪政决议案通过后,蒋介石根据所定办法,指定参政员19人(后增加6人,共25人)组成国民参政会宪政期成会,其主要任务是"协助政府促进宪政"。史良被推举为宪政期成会成员之一,也是唯一的女参政员。她还被选为国民参政会休会期间的驻会委员。国民参政会一届四次会议后,史良全身心地投入宪政运动。

五、维护妇女参政权,重庆妇女界宪政运动的主要领导人

国民参政会第一届第四次会议闭幕后,史良一方面参加国民参政会宪政期成会,讨论并修定1936年制定的《中华民国宪法草案》(即"五五宪草");另一方面,她积极领导重庆妇女团体

① 《国民参政会第四次大会记录》,第95页。

开展宪政讨论，推动重庆妇女界宪政运动蓬勃开展，努力争取和维护妇女的合法参政权。

11 月 12 日，在新生活运动促进会妇女指导委员会领导下，重庆妇女界召开了第一次宪政座谈会。到会的有妇女慰劳会重庆分会、反侵略分会、陕甘宁边区各界妇女联合会驻重庆代表团、难民妇女服务团、重庆妇女会、东北救亡总会等 27 个妇女团体代表、女学生代表共 100 余人，由史良任主席。她在会上介绍了国民参政会第四次大会讨论并通过实施宪政议案的情形，并说："妇女宪政会，不但在重庆是第一次，恐怕在全国各地也是创举。……这一切表示了各界姊妹们对宪政运动的热烈。"①接着讨论宪政。会前由史良等准备有讨论大纲，内容是：第一，什么叫做宪政？内分（一）宪法与宪政的关系；（二）国民大会代表的产生问题；（三）国民大会组织法、选举法的探讨；（四）我们要求实行的是那种宪政。第二，抗战与宪政的关系，内分（一）实行宪政是否分散对外力量；（二）会不会增加党派摩擦；（三）对于三民主义及抗战建国的重要性。第三，目前人民的教育程度及道德程度是否能够实行宪政。第四，妇女怎样来推行宪政，分为（一）举行座谈会；（二）举行演讲会；（三）成立研究会；（四）多写宪政问题的文章；（五）利用各种机会宣传宪政等。②

这次座谈会着重讨论第一个问题，"什么叫做宪政"？刘清

---

① 《重庆廿七妇女团体热烈讨论宪政》，《新华日报》，1939 年 11 月 13 日。

② 《重庆妇女推行宪政运动感言》，《妇女生活》，第 8 卷第 5 期，1939 年 12 月 5 日。

扬、韩幽桐（两人均为救国会人士）、张玉琴、廖似光、张晓梅（3人均为陕甘宁边区各界妇女联合会驻重庆代表），以及陈逸云（国民党）、范元甄、邓季惺等，都发表了自己的看法。会议发言踊跃，气氛热烈，是前所未有的。有人评论说："这是说明了重庆妇女对实施宪政已经有了热烈的企求，同时也可说明重庆妇女界对于政治已经有了兴趣。是的，实施宪政，就是实施民主政治，而民主政治是妇女界所渴望的，因为妇女是被压迫群呵！"①

第二次妇女宪政座谈会于26日召开，讨论题目为《宪政与抗战的关系》，到会350余人。② 史良仍为会议主席。这次会议发言比第一次更为热烈。史良在总结发言中指出，只有实行宪政，集中各方意见，才能团结全国民众，参加抗战。实行宪政，承认各方面力量，才能巩固全国的统一和团结；实施宪政，是实现民主政治，也就是实现三民主义；实施宪政，可以增强抗战力量，促进建国成功。③ 为了扩大宣传起见，决定各妇女团体组织会员开座谈会，敦请对宪政有研究者举行讲演会，联系各报副刊刊登有关妇女宪政的文章等。

妇女宪政座谈会从1939年11月开始到1940年3月，共开

---

① 《重庆妇女推行宪政运动感言》，《妇女生活》，第8卷第5期，1939年12月5日。

② 《渝市各妇女团体开二次宪政座谈会》，《新华日报》，1939年11月25、27日。

③ 夏英喆：《重庆妇女宪政座谈会缩影》，《妇女生活》，第8卷第6期，1939年12月20日。

过7次会议,先后讨论了宪政的意义,宪政运动的产生和发展,宪政与三民主义的关系,宪政与抗战建国的关系,宪政与妇女的关系及宪草的内容等,取得了圆满的结果,统一了思想认识,得出了正确的结论。座谈会认定:"实施宪政即实现三民主义;实施宪政不能与抗战建国分离;如要巩固团结和加强抗战力量,非实施宪政不可;妇女参政运动必须随着宪政运动的实施,才能得到成功。"①

宪法是宪政的基础。对于宪法草案,妇女们提出的要求,除了在有的条文中须加上"不分男女"四字,以贯彻男女平等的原则外,其中最主要的一条,就是宪草中关于妇女地位的问题,亦即宪草"国民大会"一章中,妇女代表名额必须有明确的规定。这实际上是史良自己的主张。她还具体提出妇女代表至少应占20%至30%。在当时虽然人们对于宪政问题比较热心,但对于妇女讨论宪政却不很重视的情势下,重庆妇女界的宪政运动颇具声势,在重庆各界的宪政座谈会中,"最有成绩"。② 这与史良等人的努力推动分不开。

在第一次宪政运动期间,史良显得格外繁忙,特别是国民党五届六中全会表示接受国民参政会的决议,规定1940年11月12日召开国民大会,制定宪法,实行宪政,给史良以极大鼓舞。如上所述,她领导组织了7次重庆妇女界宪政座谈会,在每次座谈会前,都做了精心设计和安排,提前拟好座谈会的主题和研究

---

① 《渝市各妇女团体昨招待女参政员》,《新华日报》,1940年4月7日。

② 《宪政座谈会等招待宪政期成会会员》,《新华日报》,1940年3月23日。

讨论的要点,印发给邀请出席座谈会的人士。同时,她作为国民党官方的国民参政会宪政期成会成员,她还参加了宪政期成会举行的会议,在各方面对“五五宪草”所提意见的基础上对其进行修改,并拟成修正案,以供国民参政会一届五次会议讨论通过。此外,她还任宪政促进会常务委员会委员,参加该会组织的座谈讨论会。宪政促进会其他常委有张君劢、沈钧儒、孔庚、董必武、沙千里、秦邦宪、左舜生、张申府、章伯钧、章乃器、张友渔、曹孟君、于毅夫等人。

究竟怎样才能使宪法中规定的妇女平等权利得到真正实现,这是史良所关注的一个重要问题。她认为:“五五宪草”从形式上看,对妇女似乎平等,并且在国民经济章中还有一条规定对妇女予以特别保护,但如果国民大会代表妇女名额的问题不解决,则整个宪法所给予妇女的平等权利都不能兑现,等于空文。因为在国民大会中妇女所要提出的问题,绝对不是她们的父兄或丈夫所能完全代表的。但依照“五五宪草”上国民大会代表产生的办法,妇女简直没有当选的可能。例如,区域选举规定人口在30万以上者,选出代表1人,以目前妇女在政治、社会、经济等方面的现实状况来看,妇女绝无可能当选。职业选举规定,职业代表应在各省市职业团体中选出,现在妇女在各业中的地位如此低落,当选更非易事。又选举中有特别选举一项,其中包括边疆代表、华侨代表以及军队代表,妇女也无可能获选。此外,由国民党政府指定的240个代表名额,虽可有若干妇女被指定,然而这也不过限于少数知名的妇女而已,这些妇女很难说能真正反映妇女界的痛苦和真正要求。因此,史良极力要求规定妇女代表至少应占20%至30%[①],以保证妇女参政。这是前人未曾提出过的,在半封建半殖民地的旧中国为妇女争权到如此地步,实在是一种创举。而且综观各国宪法,只谓妇女选举与被选举权和男子同等,绝无在宪法上规定妇女应予以代表若干人。于此尤见史良的远见卓识。

史良提出的这个问题,在宪政期成会引起了激烈的争论。有一位男会员曾问她:"为什么代表全国妇女放弃其余百分之二十或三十的代表名额?"[②]这一质问虽很技巧,她的回答却很简单:现在还做不到男女的完全平等。她说:"妇女占国民人口的一半,原应当有半数代表妇女说话的人,因为妇女切身的利益和痛苦,不是男子能完全代表的。假如参加竞选,也可能希望有百分之六十、七十代表被选。现在我们顾及事实,只要百分之三十的名额,而且在十五年后情形变更,这项规定也可以取消。"[③]史良认定:"从我国历史的实情上,相信在目前男女要做到绝对平等还无法实现。所以我以为我们妇女宁可不要形式上的男女平等,而坚决地要求切实能行的适当的妇女代表名额。假如宪法上规定国民大会中妇女代表名额最少有百分之二十的话,我们妇女代表就有百分之二十的保障,否则百分之一的希望也没有。"[④]由于史良为维护妇女合法的参政权利而进行了不懈的努力和必要的斗争,"于宪政期成会上,曾在二十四位男会员,对一

---

① 《本刊第四次宪政座谈》,《宪政月刊》,第5号,1944年5月1日。

② 同上。

③ 《三位女参政员谈宪政》,《现代妇女》,第3卷第5期,1944年1月。

④ 同①。

个女会员之恶劣比率下"，"结果居然通过了国民大会中特设妇女代表名额一项"。[1]

要吸收妇女参政，保证国民大会中有足够的妇女代表，这在当时妇界是没有分歧的。但是在怎样吸收妇女参政，国民大会中的妇女代表如何产生的问题上，主张就不同。1940 年 3 月 11 日，国民党中央社会部妇女运动委员会主任委员、马超俊的夫人沈慧莲举行茶会请客，来宾 33 人，有 20 多人都是妇女运动委员会成员，史良就是其中之一，其他有些是沈的朋友。开会后，沈慧莲即提议发起组织"国民大会妇女竞选会"，向政府请求于 240 名指定代表中，多选妇女充任，并主张即席推出筹备员进行筹备。史良当即表示：妇女参加竞选用意很好，但因现在所到的妇女代表，既不能包括重庆各界妇女，更不能代表全国妇女，建议至少须邀请重庆各妇女团体（计有 66 个单位）共商进行。可是大家未能了解她的真意，都主张马上就产生筹备会。史良说："妇女竞选，本是个广泛的宪政教育运动，必须有各界妇女参加，才不失民主的真意，对于大家很草率的马上要产生筹备会，不敢苟同。"她即席声明"放弃该会（茶会）中之选举权与被选举权"。[2] 结果，当天还是推定刘蘅静、朱纶、唐国桢、庄静、徐闿瑞、劳君展、陆晶清、史良等 9 人为筹备员，进行筹备事宜。[3] 事后，史良和刘清扬于 14 日去拜访沈慧莲，仍以上次的意见提供她参

---

① 《本刊第四次宪政座谈》，《宪政月刊》，第 5 号，1944 年 5 月 1 日。

② 《史良先生谈妇女竞选运动》，《新华日报》，1940 年 3 月 31 日。

③ 《妇女界发起组织国民大会竞选会》，《新华日报》，1940 年 3 月 12 日。史良虽也被推任筹备委员，但因上述原因她拒绝了。

考，希望重庆各妇女团体都能参加筹备，但未获结果。

18日，在史良的倡导下，重庆妇女团体举行谈话会，共到37个单位，对于筹组国民大会妇女竞选问题，一致决定每一个团体必须推一个代表参加筹备会，并当场推定妇女指导委员会、国民革命军总政治部妇女工作队等7个团体为代表，于次日赴国民党重庆市党部向洪兰友接洽。19日，洪答复并向代表保证，如果各方面未商量妥切，决定延长筹备时间。但31日国民大会妇女竞选会还是开了成立大会。史良拒绝出席成立会，并于当日和韩幽桐主持召开了有百余人参加的宪政座谈会，以示抵制。史良向《新华日报》记者发表谈话说："本人始终认为，妇女竞选运动，必须建立在群众基础之上，才是真正民主的表现，否则只有少数人参加，结果无异闭塞了妇女解放运动之门。"①

史良强调妇女的参政运动不能与整个民主政治运动相分离，国民大会妇女代表必须包含各方面的成分，显然，是从为妇女大众谋利益的立场考虑问题，她的意见和主张是正确的，而沈慧莲等人则是为了谋取个人的私利。

4月2日，《新华日报》记者走访了冯玉祥的夫人李德全，倾听她对国民大会妇女竞选会成立经过及对妇女参加国民大会竞选意见。她是31日国民大会妇女竞选会成立大会被选的理事之一。李德全说："上月三十日，国民大会妇女竞选会假外宾招待所招待各界，本人未接得通知，亦未与会，故一切情形及筹备经过等均不知悉。三十一日，妇女竞选会举行成立大会，适因事下

---

① 《史良先生谈妇女竞选运动》，《新华日报》，1940年3月31日。

乡，致未参加。事后阅报端所载，始略知一二。至对妇女参加竞选运动之意见，本人认为国民大会妇女必须参加竞选，且妇女代表名额至少须在百分之三十以上。但妇女参加'国大'竞选，其动机必须站在民族的立场上，而为妇女大众谋福利者，并非为个人利益而参加竞选；也只有站在民族的立场上为妇女大众谋利者，始能得人拥护，始能当选。反之，以个人利益为出发点者，必遭失败。就此次国民大会妇女竞选会，本人当选为理事之一，但因本人既未知悉于前，故亦不拟参加。相信与我抱同样态度者，或有人在。"[①]李德全最后还感慨地提及从前她在南京时，也曾参加妇女竞选之组织，后因洞烛其无非为个人牟利着想，故及时退出来了。由此可以看出，李德全完全支持史良，《新华日报》也是支持史良的。

从妇女参加竞选问题上的严重意见分歧，也可以看出，在妇女统一战线内部存在斗争的情况。

4 月 6 日，重庆各妇女团体招待女参政员。此时国民参政会第一届第五次大会正在召开中。史良在招待会上报告了她在宪政期成会争取到的东西：(一)关于人民的权利与义务部分，宪政期成会准备在纪录中加上附记，记入她所提出的妇女应与男子在法律、经济、政治、教育上享有同等权利；(二)关于国民大会妇女代表问题，宪政期成会已通过；(三)关于宪草第一百二十四条中，附记上对于妇女和儿童参加劳动者，应按其年龄及其身体状况予以特别保护。史良在发言中强调："妇女的地位要由妇女自

① 《冯夫人谈妇女竞选的立场》，《新华日报》，1940 年 4 月 3 日。

己争取来的。我们要学习人家（指苏联），在教育、宣传方面，从今天起我们要从下层工作做起，只要下层工作做得好，我们就不用怕什么阻挡。苏联姊妹们也是靠自己的努力争取来的。”[①]全场对她的发言，报以热烈的掌声。韩幽桐在发言中，希望各位参政员“能巩固和发扬史良先生在宪政期成会中几经艰辛而争取得来的胜利”。[②]

在国民参政会第五次大会上，各抗日党派参政员为争取实现民主宪政，作了最后的努力。由宪政期成会综合救国会、共产党的参政员，和罗文干、罗隆基、陶孟和等参政员分别提出的对“五五宪草”的修正草案，以及史良代表妇女界提出的修正意见，事先拟定了《中华民国宪法草案（“五五宪草”）修正草案》和附带说明书，提交大会讨论通过。但由于“五五宪草”之修正草案中对政府行政部门的权力有较多的限制，对国民大会及其休会期间增设的国民大会议政会的职权有较大的扩大，将削弱国民党的专制制度，影响到国民党的绝对统治地位，因此，修正草案和附带说明书遭到国民党参政员的反对。特别是蒋介石公开对“五五宪草”之修正草案中“牵制政府势力之规定表示不满”，[③]当场演说批评斥责。结果，大会未予认真讨论，即由蒋介石以议长身份匆忙作出决定，将修正草案和附带说明书及反对意见，一并送交政府，实际等于长期搁置。史良等参政员多日来努力搞

---

① 《渝市各妇女团体昨招待女参政员》，《新华日报》，1940 年 4 月 7 日。

② 同上。

③ 《王世杰日记》，1940 年 4 月 6 日，台北，1990 年影印本。

成的《中华民国宪法草案（“五五宪草”）之修正草案》，就此被无形打消，抗战时期第一次宪政运动到此也就落幕了。

史良在这次大会上还提了两个关于妇女运动和妇女切身利益的提案：一为《请政府于各级政府预算中规定妇女工作经费以利妇运案》，一为《请政府通令全国各机关不得禁用女职员案》。前一提案说：“抗战以来，妇女参加各种工作，尤以保育儿童，协助抗属，救护慰劳等事，有不能缺乏妇女工作之处。但各种工作之完成，经济有决定之力量。在新生活妇女指导委员会与全国各地联系之二百八十五个妇女团体的工作报告中，均有经费毫无着落，工作不能开展之困难。为了扶植妇女工作，加强抗战力量起见，应请中央、各级政府预算中，规定妇女工作经费，以利妇运工作。”[①]后一提案指出：“男女平等，为总理遗教及现行法规所明定，尤其在抗战期中，应动员全国人力，始能争取最后胜利。但在各机关竟公然禁用女职员，此种剥夺妇女参加工作机会，不独有失男女平等之原则，更属削弱抗战力量，应请政府严厉取缔。”[②]这两项提案都获得大会通过，并议决送请政府酌办。然而又有什么用呢？国民参政会此时已成了国民党粉饰其一党独裁专制的一种摆设机构，它的决议政府可以敷衍搪塞，甚至置之不理。实际上，这两项提案后来也没有任何结果。

这年元旦，史良与相恋了多年的难友举行结婚仪式，正式结

---

① 《国民参政会第五次大会纪录》，第 87 页。

② 同上，第 87 ~ 88 页。

合为夫妇。[①] 此时史良已经40岁,陆殿栋也已33岁。这在旧中国是相当晚婚了。对于史良这样一位大名鼎鼎、一表人才却一直保持独身的人物,难免引起一些人的种种猜疑,有人问她对于女子独身的意见。她说:"我始终没有提倡过独身主义。我觉得独身并不是一件高尚的事情,结婚也不是一件低微的事情。高兴结婚就结,不愿意就不结。不过为着要免除工作事业的阻碍(如生育与家务事麻烦等),结婚就算是私人的幸福,也只有牺牲一点,多做些工作与事业。"[②]"我是要拿我的事业作前提的,也许就牺牲了自己的幸福。看到一些婚后放弃了少女时期的抱负的人,我真害怕呢。女人不能那么懦弱!"[③]由此看来,史良并不提倡独身主义,认为结婚不结婚完全是个人的私事和意愿,她是以自己的事业做前提,为了多做些对社会、对人类有益的工作,宁愿牺牲一些个人的幸福。

---

① 一直以来发表的有关史良的文章,均说史良、陆殿栋1937年结婚。据沈谱、沈人骅编《沈钧儒年谱》:1940年元旦,沈为二人证婚,并担任主婚人,二人应在1940年1月1日正式结为夫妇。

② 韬奋:《经历》,第126页。

③ 子冈:《史良律师访问记》,《妇女生活》,第2卷第4期。

第八章

抗战时期在重庆（下）

一、继续从事律师业务

国民参政会第五次大会后，第一次宪政运动被国民党完全破坏而消沉下去。接着国民党顽固派又发动了第二次反共高潮，制造了震惊中外的“皖南事变”。重庆的一些抗日党派也受到了压迫，被视为“共产党尾巴”的救国会，自然首当其冲。由于国民党加强其专制统治和对民众运动的压制，加上妇女指导委员会内的一些共产党员和进步人士被迫撤离，妇女运动工作无法开展，史良在这种政治逆流下，便退出妇女指导委员会，决定继续从事律师工作，以保障人权，同国民党的专制压迫作斗争。1941 年 4 月 1 日，史良加入了重庆律师公会，被选为后补理事。[①] 她在枣子岚垭犹庄 25 号寓所开办了律师事务所。和她一同恢复律师业务的，还有救国会同人沈钧儒和沙千里等。

史良的律师事务所开业后，接办的第一件案子便是重庆中华药房状告市公安局强占民房的案件。

1941 年 12 月 18 日，史良被中华药房经理张九皋聘请为该药房常年法律顾问，代表药房与福民实业股份有限公司打官司。

---

① 《重庆律师公会会刊》创刊号，1942 年 7 月，第 41、52 页。

中华药房自1933年和1935年先后租赁赖郁周在重庆市的两处房屋作为营业地址后，按照双方所订契约，每年照约付租，且房租已预交至1942年9月。不料赖郁周于1941年上半年将其中一处房屋（即林森路25号门面房）售与福民公司。该公司遂压迫中华药房立即搬迁。中华药房依据契约，拒绝迁移。6月，业主赖郁周向重庆地方法院控诉，但其诉状被驳回，诉请失败。8月20日，福民公司出面，请求重庆市社会局调处。于是社会局通知药房搬迁，并限于11月底以前搬迁完毕。中华药房以双方所订契约和地方法院的判决，要求社会局再行调处。12月13日，社会局第二次调处，裁决如下："查中华药房与原业主赖郁周尚有债务纠葛，已在地方法院涉讼有案，自应饬候法院解决。该张九皋所请转函警察局免予饬令搬迁，尚无不合，应候函知。"[①]旋社会局并批示："呈悉。业经准如所请，迳函警察局第一分局免予饬令搬迁矣。仰即知悉。"然而福民公司置社会局之裁决、指示于不顾，18日上午，在警察局第一分局强制执行下，纠集搬运工和职员50余人来到药店，气势汹汹，不容分辩，强将该药店全体员工驱逐出店，并将营业部经理、职员等5人扭入警察局第一分局。19日，又将中华药房门面招牌、货架药品以及所有家具等全部捣毁，挂上福民公司的招牌。其武力霸占行为，"实属违法已极"。21日，史良根据此事实与法律，代表中华药房在大公报上刊登启事，对福民公司的武力侵占行为提出警告，要求该公司

① 《史良律师代表中华药房警告福民公司启事》，重庆《大公报》，1941年12月21日。

赔偿中华药房生财家具及业务、名誉上的一切损失。

26日，福民公司也在大公报上登载《答复重庆中华药房经理张九皋、史良律师代表中华药房启事之启事》，对史良提出的警告启事故意颠倒事实真相，惑淆观听。28日，史良对此进行了驳复：

（一）关于该房屋租赁问题。史良指出：民法第425条明文规定：出租人于租赁物交付后，纵将其所有权让与第三人，其租赁契约对于受让人仍继续存在。因此，“中华药房与赖郁周所订之租约，自仍对新买主福民公司继续有效，并不因所有权人移转而消灭其租赁关系，中华药房即无向新买主福民公司重行投佃立约之必要”。所以，该福民公司启事称药房不愿投佃不给付租金，“显属违反事实，并于法无据”。

（二）关于社会局调解问题。史良指出，社会局两次做出调解，当然对于第一次调解结果，自属失效，“福民公司故意根据在法律上已经视为失效之第一次调解通知，朦请警察局第一分局强制执行，以致演成武力侵占，非法搜捕等情事发生。此种刑事责任之谁属，自有国法制裁，决非饰辞狡辩所可指白为黑，颠倒是非也！”①

（三）关于福民公司武力霸占部分。福民公司在启事中声称，中华药房于19日在其营业部经理张厚祥负责下搬迁，当时警察局派人率警并会同保甲长在场照料，所有物件由该药店职

---

① 《史良律师代表中华药房驳复福民实业公司答复本律师代表中华药房启事之启事》，重庆《大公报》，1941年12月28日。

员搬集一处。史良指出，张厚祥和职员马永良等5人已于18日被逮捕监禁，其他职员全被驱逐出店，次日又将药店门面招牌等物全盘捣毁，药店托人摄有捣毁与霸占照片为证，可见该启事"信口雌黄，怂人听闻，直不知视法律为何物，置政府官厅于何地？"

史良根据事实与法律，字字真实的辩驳，终使中华药房取得胜利。史良后来回忆说："我退出妇女指导委员会也是在1941年，当时我已在重庆恢复执行律师业务。在我恢复律师业务后，第一件案子是国民党反动派的重庆市公安局强占民房的事件。我代表当事人大中华药房[①]在重庆的大公报上，以半版篇幅向反动政府公安局的违法行为进行了公开谴责，激怒了反动派。蒋介石亲自向妇女指导委员会进行申斥和威胁，我被迫退出妇女指导委员会，[②]但我继续坚持向压迫人民的黑暗势力进行斗争。后来，大中华药房案件终于在舆论支持下取得胜利。"[③]

中华药房案件是史良恢复律师业务后接手的第一件案子，她敢于公开抨击国民党政府机关，为受压迫者辩护的勇敢行为，赢得了好评，不少企业、工厂、个人纷纷聘请她做常年律师顾问，如她受任为交通旅馆、重庆震华药房、长江制药厂等企业、工厂的常年法律顾问，为受官僚垄断资本经济迫害的中小企业辩护，为个人生命、财产、名誉受到压迫者进行辩护。

---

① 大中华药房即中华药房。

② 史良此处回忆有误，他退出妇女指导委员会应在处理中华药房案件之前。

③ 史良：《我所走过的道路》，日文版《人民中国》，1963年第7号。

二、共产党的真挚朋友

史良与中国共产党的关系，经历了这样一个过程，即：从最初的对中共党员为反对帝国主义封建军阀的反动统治视死如归，而深受感动和教育，到出于反对国民党对进步人士的迫害，同情支持中共，为被捕的共产党人进行辩护和营救；从在民族危亡之际，受中共抗日民族统一战线政策的影响，投身抗日救亡运动，到成为中国共产党的事业积极支持者和中国共产党的忠实盟友。

如前所述，1927年史良大学毕业，分配至南京国民革命军总政治部政治工作人员养成所工作，因讨厌上司的国民党官僚兼党棍的嘴脸，当面顶撞了他，被逮捕入狱。在牢房里，她亲见许多共产党员受尽苦刑而坚贞不屈，有的赴刑场时还引吭高歌，视死如归，这深深地感动和教育了她。她写诗表达对中共党员高尚品质的赞扬和对国民党镇压革命志士的憎恨：一个正直的人，具有高尚情操的人，宁可冤屈不死，也不会在任何情况下同恶势力妥协！

30年代初，史良从事律师职业，受中国民权保障同盟的发起者和领导人宋庆龄的委托，利用自己谙练的法律业务知识，作了许多营救政治犯的工作，如为左翼作家艾芜、共产党人邓中夏、任白弋、熊瑾玎以及贺龙的家属等进行辩护和营救。她还参加了中共设在上海的外围组织革命互济会，并担任律师，同时互济会的上海负责人在她的律师事务所担任帮办，以事务所工作人员身份对外公开活动。从此史良与中共建立了联系，用她自己的话说，“实际上这就是党在领导我的业务”。

1935年，日本继侵占我东三省后又进一步向华北发动进攻，民族危机进一步加深。中国共产党发表“八一宣言”，主张停止内战，全国各党派、各界、各军队团结起来，组成抗日民族统一战线，为抗日救国的神圣事业而奋斗。史良接受了“八一宣言”的主张，领导上海各界妇女，成立了上海市第一个抗日救亡团体——上海妇女救国会。随后，她全身心地投入救亡运动，以至于和沈钧儒等人遭国民党逮捕，成为有名的“七君子”中的女君子。他们的救亡爱国行动，“始终忠诚地跟着共产党走，跟国民党反动派进行誓死的斗争”。①

抗战爆发，国共两党实现第二次合作，史良与中国共产党人，特别是和周恩来、邓颖超有了更多地接触。无论是在武汉还是后来在重庆，邓颖超经常邀集史良、刘清扬、罗叔章、安娥等一些进步妇女界的领袖和骨干，以及一些秘密女党员举行座谈会，一起分析形势，传达中共的方针政策，研究妇女工作问题，而座谈会的地点，有时就在史良的家里。这使史良进一步比较深刻地了解了共产党。抗战前期，史良担任妇女界统一战线组织妇女指导委员会委员和联络委员会主任，她经常和中共党员邓颖超、沈兹九、孟庆树、张晓梅等一起开会，商量布置工作，并依靠会内的中共地下党员和救国会成员、进步青年开展工作。而当

---

① 顾执中：《悼史良同志！悼“七君子”》，《中央盟讯·悼念史良主席专刊》，1985年第10期。

妇女指导委员会指导长宋美龄提出要她加入国民党,并愿意作她的介绍人时,她拒绝了。史良在共产党和国民党之间有着鲜明的政治立场。

1941 年 1 月 4 日,奉国民党军委之命转移的新四军皖南部队 9000 余人,遭到国民党部队 8 万余人的包围和袭击,大部分壮烈牺牲,军长叶挺被俘,仅有 2000 余人突围得救,1 月 17 日,蒋介石以国民党军委的名义,发布命令,诬蔑新四军叛变,悍然宣布取消新四军番号,并要将叶挺军长“交军法审判”,皖南事变发生,国民党顽固派对日妥协,对内分裂的反共高潮达到最高峰。国民党蒋介石的倒行逆施,引起了中国共产党的强烈不满和愤恨,进行针锋相对的斗争。中国共产党参政员拒绝出席第二届国民参政会第一次会议,史良和沈钧儒、陶行知等救国会参政员也毫不犹豫地宣布拒绝出席会议,与中共“共进共退”,支持中共的正义斗争。在皖南事变问题上,史良立场坚定,爱憎分明,用自己的行动表明对中国共产党的支持。接着,她随着妇女指导委员会内的一些共产党员和进步人士的撤离,又退出了妇女指导委员会。史良已成为中共党的事业的积极支持者和忠实盟友。

1942 年 1 月 11 日,中国共产党在国民党统治区的言论机关《新华日报》创刊四周年纪念,史良为《新华日报》题词:“为争取民族解放而精诚团结。”[①]另外,她还写了《我对于新华日报的感觉》一文。文章说:

---

① 《新华日报》,1942 年 1 月 11 日。

新华日报，谁都不能否认它是一种最前进的报纸。在它发刊的三年中间，我是没有一天不和它见面，简直把它当作我日常生活中的必修课目。我对它并没有什么特殊的感想。我只觉得它日常所发表的意见，并没有超越抗战中报纸应有的言论与态度。

我对它最满意的地方，其实在抗战中也是一般报纸应有的态度：第一，它对于民众运动与动员民众，特别注意，因此它的记载比任何报纸详细与完备。尤其是对于一般人最忽略的妇女运动，不特有闻必录，并且特辟专刊，在理论与材料上，已发生了吸引青年妇女需要看它的力量，甚至把它当作自己的园地了。理由很简单，因为它能代表多数妇女讲话。第二，对于国际问题，特别分析得清楚，并且在理论上还没有发现到它和事实发生矛盾与分歧的地方。[①]

《新华日报》在抗战期间教育、培养了一代人，使许多爱国青年和爱国人士，接受了革命的理想，走上了革命的道路，或是加深了对共产党的了解，从而成为党的事业的积极支持者和党的忠实盟友。史良上述发自内心的感想，也生动地说明了这点。

国民党对史良和救国会同人积极追随共产党，与中共共进共退十分恼恨，视他们为“共产党的尾巴”，因此，7 月 24 日国民政府公布的第三届参政员名单时，史良和沈钧儒、邹韬奋、陶行知等 6 位救国会派参政员都被除名。后来第四届参政会也未被

---

① 《新华日报》，1942 年 1 月 11 日。

聘请。其实,他们早已对国民党的所作所为,和国民参政会号称民意机关而决议等于废纸,表示不满;对自己忝列议席,无补时艰,感到内疚,不愿意再膺任此职。邹韬奋就因此于1941年2月愤然辞去国民参政员的职务,出走香港。史良不担任国民参政员后,“继续和救国会同志们一道,同全国人民一道,积极参加争取民主、反对独裁,坚持团结,坚持抗战的民主运动”。①

史良和中共的关系,正如邓颖超所说:“史大姐从三十年代中期就同情、支持我们党。几十年来,她一直是拥护我们党,和我们党合作,是我们党的一位忠诚朋友。”②这是中国共产党对史良一生拥护支持中共党的事业的最高评价。

三、在第二次宪政运动中

1943年9月,国民党蒋介石为应付国内外的各种压力,树立民主政府的形象,在五届十一中全会上通过了《关于实施宪政总报告之决议案》,宣布国民政府“于战争结束后一年内,召集国民大会,制定宪法而颁布之”,并从现在起“筹备国民大会及开始实施宪政各项应有之准备”。同年9月18日至27日,国民参政会举行第三届第二次会议,蒋介石在会上发表讲话,“谓将组织‘宪政实施筹备会’,以推动一切宪政筹备工作”。③ 根据蒋介石的讲

---

① 《史良自述》,第47页。

② 左诵芬:《一片丹心为中华——记史良大姐》,《中国妇女》,1983年第9期。

③ 《王世杰日记》,1943年9月25日。

话精神，大会通过了设立宪政实施筹备会机构案。会后，国防最高委员会将宪政实施筹备会改名为宪政实施协进会，置于国防最高委员会内。[①] 第二次宪政运动由此开展起来。

宪政实施协进会由蒋介石担任会长，会员 53 名，其中 7 名国民参政会主席团成员、12 名国民党中央委员、23 名国民参政会参政员以及 11 名所谓的法律专家，并由孙科、王云五、莫德惠、黄炎培、吴铁城、褚辅成、张君劢、左舜生、董必武、傅斯年、王世杰等 11 人任常务会员，孙科、黄炎培和王世杰为召集人。在第一次宪政运动中，史良是 25 名国民参政会宪政期成会成员之一，也是重庆宪政促进会常务委员，正是由于她和救国会在争取民主宪政斗争中表现出鲜明坚定的立场，被蒋介石国民党视为“中共的外围”，因而在国民政府公布的第三届参政员名单中，她和沈钧儒等救国会参政员被除名，因而被排挤在宪政实施协进会之外。但为了要求实行民主政治，反对国民党一党独裁专制，史良仍积极参加了第二次宪政运动。

与第一次宪政运动一样，在重庆的各抗日党派负责人张君劢、左舜生、沈钧儒、章伯钧、黄炎培等再次发起“宪政座谈会”，讨论“五五宪草”、扩充国民参政会职权、争取人身自由、改善书报检查办法和成立县级正式参议会等问题。3 月 5 日，史良在第二次宪政座谈会上，就宪草第一章总纲第一条“中华民国为三民主义共和国”发言说：

---

① 《王世杰日记》，1943 年 10 月 14 日。

宪法是国家大法，是政府与人民之间定的规则和契约。“中华民国为三民主义共和国”，当然是包括全国人民，而不是一部分人民。三民主义是国民党员要信仰，规定在宪法上就不适当，不能叫人人都加入国民党，信仰国民党的主义。既承认有各党各派，当然有各种主义和信仰，民主不能强迫人人接受主义。这样大的中国，也不能人人都是国民党员和信仰三民主义。人民要有信仰的自由。当然国民党实行三民主义，使全国人民佩服而信仰，进而自愿加入国民党，这是可以的。就是全国四万万五千万人民，其中有二三人没有加入国民党，宪法还应该是全民的，不是一党的。中山先生一生奋斗就是民主。所以“中华民国为三民主义共和国”，应该改为“中华民国为民主共和国”。[1]

史良反对把国民党员遵循的三民主义写进宪法，而强迫全国人民遵守。因为宪法是国家的根本大法，是全国人民生存与活动的规范，是各党各派共同遵守的原则，并非是国民党一党的党章，所以绝不能把国民党的目的、宗旨，强加于既有民族不同，又有党派差异的全国人民。要求将三民主义从“五五宪草”中删除。

3月26日，史良在宪政座谈会第三次会议上指出：（一）关于国民大会妇女代表名额的规定，重申过去曾提出不得少于20%的原则；（二）妇女的平等地位问题，这是一个事实上的问题，希

① 《张君劢左舜生等举行宪政座谈会》，《新华日报》，1944年3月6日。

望在实施宪政中,能逐渐做到男女地位的真正平等。[①] 她在一次谈话中说:“要妇女真能参加政治和一切社会活动,还必须政府对妇女有特别的保证才行,例如托儿所、公共食堂、男女同工同酬等等规定。关于这一点,‘五五宪草’中只有‘对劳动妇女特别保护’的条文,而且并不具体,这是不够的。其他如妇女在国民经济生活中的平等地位也还没有提到。”还说:“要争取宪法有利于妇女的改变,必须广大妇女来关心努力宪政运动。要妇女工作者到下层去,到城市、乡村去,将切身的利害关系去用事实证明给一般妇女,将她们组织到宪政运动中来。”[②]

4 月 16 日,宪政座谈会举行第四次会议,讨论中央政府职权问题。史良对五院制、公务员考试和保甲制发表了下面几点意见:“(一)不一定要五院来代表五权,不必要的院不应勉强设立;(二)公务人员考试,应主要用以防制目前以人事亲戚关系而滥用职权的现象才对,而不应是妨碍人权;(三)目前保甲制的实施,须待研究改善,对人民的权利和实行地方自治,都是很大的障碍。”[③]

当时有不少国民党参政员,包括一些国民党女参政员,虽然赞成实行民主,但他们认为,受现阶段人民的教育程度不够、战时召集国民大会不易等条件的限制,实施宪政不应马上实行,应按班就绪一步步来,即先从培养人民的民主精神入手,准备将来

---

① 《宪政座谈会三次座谈》,《新华日报》,1944 年 3 月 27 日。

② 《三位女参政员谈宪政》,《现代妇女》,第 3 卷第 5 期,1944 年 1 月。

③ 《宪政座谈会四次座谈》,《新华日报》,1944 年 4 月 17 日。

宪政的实施。[1] 实质上是借口人民愚昧无知，反对人民享受民主，必须由国民党来“训政”。对此，史良持反对意见，

她在一些场合系统地阐述了自己对于民主的涵义和民主与妇女的关系问题的意见，其中某些意见今天对我们仍有启迪意义。在某次会议上她说：

> 民主是不用学习的，所以不能拿学习来比喻。“民主就是人民是主人。”无论有知识与否，每个人都会管理自己的财产。官吏是由主人请来代为管理财产的公仆，假若仆人有了错误，主人是有权来更换的。打个浅近譬喻，一个穷老太婆，总也会照顾自己的财产，谁要损害到她的财产，她也会分辨出谁是好人坏人。所以惟其实行了民主的选举，才能真正铲除贪污呢。……中国民主与英美不同的地方，英国没有成文的宪法，而可以实行民主，中国却是有法不守。所以如其实行宪政，更必须形式与内容并重，一方面要彻底的人身、言论、结社、集会的自由，以真正表现民主的内容；另方面，也须召开国民大会，颁布宪法，争取形式上的民主，来定下个契约不可。[2]

1945年“三八”妇女节，《新华日报》记者走访史良，征询她对妇女运动的意见，她说：

---

① 《女参政员谈民主》，《现代妇女》，第4卷第5、6期合刊，1944年12月。

② 同上。

今年妇女工作的目标——民主。抗战八年了，妇女工作的目标，提是早提出来了，但做得不够。为什么？就是缺乏政治动员。什么叫政治动员呢？就是用具体的事情教育大家。比如近数年来政治的腐败，经济濒于崩溃的地步，军事的失利，总而言之，就是没有民主，使大家知道各种毛病，都是由于不民主而产生的，只有民主，才能团结，才能永久和平。世界潮流，民主的方向已经决定了，不民主是不能解决任何问题的。美国要不民主，就开不成三国会议，其他的两国也是一样。小的方面，为什么离婚的现象这样多！就是因为不民主，男的压迫女的，妇女对民主的感受是最深切的了。要民主，不仅仅是自上而下，而要自下而上，大家共同来做民主运动；要各党各派共同解决国事，一个党是不能解决问题的，更不是一个人所能做到的，要大家共同来管理国事。①

3月8日，由于重庆妇女界顽固势力企图一手包办“三八”节纪念活动，结果纪念会分几处举行。史良在进步妇女中苏文化协会妇女委员会和现代妇女社等妇女团体组织的“三八”纪念会上，发表了题为《妇女与民主》的精彩演讲，她说：

说起民主两字似乎很简单，好像就是叫老百姓做主人，其实并不就这样简单。民主是做人的道理，是人类共同生

---

① 《史良先生发表对妇运意见》，《新华日报》，1945年3月10日。

活的方法,也可说是人生哲学。民主的意义不单包含政治民主、经济民主,它的基本意义,就是“我是人,大家是人,我尊重自己意见,也尊重别人意见”。同时我们在任何场合中,可以看见对不民主的反抗。比如主人打当差,当差反对时就说:“你不当我人!”“我也是人末!”

人有本身的价值,本身的人格,这也就是人所以是万物之灵的原因。不能说“我有人格,而人家没有人格”,而应是“我有人格,人家也有人格”,不能勉强别人同我一样,这样才算是民主。民主一方面是民主政治内容,也唯有民主才是真正政治的精神。因为政治上派别各有不同,有在朝的、在野的,专制独裁的只顾在朝不顾在野;民主的不但顾在朝的,也顾到在野的。政治是应该有道德的,但只有民主才有政治道德。民主不分你不分我,只有正义、公理,态度是大方、公正、坦白的。……我们为什么要民主?我们要民主决不是因为世界潮流走向民主,或是因为人家压迫我们要民主,我们才要民主,而是我们本身的环境必需要民主,不民主很危险,非民主不可,是出于自己的需要。同时民主也决不是可以照人家的抄抄的,一定要大家依自己需要,大家来决定,依事实一步步地做,才是真民主。

我们光空空说民主是不够的,不但制度和机构要改成民主,主要的还在于我们能不能运用,光有民主的制度、机构,不能运用是没有用的。这就好比有一个人老是不守时,他的朋友送他一只表,希望他利用这表而能守时刻,但这人老脾气不改,并不用来看时刻,却只当装饰品,非但如此,还用来囤积，好等待高价卖出去。表是被动的东西，只有自己守时，表才有作用。同样民主就如带表，如不能运用，就成为空名，有名无实，仍然不是真正的民主。民主政府内有议会，人民有立法权、监察权、创制权、复决权，不能运用，也就成为歌功颂德的假民主。所以一定要照实去做。怎样做呢？我们知识妇女先要训练自己，我们要学习运用，使本身实行民主。我们中华民国的政治体系是民主的，但三十多年来，真正实行了民主吗？这责任不只是政府的，也要怪自己为什么不争取，对贪官污吏为什么不提出反抗？就是今天，有些地方不准妇女开“三八”节纪念会，为什么不起来争取？①

史良前述民主就是人民是主人，官吏只不过是由主人请来代为管理事物的公仆，如果仆人有了错误，主人是有权来更换的；只有实行民主，才能澄清吏治，铲除贪官污吏，挽救政治腐败。和她在这里所说人各有自身的人格和价值，大家都是平等的，应当互相尊重，民主不分你我，只有正义、公理；专制独裁只顾在朝，不顾在野，民主则不但顾在朝的，也顾在野的，以及空谈民主不够，人民应当自己起来学会使用和实行民主等等，这些意见毫无疑问都是正确的。史良把统治者与被统治者的封建传统观念颠倒过来，将人人平等的思想注入社会人际关系中，说明她对民主的本质有深入的理解，体现了她可贵的人民民主思想精

① 《现代妇女》，第5卷第4期，1945年4月。

华，不仅在当时具有普遍、深刻的社会意义，即使在今天，也仍未失去它的价值和光彩。

由于史良对深受压迫的广大中国妇女寄予深刻同情，她始终把争取妇女的民主权利和人格平等，当作自己的首要任务。她在这篇讲演中谈及妇女与民主时说：

> 我们刚才说过，民主是“我是人，大家是人”。我们妇女说：“我们女人也是人。”妇女要民主可说是对不民主的反抗。我们中国妇女是不是真正站在人的立场呢？我们都是没有过真正人的立场的过来人，身受的痛苦自己知道。我做律师，在我最近三年来处理的三百三十二件案子中，和妇女有关的有一百七十一件，竟占百分之五十以上。这里有关财产的不到十件，大都是婚姻问题。其中除二件是男子来请我之外，一百六十九件都是女子来请我的。这些案子中都是因为男子原有妻，而另又在外接了一个。最近还发生一件事，有一个名人的太太，在学校读书，有人说她另有朋友，于是，就给她的丈夫打死了。这都是说明，女人还是男子的私有财产，可以任他们的喜怒随意处置。在座的各位固然都是妇女中的骄骄者，可是你到机关中去，是不是会把你们和男子一样看待？任何场合男子可以坦胸赤臂，如果女子也这样，就合[会]被称为妨害风化！
>
> 我们现在不能再做驯羊，我们是人，有人的人格。我们要民主，固然不用着急，可是对于民主，各人态度不同，有些人同情民主，赞成民主，这固然比反对好，但是不够的。我

们一定要积极争取,要加倍努力。我们妇女要踏上世界人的立场,中国社会人的立场。我们现在要求于姊妹们的是什么呢?第一,要真正争取到每人天赋的自由,人的应有的权利,这要在任何环境中,不断地争取,看见不对的,要求改正。我们要尊重自己,也尊重别人。第二,我们对于根本不站在争取男女平等立场,而高扯妇女运动旗帜做点缀,把妇运当吃饭工具,样样要拉来自己做,可是包而不办,这种不给我们妇女站在人的立场的所谓妇女代表,我们要一概打倒!

我们要争取真正的民主,不要做国家的奴隶。我们要把国家造成乐园,不要把国家成为自己的牢监![1]

没有政治的完全民主化,就没有妇女的独立人格和解放,就不可能实现真正的男女平等,而妇女的民主权利,只有靠妇女自身努力不懈地去争取才能得到,是史良所深信不疑的。这是她一生为民主事业而献身的最基本原因之一。

4 月 8 日,重庆妇女界举行茶话会,欢送即将赴旧金山出席联合国会议的中共代表董必武。旧金山会议讨论制定联合国宪章。中国代表团由国民党、共产党、民主社会党、中国青年党及无党派人士的代表组成,他们是宋子文、顾维钧、王宠惠、魏道明、董必武、李璜、张君劢、胡适、吴贻芳、胡霖,还有顾问施肇基。中共及其他党派能有代表参加中国代表团,是经过斗争得来的。

---

① 《现代妇女》,第 5 卷第 4 期,1945 年 4 月。

起初,国民党政府企图把中共和其他民主党派的代表排斥在代表团之外,只吸收一些无党派人士参加。因此,史良在欢送会上发言说:“这次旧金山会议是为了国际的永久和平,代表们是为了和平而出席的,但如果自己国内不能实行民主,那末国内的和平也谈不到了。”她希望代表团对于每一决定绝对民主,代表们在国外发动舆论,促进中国的民主,同时国内的姊妹们也一定为促进民主而努力。①

四、加入民盟

史良在其自述中说:“一九四一年以后,我的政治生活的特点是,通过救国会和民盟发生了密切的关系。”②民盟即中国民主同盟,它的前身为中国民主政团同盟,而中国民主政团同盟则是由统一建国同志会改组而来。

抗日战争进入相持阶段后,由于国民党的政策重点逐渐从抗日转向防共限共方面,致使国共两党军队时有摩擦发生,“国共两党关系恶化”。为了调解国共关系,制止形势逆转,1939 年 11 月 23 日,国民参政会中除国共两党以外的主要在野党派救国会、中华民族解放行动委员会、青年党、国社党、职教社、乡村建设派及无党派的部分参政员联合起来,在重庆正式成立统一建国同志会,并通过《简章》8 条和《信约》12 条。《简章》声明“以

① 《对出席旧金山会议的希望》,《现代妇女》,第 5 卷第 5 期,1945 年 5 月。

② 《史良自述》,第 51 页。

巩固统一积极建国为帜志"。《信约》则主张"宪法颁布后,立即实施宪政,成立宪政政府。凡一切抵触宪法之设施,应即中止;一切抵触宪法之法令,应即宣告无效"。"凡遵守宪法之各党派,一律以平等地位公开存在"。有方针、有计划地建设新政治、新经济、新社会文化,务必"于国人之意志集中、意志统一上,求得国家之统一";吏治清明和尊重思想学术自由。同时还表示:"以诚意接受三民主义为抗战建国最高原则";"拥护蒋先生为中华民国领袖,并力促其领袖地位之法律化";提出反对"一切国内之暴力斗争及破坏行动";不赞成以政权或武力推行党务,并严格反对一切内战,"一切军队属于国家,统一指挥,统一编制";"国家至上,民族至上"。[①] 会后,经梁瀨溟向蒋介石汇报成立统一建国同志会的动机,并强调该组织的"第三者"立场,蒋以不组织正式的政党为条件,始默许成立。

统一建国同志会成立后,国民党蒋介石继续推行反共反民主的政策,一方面对一些抗日民主党派进行压迫和打击,1940 年 12 月 23 日,国民政府公布第二届国民参政会参政员名单,新塞进了不少国民党员,而在野党派中的章伯钧、张申府等参政员被排挤,国民参政会"在野党派中仅存之有限代表,实际已不足提案之法定人数"。国民党的政治压迫使中间党派感觉到统一建国同志会没有力量,不能达到预期的目的,酝酿进一步联合,加强组织。另一方面,国民党蒋介石对八路军、新四军的逼迫日益

① 中国民主同盟中央文史资料委员会编:《中国民主同盟历史文献》(1941 ~ 1949),文史资料出版社 1983 年版,第 1 ~ 3 页。

抗战时期史良（右一）在重庆与中国民主同盟领导人张澜（右三）、沈钧儒（左三）、梁漱溟（左一）等合影。

猖獗，1941年初，爆发了震惊全国的“皖南事变”，奉国民政府军事委员会命令北移的新四军军部及其所属部队9000余人，遭数万国民党军队包围袭击，新四军大部分牺牲和被俘，军长叶挺被扣押，蒋介石并以军委会名义，发布命令和谈话，诬陷新四军为“叛军”；宣布取消新四军番号，将叶挺军长革职，交付军法审判。国共关系异常紧张。中间党派对“国民党大为失望，痛感有加强团结的必要”。[1] 皖南事变发生后，中间党派奔走于国共间，希望国民党接受共产党提出的解决事变的12条办法，使中共参政员出席第二届第一次国民参政会，结果劳而无功。“皖南事变”进

---

① 《周恩来年谱》（1898～1949修订本），第500页。

一步催生了统一建国同志会的改组。

经各中间党派领导人多次秘密会商，决定将统一建国同志会改组为中国民主政团同盟，并于1941年3月19日在重庆上清寺召开成立大会。中国民主政团同盟的组成部分为青年党、国家社会党、第三党、中华职业教育社、乡村建设派，即"三党两派"，缺少了救国会派。救国会原是统一建国同志会的创议者和成员之一，按理应该是民主政团同盟的组成部分。但"发起人中有人认为沈钧儒和他领导的救国会太左倾了，于是决定暂时不约沈钧儒和救国会参加"。[①] 史良回忆说："政团同盟中，组成单位的政治情况十分复杂，其中最突出的是青年党。青年党虽然和当局有矛盾，但从基本政治态度上看，它和国民党是一致的。青年党的领导人曾琦是一个出名的反共分子，他们反对共产党，也反对和共产党关系密切的救国会，唯恐救国会参加民盟以后，得罪国民党。"[②]史良并没有因被排挤在民主政团同盟外而消极，她积极支持政团同盟的政治主张。1941年11月，在国民参政会二届二次会议上同盟主席张澜和张君劢、左舜生、罗隆基等12人，向参政会秘书处提交了《实现民主以加强抗战力量树立建国基础案》，要求国民党政府明令于最短期结束训政，实施宪政；成立战时正式中央民意机关；任何党派不得以国库供给党费；政府一切机关，不得歧视无党、异党分子，及利用政权吸收党员并强

---

① 罗隆基：《从参加旧政协到参加南京和谈的一些回忆》，中国人民政府协商会议全国委员会文史资料研究委员会编：《文史资料选辑》第20辑。

② 《史良自述》，第51～52页。

迫公务人员加入国民党；明令保障人民身体、信仰、思想、言论、集会、结社等自由，停止特务机关对内之一切活动；取消县参议会及乡镇代表考试条例等。[①] 这是一份十分重要的提案，也是中国民主政团同盟成立后首次向社会公开表明自己的政治主张。史良支持该提案，她和沈钧儒、王造时、陶行知等人，列名联署。由此可见，史良等救国会派人士虽然被排斥在政团同盟之外，但他们支持同盟的政治主张，行动上与其保持一致。直到 1942 年 1 月，民主政团同盟才邀请沈钧儒加入，成为盟内党派成员之一，史良因之也成为盟员。从此，史良便以主要精力参加民主政团同盟的活动，和其他中间党派势力一道，为巩固国内团结，争取民主政治和抗战胜利而努力。后来中国民主政团同盟取消“政团”两字，改组为中国民主同盟，简称“民盟”，史良又随之成为民盟盟员。

五、参与发起成立中国妇女联谊会

1945 年 2 月 11 日，史良、刘清扬、曹孟君、罗叔章等重庆妇女界百余人举行春节联谊会。会上，冯玉祥夫人李德全报告了到黔桂前线慰劳沿途所见情况，指出黔桂战役之所以惨败，“主要还是政治上的原因。总而言之一句话，就是政治要民主，否则问题就多了”。[②] 与会者们酝酿成立组织，“团结自己的力量，打

① 《张澜文集》，四川教育出版社 1991 年版，第 136 ~ 137 页。

② 《妇女界要求实现民主》，《新华日报》，1945 年 2 月 13 日。

击敌人”,并发表对时局的主张,要求政府立即实行民主,挽救危局。

2月13日,史良等上述妇女界人士联名发表了对时局的主张,从政治、经济、军事等方面揭露了国民党专制统治的黑暗和腐败,呼吁政府立即实行民主。其具体主张为:“请政府立即邀集各党各派及各方人士,举行全国紧急会议,共商国事,成立全国人民一致的政府,立即给人民以言论、出版、集会、结社等基本自由。”[①]该主张发表后,重庆、昆明、延安等地的报纸纷纷刊登转载,产生了很大的影响。

经过积极的筹备,7月15日,中国妇女联谊会举行正式成立大会。大会通过章程和选举了领导人。章程规定联谊会的宗旨为:团结、教育、组织爱国妇女,争取抗日战争的胜利,开展争取民主的运动。推选李德全为理事会主席,史良、罗叔章、刘清扬、曹孟君、胡子婴、张晓梅、刘王立明、于立群等27人为理事,史良还被推选为常务理事之一,负责处理日常事务。中国妇女联谊会的领导人和主要成员基本上都是妇女界的进步人士,包括共产党、国民党、各民主党派和无党派人士,是共产党领导的统一战线的妇女组织。

妇女联谊会成立后,随即迎来了抗战的伟大胜利。人民欢庆抗战胜利的同时,面临着严重的内战危机。8月15日,中国妇女联谊会发表对时局宣言,提出7项要求:(一)全国抗日军队不分派系,共同彻底解除敌伪武装,严惩战争罪犯。(二)全国同胞

---

① 《陪都妇女界发表对时局的主张》,《新华日报》,1945年2月13日。

必须警惕那些企图独占抗战成果的人们发动内战的阴谋，全力反对和制止内战。（三）立即召集各党各派及无党派人士举行紧急政治会议，讨论建国大计，组织统一的政府。（四）立即释放政治犯。（五）废除一切限制人民自由的法令，取消特务组织，给人民以言论、出版、结社、集会等基本自由。（六）取消一切战时赋税、兵役，减轻人民负担。（七）实行保障妇女在政治、经济、社会及文化教育上和男子一律平等。①

抗战胜利后，妇女联谊会在重庆、昆明、成都、上海、南京、北平等地设立了分会，它团结各阶层爱国妇女，为反对国民党的内战独裁，争取和平民主的新中国发挥了积极作用。正如邓颖超1985年9月16日《给原中国妇女联谊会同志们的信》中所说："在抗日战争末期和整个解放战争时期，中国妇女联谊会为争取抗战胜利，反对国民党独裁统治，争取民主，迎接新中国的诞生，做了许多出色的工作。"②

史良从1935年12月在上海发起成立妇女救国会，从事抗日救亡运动，到1945年8月15日日本投降，抗日战争胜利结束的整整10年中，为争取中华民族的解放和人民民主，特别是妇女民主，做出了巨大而艰辛的努力。史良的思想言论和实践活动表明，她不愧是一位杰出的爱国民主战士和卓越的妇女运动领袖人物。这10年是她一生思想最活跃和闪光的时期。

---

① 《中国妇女联谊会对时局宣言》，《新华日报》，1945年9月5日。

② 《给原中国妇女联谊会同志们的信》，1985年9月16日，打印件。

第九章
为建立和平民主的新中国而奋斗

一、对毛泽东说“和蒋介石谈判‘不能上他的当’”

1945年8月15日，日本宣布无条件投降，中国人民经过八年浴血奋战，终于取得了近代以来第一次抗击列强侵略的彻底胜利。

抗战胜利了，全中国人民都渴望和平建国，把中国建设成一个真正独立、自由、民主、统一和富强的新中国。中国共产党代表广大人民的利益，主张在和平、民主、团结的基础上，实现全国统一，各党派与各种社会力量合作，建设独立自由与富强的新中国。执政的国民党依然奉行一党专政、以党治国和个人独裁的方针，企图独享抗战胜利果实，继续排斥其他党派和社会力量的政治参与，维持其多年来在全国的统治。就在抗战胜利前夕，国民党举行第六次全国代表大会，确定了坚持独裁，准备内战的路线。接着，蒋介石即调集兵力，进攻苏浙地区的新四军。7月，又派国民党军队大举进攻陕甘宁边区，发生“淳化事件”。8月10日，日本天皇乞降的照会传到重庆，次日，蒋介石即发电报给各战区长官和十八集团军总司令，要求各战区前线国民党官兵“严密警戒防范，加倍努力”，“绝不可稍有松懈”。要求十八集团军所属部队“原地驻防待命，其在各战区作战地境内之部队，并应接受各该战区司令长官之管辖”，不得“再擅自行动”。[①] 蒋介石的命令引起了中共的抗议和反驳，并采取针锋相对的方针。这一切表明，抗战虽然胜利了，但代表不同政治理念、信仰和利益的国共两党间的根本矛盾并没有解决，国内面临着严重的内战危机。不过蒋介石迫于各方面的原因，一时还不敢公开挑起内战，他于8月14日、20日、23日三次电邀毛泽东赴重庆进行和平谈判。中国共产党为了尽一切可能争取和平，阻止和推迟内战爆发，并教育和团结全国人民，决定接受蒋的邀请，派毛泽东、周恩来、王若飞赴重庆谈判。

毛泽东来重庆和蒋介石进行谈判，史良一方面认为，两党通过谈判解决内战问题十分必要，但另一方面，她对蒋介石始终怀有警戒心理，她痛恶蒋不讲信义，在政治上出尔反尔的恶劣行径。一天，史良由邓颖超偕同，来到位于上清寺的求精中学会见毛泽东和周恩来。毛、周为尽一切可能制止内战，在与国民党谈判的同时，广泛地和各界人士座谈。史良是中国共产党的好朋友，安排这次接见，是为听取她对时局的意见。

史良对毛泽东仰慕已久，却一直无缘相见。尽管这是第一次见面，但他们一见如故。史良向毛泽东和周恩来讲了重庆方面的一些情况，他们都很仔细聆听，并不时插话，提一些问题和谈一些看法。史良说蒋介石这个人是不可靠的，我们在谈判中不能上他的当。毛泽东和周恩来都表示对于这个问题早有准

---

① 重庆《大公报》，1945年8月13日。

备，请朋友们放心。这次亲切的接见，史良终生难忘。她后来回忆说："大约是在九月份的某一天，邓颖超大姐领我一道到求精中学去见毛主席和周副主席。这是我初次和毛主席见面，我热情地和他们握手，向他们表示热烈欢迎，并讲了一些重庆的情况。毛主席、周副主席非常注意地听我讲述，并且不时插话，对我们在重庆的朋友们给予了极大的鼓励。我说蒋介石这个人是不可靠的，我们不能在谈判中上当。毛主席和周副主席都亲切地以同志口吻对我说，对于这个问题，是早有思想准备的，请朋友们放心。"[①]不久，毛泽东两次接见中国妇女联谊会的全体理事，史良均参加了接见。

"蒋介石这个人是不可靠的"，不幸再一次被史良说中。国共重庆谈判于10月10日共同签署了《政府与中共代表会谈纪要》（即通常所说的"双十协定"），双方在和平建国的基本方针、保证人民自由、承认党派合法、召开政治协商会议等问题上达成了一致意见。然而，双十协定甫经公布，蒋介石即于13日秘密颁发"剿匪"手令，并亲自主持召开军事会议，策划在6个月之内击溃八路军、新四军主力，然后实行分期分区围剿。毛泽东从重庆回到延安后，于28日致电东北局，"我党决心动员全力，控制东北，保卫华北、华中，六个月内粉碎其进攻"。[②] 国共两党军队在上党、察绥、平汉路、津浦路等地，发生了一系列激烈的战斗。蒋介石的倒行逆施，使刚刚脱离了8年抗战血海

---

① 《史良自述》，第59页。

② 《毛泽东年谱》下卷，第42、43页。

的人民大众又将陷入内战的痛苦之中。在内战一触即发的形势下，史良在中共“全国人民动员起来，用一切方法制止内战”的号召下，在重庆和各界民主人士一道发起了反内战运动，并站在这场斗争的最前列。

据国民党中统局的一份情报说，11月10日、15日和16日，史良和左舜生、黄炎培、罗隆基、沈钧儒、何公敢、郭沫若、邓初民、柳亚子、陶行知、胡西园、章乃器、胡子婴、曹孟君、刘清扬、童时进等民主同盟、文化界、实业界、妇女界和农业界的领导人共35人，在特园先后举行3次筹备会议，商讨组织“全国各界反对内战联合会，借以发动人民制止国共两党之武装冲突”，并抨击美国政府“干涉中国内政，支持中国内战”的政策。[①] 11月19日重庆各界人士500余人集会，成立“陪都各界反对内战联合会”并发表宣言，号召全国人民动员起来，用一切方法，包括以罢工、罢课、罢市和拒绝纳税等来制止内战。21日，延安《解放日报》号召国统区的同胞团结起来，响应反对内战联合会发起的制止内战爱国运动。

在中共和包括史良在内的各民主人士的呼吁下，全国反内战运动形成高潮。12月1日，云南数百名武装军警和宪兵特务冲进西南联大、云南大学、中法大学等校，镇压反对内战要求和平民主的教师和学生，打死教员1人、学生3人，打伤50多人，震惊全国的“一二·一”血案发生。这是继段祺瑞1926年制造“三

① 中国第二历史档案馆编:《中华民国史档案资料汇编》，第5辑第3编，江苏古籍出版社1999年版，第23页。

一八”屠杀学生惨案后的又一大惨案！史良在重庆得知“一二·一”血案后，十分震惊愤慨，认为这是国民党发动内战、血腥镇压民主运动的信号。她和郭沫若等180多位知名人士签名发起举行重庆各界公祭昆明“一二·一”惨案死难师生追悼大会，并以律师身份，为追悼大会租下会场。她写了挽联，沉痛敬挽昆明死难师生，愤怒谴责国民党的暴行。挽联为：“统治者害法，青年遭殃孰能忍。立法的毁法，民权扫地真堪伤。”①

12月24日，史良和澎一湖等28人以陪都各界反内战联合会的名义，分别致函毛泽东和蒋介石，呼吁和平。致毛泽东函指出：“以政治解决政治，其势甚顺，而其道亦不甚难。凡‘会谈纪要’中所已决定之事项，协力促其实行；其未决定之事项，由政治协商会议商讨决定，则一切纠纷即可迎刃而解。时至今日，万不宜诉诸武力，使治丝益纷。”并请求毛泽东“务希即行停止武装冲突，促进政治协商，以贯彻和平建国之大义”。② 致蒋介石函则呼吁政府明令停止武装冲突，使和平建国大业早日顺畅推行。指出，政治解决国共党争，“此理至当，而其事亦不甚难。设我政府能更开诚布公，集思广益，由政治民主化以促进军队国家化，则一切争端即可迎刃而解”。同时希望政府接受各党派所提释放政治犯，取消特务机构，承认政党的合法地位，人民身体、言论、

---

① 《民主》周刊，第11期，1945年12月22日。另《现代妇女》第6卷第6期《妇女界挽联一束》载史良的挽联为：统治者宰治，青年遭殃孰能忍，立法的毁法，民权扫荡真堪伤。

② 《陪都各界反内战联合会致函毛泽东同志》，《新华日报》，1945年12月26日。

出版、结社、集会的自由等项民主要求,以及接纳联合政府和解决收复区的政权问题。[1] 据黄炎培日记载,史良为这两份呼吁和平的函稿征集签名,多方奔走。[2]

史良等人为避免内战呼号奔走的精神,受到至渝出席政治协商会议的中共代表团周恩来、王若飞、吴玉章、邓颖超、董必武、叶剑英、陆定一的大力赞赏,28 日,他们联名复函史良等人说:"久仰先生等均各界先导,德望风崇,组织反对内战联合会,大声疾呼,主持正义,促进政治协商,实现和平建国,必能有成。"[3]并说明即将他们的信函转延安毛泽东。

二、当选民盟中央常委和救国会中央常委

抗战胜利后,中国民主同盟为了统一对形势的认识,确定今后的斗争方向,整顿和扩大组织,于 10 月 1 日至 12 日,在重庆上清寺特园召开临时全国代表大会(1956 年 2 月 8 日,民盟一届八中全会追认这次大会为民盟第一届全国人民代表大会)。由于史良表现出色,就是在这次大会上,她被增选为新的民盟中央委

① 《陪都各界反内战联合会致函蒋主席呼吁和平》,重庆《新华日报》,1945 年 12 月 29 日。

② 《黄炎培日记》,1945 年 11 月 27 日,华文出版社 2008 年版。

③ 《中国民主同盟历史文献》(1941 ~ 1949),第 109 页。

员、常务委员。[①] 从此,史良开始走上中国民主同盟的领导岗位。

史良先是当选为中国民主同盟重庆市支部委员。重庆是民盟总部所在地,民盟主席张澜长期住在成都,因而民盟重庆市支部的地位十分重要。但民盟重庆市支部一直被青年党所把持,重庆市级组织也为青年党所操纵,因此而影响到民盟中央,使民盟在民主运动中显得不够坚强有力,引起很多盟员的严重不满。1945 年 9 月重庆市支部进行改选,采取自下而上进行酝酿候选人,无记名投票选举。选举结果,史良、陶行知、邓初民、刘清扬等救国会派的盟员被选为委员,史良还被推任支部组织部部长。这次改选打破了青年党的控制局面,增加了重庆市支部的进步力量,对民盟临时全国代表的召开具有重要意义。

战后,由于在和平、民主与内战、独裁以及建立什么国的问题上,国共两党的斗争十分尖锐,也促使民盟内部出现分化,部分盟员企图在国共两党对立之外,走中间路线,寻找出第三条道路。民盟临时全国代表大会召开前夕,史良等盟员在研究座谈

---

① 中国社会科学出版社 1992 年 12 月出版,由赵锡华著的《民盟史话》第 33 页载,这次大会推选张澜、史良等 18 人为民盟中央常务委员。这 18 个人为:张澜、沈钧儒、章伯钧、黄炎培、史良、张君劢、左舜生、罗隆基、梁漱溟、张东荪、张申府、杜斌丞、陶行知、朱蕴山、潘光旦、马哲民、周鲸文、蒋匀田。另外,河北人民出版社 2001 年 12 月出版,由张小曼等主编的《中国民主同盟》第 46 页也有同样的记载。但 1946 年 8 月印行的《中国各小党派现况》第 11 页载中央常务委员虽然也有 18 人,但没有史良,也没有罗隆基、梁漱溟。他们是:张澜、左舜生、曾琦、张申府、董时进、冷遹、沈钧儒、章伯钧、朱蕴山、刘泗英、黄炎培、陶行知、马哲民、蒋匀田、张君劢、李璜、周鲸文、杜斌臣(丞)。

1945 年 10 月，民盟在重庆召开临时全国代表大会，史良（右二）与民盟中央领导人张澜（左三）、沈钧儒（左二）、罗隆基（左一）、左舜生（左四）、章伯钧（右一）。

昆明支部提交大会讨论的民盟纲领草案时，在某些问题上意见分歧，史良提出应明确“我们民主同盟究竟代表什么人的利益”。经讨论，由邓初民撰写了题目为《中国民主同盟代表什么人的利益》的文章，发表在重庆市支部机关刊物《民主星期刊》第 3 期上。文章指出：“中国民主同盟最根本的要求是民主，民主同盟代表着一切要求民主的人们的利益。哪些人呢？民族资产阶级、小资产阶级、知识分子、工人、农民和学生。只有官僚资产阶级、买办阶级和反动派官僚们是不要民主、反对民主的。”①

10 月 1 日，民盟临全大会开幕，到会代表 48 人，史良和张

① 史良：《悼念邓初民同志》，《中央盟讯》，1981 年第 3 期；《人民日报》，1981 年 3 月 20 日。

澜、沈钧儒、章伯钧、曾琦、罗隆基、黄炎培7人组成大会主席团。随后,大会在讨论国家性质和民盟的行动方针等问题时,由于青年党盟员公然反对国家是阶级统治的工具[①],反对废除封建土地所有制,实行土地国有;[②]主张民盟的一切行动方针,应持中立,不偏不倚,站在国共两党之外,[③]史良、罗隆基、李公朴等盟员坚持进步的、正确的立场,与他们展开了激烈的辩论。周恩来知道这一情况后,约史良、李公朴、李文宜、辛志超、李相符和冯素陶到曾家岩50号中共办事处谈话。当史良等人就会上一些争论问题和对民盟临全大会的看法,向周恩来做了详细汇报后,周恩来概括他们的意见说:"像民盟这样几党几派在一起的团体,各种意见不能完全一致,是必然的,做到求同存异就行了,要团结一切可以团结的力量,和国内外敌人作斗争。"又说:"坚持原则是好的,非原则问题可以适当让步,只要有利人民事业。随着形势的发展,将来政治上一定范围内的分化,各种政治集团也许难免。非分化不可时分化了不一定是坏事,但现在不能闹翻了。"[④]周恩来诚挚精辟的谈话,使史良等人深受鼓舞和启发。

在史良等进步盟员的斗争下,大会通过了《政治报告》、《中国民主同盟纲领》、《临全大会宣言》等重要文件。"报告"指出,

---

① 参见张伯伦:《敬悼左舜生先生》,《左舜生先生纪念册》,台北文海出版社1981年版。

② 冯素陶:《往事的回忆》,中国民主同盟文史委员会编:《我与民盟》,群言出版社1991年版,第71页。

③ 《中国各小党派现况》,1946年8月印行,第9页。

④ 冯素陶:《虔诚的回忆》,《中央盟讯》,1981年第8期。

民盟目前的责任，就是“实现中国的民主，把中国造成一个十足道地的民主国家”。“纲领”则反映了民盟热望建立一个真正民主、自由、统一、富强的新中国，如提出国家设总统、副总统各一人，“由人民直接选举”，“消灭贫富阶级”以及“以渐进方式完成土地国有之最高原则”等。“宣言”表明了民盟对国是的全盘主张，如对政治协商会议，“决定采取积极的态度”，并希望它“真能面对事实解决问题”；对民主联合政府，始终相信它是“当前国家和平、统一、团结的唯一途径，同时亦是全国通力合作、群策群力共同建国的唯一途径”；对于国民大会，认为“必须成为真正代表民意的机关”。宣言还表明了对人民自由、释放政治犯与废止特务制度以及关于军队、经济、外交、内政、教育等方面的主张。这些都代表了战后广大人民要求民主和平统一，反对国民党大地主大资产阶级一党专政和个人独裁的愿望，同中国共产党争取实现建立联合政府的斗争目标相一致。

大会从组织上扭转了青年党把持操纵盟务的局面，增选史良等 33 人为中央委员，连同原来的 33 名，共有中央委员 66 名，扩大了进步力量在盟内的领导成分。

民盟临全大会把民盟从政治、组织、思想上向前推进了一大步，对民盟的向左转化有着十分重要的意义，因此是民盟历史上一次意义重大的会议。史良曾说：“这次会议不仅鲜明地表达了民盟的政治主张，并且从组织上扭转了青年党把持操纵民盟中央的局面，这次代表大会确实十分重要。如果不举行那次代表大会，或那次代表大会若不能从政治上清除青年党的政治影响，就不能保证日后举行的政治协商会议中民主同盟的政治

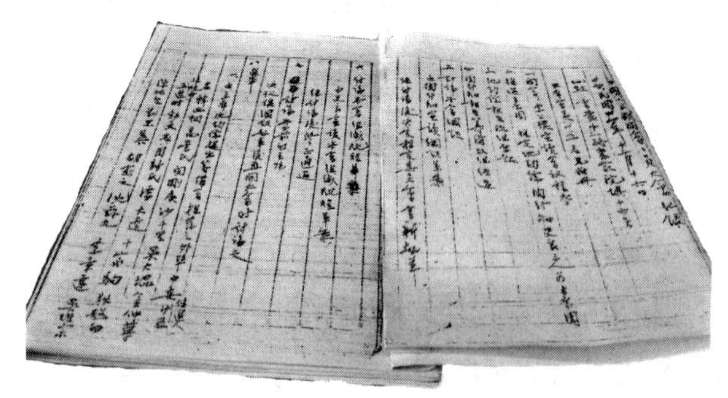

1945 年 12 月 16 日，中国人民救国会会员大会纪录。

立场。”[①]

与此同时，救国会鉴于抗日战争已经胜利结束，原来制定的争取抗战胜利民族解放的政治纲领、章程以及全国各界救国联合会的旧有名称已不适合战后形势发展的需要，聚集在重庆的救国会会员沈钧儒等人经过交换意见，决定将组织名称改为“中国人民救国会”，仍简称“救国会”。

经过充分的酝酿和认真的准备，12 月 16 日，中国人民救国会第一次会员大会在重庆召开，史良和沈钧儒、陶行知、曹孟君、李公朴、邓初民等 35 人出席会议，由沈钧儒、陶行知、史良 3 人组成大会主席团。在是日的会议上，除了听取沈钧儒和陶行知分别报告救国会改组缘起和筹备改组经过，讨论救国会纲领草案和组织规程草案外，还选举了救国会中央领导机构，史良被推任中央执行委员和中央常务委员，并负责秘书处的工作。

---

① 《史良自述》，第 58 页。

1946年1月9日,中国人民救国会举行第三次会员大会,史良任主席,在她的主持下,讨论通过了救国会政治纲领。纲领分为总纲、政治、经济、文化教育、社会、外交和侨务7个部分。总纲指出:中国人民现阶段的革命任务,是反对外来的殖民帝国的民族压迫,反对国内封建主义与法西斯主义残余势力的压迫,因此其革命性质,还是资产阶级的民主革命,而不是社会主义革命,但它不是停留在民主主义革命的阶段,而是经由民主主义革命走向社会主义。"民主主义的革命目标,是建立一个以全国绝大多数人民为基础的联合战线民主联盟的民主国家制度,即是建立一个独立、自由、平等的人民共和国;而其政府则是民主的联合政府——包括各党各派及无党无派的各种政治力量在内的联合政府,从中央到地方的联合政府"。政治部分指出,目前的任务,是彻底消弭内战,加强团结,在和平、统一、团结、民主的基础上,实行民主改革,经过政治协商会议,立刻结束国民党一党专政,成立临时性的民主联合政府,然后经过普选的国民大会,制定宪法,成立正式的联合政府;保障一切人民有言论、思想、出版、集会、结社、信仰、营业、迁徙、通信之自由,明令承认各民主党派的合法地位,释放一切政治犯,等等。经济上,实行资本主义经济,采取发展资本主义的经济政策;土地问题实行耕者有其田;在工商业问题上要防止独占和私有资本制度操纵国民生计,采取国家经营、私人经营、合作社经营三者组合的方式,把中国从半殖民地半封建推进为创造的民主主义的国家与社会。[①] 政

① 《救国会史料集》,第720~724页。

治纲领的其他部分，也都根据新的形势，提出了新的要求和主张。政治纲领虽然没有提及工人阶级的领导权问题，但它提出建立一个以全国绝大多数人民为基础的、统一战线的、民主联盟的、走向社会主义的民主国家，是和共产党在新民主主义革命时期所规定的总路线相符合的。它要求立即结束国民党一党专政，成立民主联合政府，也和当时中国共产党的主张完全一致。政治纲领表明，救国会接受了毛泽东的新民主主义革命思想，完全赞同共产党成立联合政府的政治主张。

中国民主同盟召开临时全国代表会和救国会改组后，史良以民主同盟主要领导人之一和救国会重要领袖之一的双重身份活跃于政治舞台上。

三、为“较场口血案”向法院起诉

根据《国共会谈纪要》（即“双十协定”）的规定，1946 年 1 月 10 日，举世瞩目的政治协商会议在重庆召开。史良担任出席政协会议的民主同盟代表团的法律顾问，参与民盟代表团的工作。

史良对召开政治协商会议寄予很大期望，希望通过政治协商会议实现国内和平和政治民主，因而积极参加各种会外活动。在政治协商会议开幕的前一天，中国妇女联谊会举行茶会，招待政协代表，她在主席李德全致词后第一个站起来发表意见说，希望政治协商会议有督促停战的决心，而且要具有这种力量。鉴于国民参政会不能代表民意，她还表示不同意内战调查团的代表都由参政会派遣，希望政协会议作出决定，由无党无派的人民选派代表参加调查,并要求有妇女代表参加。[1] 她还在民盟妇女委员会招待各界妇女的茶会上致词说,现在政府允诺人民自由和党派的合法活动了,希望陪都各界妇女共为实现民主而努力。[2] 同时,她以民盟重庆市支部委员的身份,与罗涵先分别负责发动男女学生盟员,向政协会议提出如下建议:(一)请政协会议向政府要求惩办制造昆明"一二·一"屠杀要求和平与民主的教师和学生血案的凶手;(二)请政协会议向马歇尔特使要求撤退驻华美军;(三)要求政协会议负责督促停止内战;(四)要求政协会议保证全国学生求学自由;(五)要求政协会议迅速组织联合政府。[3]

政治协商会议开幕后,史良格外繁忙。一方面,她以法律顾问的身份每天晚上和民盟代表团的代表一起研究当天会议的进展情况,和各方面个别交谈的情况,还要回答等候在门外的重庆各报记者关于民盟代表团政见的问题,"情绪兴奋,气氛紧张"。另一方面,重庆各界人士和社会团体为了促进政治协商会议成功,成立了"陪都各界政治协商会议协进会",史良和章乃器、胡厥文、陶行知、李公朴、李德全等35人被推选为理事,每日举行民众大会,邀请政协代表报告当天开会情形,听取人民群众的批评和建议。

自1月12日至27日协进会共举行了八次各界民众大会,分

---

① 《重庆妇女界招待政协代表的报道》,《新华日报》,1946年1月10日。

② 《新华日报》,1946上1月14日。

③ 《中华民国史档案资料汇编》政治(一),第25页。

别邀请政协代表王若飞、章伯钧、罗隆基、张申府、张东荪、梁漱溟、郭沫若、李烛尘等到会讲话，受到爱国民众的热烈欢迎，听众有时多达3000多人。民众大会有力地配合了中共和民盟代表在政协会议上的斗争，推动了民主运动的发展。在此期间，协进会还于20日在沧白堂举行了陪都各界庆祝国内和平大会，史良是主席团成员之一，大会通过了要求和平，反对内战，实行民主，保障人权的提案。然而，国民党当局对爱国民主人士的民主要求，心怀不满，自协进会召开民众大会伊始，就不断派遣特务前往破坏捣乱。特务在会场狂呼“国民党万岁，打倒异党”等口号，谩骂、追打报告人和会议主持人，在会场燃放爆竹乱扔石块、木棍，致使民众大会有时变成了单纯的演讲会，有时被迫中断提前散会。1月27日，协进会在沧白堂举行最后一次民众大会，会后，国民党特务跟在大会主持人李公朴和政协代表报告人郭沫若的背后谩骂，并将二人围困在迁川工厂，史良积极奔走营救。

1月31日，历时22天的政治协商会议闭幕，经过中国共产党和各民主党派、民主人士的共同努力，以及国民党政协代表的某些让步，同时还有史良等各界民众在会外的促进，会议终于通过了关于政府改组、施政纲领、军事问题、国民大会和宪法草案五项决议。这五项决议有利于和平民主，有利于人民。为巩固政协会议的成果，促进五项决议的实施，史良、李公朴、章乃器等协进会理事开会，决定召开陪都各界庆祝政治协商会议成功大会，并推选史良等人负责筹备。

2月10日上午，陪都各界数千名群众集会重庆较场口广场，举行庆祝政协成功大会，史良是主席团之一。大会刚开始，国民党特务就行凶捣乱，大打出手，李公朴、施复亮、郭沫若及新闻记者和大会工作人员数十人被殴伤，其中李公朴的伤势最重，头部鲜血直流。混乱中史良被拉进周恩来的汽车，才得以安全离开会场。这就是震惊中外的较场口血案。

在较场口血案中，史良亲眼目睹了国民党特务的法西斯暴行，对于国民党破坏政协决议的卑鄙行径十分气愤，她决定要代表受伤的民主人士控告国民党特务的暴行，向重庆地方法院起诉，进行法律斗争。她当天上午即去医院慰问李公朴等人，又于下午陪同李公朴到法院验伤，①取得证据。11 日，人民权利保障会举行筹备委员会议，讨论组织章程，史良和章乃器报告了较场口庆祝大会被有组织的暴徒捣乱及陪同李公朴等验伤经过情形，并提出人权保障会应对国民党当局侵害人权的行为，向全社会进行控告。讨论结果议决：(一)慰问这次受伤诸先生；(二)推史良、阎宝航、李德全、张雪岩 4 人往见蒋介石，报告血案经过；(三)推马文车等 5 人调查血案。② 由于蒋介石在血案发生后离开了重庆，飞往上海，史良等往见未能如愿。

国民党当局为混淆国内外视听，由中央社和《中央日报》出面，公开造谣，将血案说成是因“争夺总主席，引起互相殴打，以至双方受伤”，③并扬言要“惩办此次肇事者李公朴、章乃器”。④

---

① 《李公朴在重庆的日记》，1946 年 2 月 10 日，见《伟大的民主战士李公朴》。

② 《人民权利保障会昨举行筹委会议》，《新华日报》，1946 年 2 月 12 日。

③ 《中央日报》，1946 年 2 月 13 日。

④ 商闻实：《沧白堂事件和较场口事件》，《文史资料选辑》，第 66 辑，第 51、52 页。

这次血案制造者、当日那个冒充“大会主席”的刘野樵，竟然倒打一耙，反诬陶行知的育才学校等单位的“壮汉十余人，跳上主席台，将主席刘野樵、李公朴及讲演人朱其瑞殴伤”，[①]且恶人先告状，向重庆市地方法院诬控李公朴、章乃器、陶行知、施复亮、朱学范“聚众逞凶，扰乱集会，伤害他人身体”。[②]

为揭穿反动派的种种无耻谰言，史良随即以育才学校常年法律顾问身份，代表学校发表《紧要声明启事》，驳斥揭露了刘野樵的谎言，以正视听，指出刘野樵完全是“捏造事实，颠倒是非”。声明说：“本校学生虽亦前去参加，但以去时较迟，故排列于后，未接近主席台；且学生多属幼年，何来大汉，更未前去捣乱。此种不近情理，反白为黑之诬蔑，显属文过饰非，公然侮辱。”[③]另一方面，史良和林亨元等律师加紧草拟诉状，向法庭控告，并发动各方面爱国人士进行声援。[④] 由于国民党自知理亏，迟迟不予开庭，并由邵力子出面调停，企图由国民党政府“颁布明令，不言谁是谁非，但言较场口不幸事件不宜再有”而解决之。[⑤] 对此，史良等人坚决拒绝，于3月初再次提起诉讼。3月15日，重庆地方法院被迫开庭，史良代表被打伤的李公朴等人，在法庭上以无可辩驳的事实，义正严辞地控诉了刘野樵等一伙特务的法西斯暴行。

---

① 《新华日报》，1946年2月16日。

② 《文史资料选辑》，第66辑，第54页。

③ 同①。

④ 《救国会史料集》，第736页。

⑤ 王葆真：《忆重庆政协和较场口事件期间拒绝利诱和胁迫》，见《王葆真文集》，团结出版社1984年版。

刘野樵等人则言不由衷，自相矛盾，丑态百出。较场口血案的是非十分清楚，最后庭长龚尊一宣布：因见《大公报》载政治协商会议综合小组，将为此案进行政治解决办法，故法院决定延期再审，以视调解结果而定。[①] 实际上这场官司以不了了之。这样的结果，史良感到既愤慨又失望。事后，她向周恩来报告时，周安慰她说："我们从来不对他们的法庭有什么幻想，我们起诉的目的，也不是为了惩办那几个暴徒。我们的目的是要从政治上揭露他们，利用敌人的法庭，达到揭露国民党反动派破坏政协决议的目的，让人们看清他们的面目。"[②]

在这期间，史良忽患恶性疟疾，高烧十余时，有时神志不清，但她仍没有放弃斗争。这一年的4月11日，为了纪念较场口血案，争取实现民主和平，史良和李公朴、曹孟君、施复亮等50余人筹组成立了"二一〇"社，并拟定出版《二一〇》特刊。

史良为争取和平民主而受伤的人士担任律师，在法庭上揭露国民党特务的法西斯暴行，不仅使人们进一步明了国民党反动派破坏政协决议，制造血案的真相，而且也使她本人受到一次深刻的教育。她说："这件事使我受到一次深刻的教育，使我进一步懂得了政治斗争和法庭斗争之间的关系，对敌斗争和教育群众之间的关系，以及具体的战斗和通向胜利的斗争道路之间的关系。"

---

① 《李公朴在重庆的日记》，1946年3月15日。

② 《史良自述》，第63页。

四、全国内战爆发前夕

较场口血案后,史良在救国会第五次大会上报告说:“较场口事件,为反动分子反对政协协议阴谋,已为人所共知。今后类似破坏情形,恐仍有发生。”①事实正如史良所预见,较场口血案后,国民党反动派不仅又制造了一连串破坏政协决议的事件,而且在美国政府的扶助下,加紧准备内战和镇压国民党统治区的和平民主运动。

2 月下旬,国民党用欺骗的手段,挑动重庆部分学生举行反共反苏游行,捣毁中共的《新华日报》营业部和民盟机关报《民主报》营业部。3 月 1 日,国民党特务捣毁民盟西北总支部的机关报《秦风日报·工商日报联合版》营业部,致使该报被迫停刊,并枪杀民盟西北总支部青年部长、《民众导报》主编李敷仁(获救未死)。3 月 1 日至 17 日,国民党召开六届二中全会,在顽固分子的操纵下,通过了《对于政治协商会议之决议案》,公开撕毁政协决议,并对政协宪草原则作了五点更改。

国民党蒋介石在推翻政协会议决议的同时,军事上公然撕毁停战协定。1946 年 1 月 10 日停战协定签订后,国民党军队继续进犯东北解放区,东北民主联军则采取自卫军事行动,给予进犯的国民党军队以打击。国共在东北的冲突愈演愈烈。后经国共双方反复谈判和美国总统特使马歇尔的调停,虽然于 3 月 27

---

① 《救国会史料集》,第 736 页。

日签订了《调处东北停战的协议》,然而停战协议墨迹未干,4 月 1 日蒋介石在四届二次国民参政会上发表长篇演讲,公开撕毁东北停战协议,声称国民党在东北没有完成"主权"接收以前,没有什么内政问题可言,并肆无忌惮地向东北解放区进攻,中共则亦以武力还击,内战的局面已在东北形成。同时,国民党将战火蔓延到关内,国共两党军队在华北、华中的军事冲突不断,全国大规模的内战一触即发。

国民党撕毁破坏政协决议,顽固坚持内战独裁,引起了人们的极大愤慨。就在中共《新华日报》和民盟机关报《民主报》两报的营业部被捣毁后,史良代表救国会前往慰问。她和罗隆基等人联名发表《告国人书》,猛烈地抨击国民党破坏政协会议五大协定,在东北发动"空前残酷激烈之内战,杀人盈城,流血遍野";抨击国民党政府将一切海陆空交通工具停止民运,专门运输军械、军火、军粮,为积极进行内战作准备;抨击国民党政府的特务统治:"政府行将实施警员警管区制度,此制实日本、普鲁士、帝俄等君主专制国家奴役人民之恶毒制度,亦为法西斯主义者压迫统治人民之残酷措施,视人民如奴隶,变特务为警员,不特完全剥夺人民之自由,抑且侮辱人民之人格!"表示中华民族的生命、中国人民的生存,今日不能再遭受内战之损害。国家需要和平与民主,为全国一致的要求。"如果国民党再故违民意,甘冒不韪,视人民如草芥,则人民亦必视之如寇仇,本自救自存之旨,奋起制裁"。①

---

① 《罗隆基史良等八十九人告国人书》,延安《解放日报》,1946 年 6 月 17 日。

4月8日，与国民党谈判的中共代表团成员王若飞、秦邦宪，新四军军长、被国民党监禁刚刚获释的叶挺，中国工人运动领导人之一邓发，以及著名的教育家黄齐生等人乘飞机从重庆返回延安，不幸在山西黑茶山触山遇难。他们的遇难，是中国共产党的重大损失。4月15日，史良和沈钧儒、沙千里、陶行知、曹孟君、李公朴、何惧、胡子婴等人以救国会中央执行委员会的名义，致电周恩来并转毛泽东及中共中央表示悼念。唁电说："敬悉王、秦、叶、邓、黄诸先生坠机殉国，本会同仁无任哀恸。诸先生毕生为中国人民事业奋斗不懈，功在国家，示人楷模，激励后进，其精神永垂不朽。值此和平民主之业尚未完成，此不可补偿之损失，只有全国民主党派、社会贤达益加团结奋斗，或可补于万一。"[①]与此同时，史良还和张澜等人以中国民主同盟的名义，致电毛泽东及中共中央，表示沉痛哀悼。[②]

6月14日，美国国务院正式向国会提交了军事援华法案，随后获得通过。其中规定把剩余军备移交国民党军队，并派遣美国军事代表团训练国民党军队。同一天，美国政府又与国民党政府签订了《中美处置租借法案物资协定》，美国保证向国民党政府提供价值5000余万美元的军火和器材。这无疑是在援助国民党打内战，史良强烈反对。是年初夏，她因事回上海家一趟，6月22日返抵重庆。《新华日报》记者就美国对华政策对她进行专访，她说："以我个人的看法，首先美国军事援华在现在这时候

① 《救国会史料集》，第736页。

② 《中国民主同盟历史文献》(1941～1949)，第156页。

是非常不适宜，特别是在今天中国人民要求停止内战的时候，这种军事援华法案，是与中国人民的要求相违反的。其次，军事援助总有一定的目的，过去是存在中美共同的敌人日本，而现在是中国自己内部的问题。美国特地派马歇尔将军来华调解，为中国和平民主团结而奔走，现在虽然名义上是援华，而实际上就是在军事上支持援助国民党扩大中国的内战，妨害中国的和平，这种援华是与美国当局派遣马歇尔将军来华的目的相违背的。第三，美国也是知道的，中国是一个一党独裁的国家，人民没有一点基本的人身、言论、集会、结社等自由，现在军事援华，实际上就等于支持国民党的独裁，使中国永远不能走上民主的道路。”①

6月23日，在中共地下党的领导组织和发动下，上海工人、学生和各界人士共10万人，举行反对内战，要求和平的游行示威，并推马叙伦、阎宝航、雷洁琼等10人为代表，赴南京请愿。当日下午7时，代表们到达南京下关车站时，遭到冒充“苏北难民”的国民党特务暴徒的围攻和毒打，时间长达5小时之久，马叙伦、雷洁琼等多人受伤，国民党当局在其首都一手策划了“六二三”下关惨案。史良闻讯，立即和沈钧儒、陶行知、沙千里等救国会同人联名致电慰问。电文说：“此次先生等代表上海五百万民众，不辞劳瘁，晋京为民请命，呼吁和平，不意方抵都门，即遭暴徒凶殴，钧儒等闻悉之下，不胜悲愤。八年抗战，疮痍满目，经济已临崩溃，饿莩遍及全国，若再继续内战，势必亡国无疑。先生等为和平奔走，而竟遭毒手，全国人民同声愤慨”，并表示“誓必

---

① 《新华日报》，1946年6月29日。

为先生等后盾,不达到永久和平不止”。[1]

国民党蒋介石撕毁政协决议,制造一连串发动内战、残暴镇压人民革命行动的事端,“种种暴行,层出不穷”。严酷的现实使史良认识到,在国民党统治下是不能够实现民主政治的,她“已经预感到,形势将要急转直下”。[2] 她更加坚定地投身反对内战、争取民主和平的斗争。

① 《沈钧儒等先生慰电》,《新华日报》,1946年6月28日。

② 《史良自述》,第63页。

第十章

为建立和平民主的新中国继续奋斗

一、“李、闻、陶追悼会的‘专家’”

1946 年 7 月，全面内战爆发后，国民党对中共发动全面军事进攻的同时，加剧了白色恐怖，迫害要求和平民主、反对独裁专制和内战的爱国民主人士。

这年 5 月 17 日，在较场口血案遭受重伤的李公朴回到昆明，准备结束这里的工作，携全家老小回上海继续自己的事业。然而他一到昆明，即和民盟云南支部的闻一多、楚图南、冯素陶等负责人一起为反内战、争民主奔走疾呼，如他向云南大学师生做题为《内战与和平》的演讲，在青年会组织的座谈会上报告内战不可避免的时局，打电报慰问下关惨案的受伤者，组织万人呼吁和平签名运动，连续三次公开举行招待会，申明民盟的宗旨是“和平建国，民主团结”，以和平方式争取民主，并非暴力革命团体。李公朴为反对内战，实现民主和平而大声疾呼，对时政弊害大胆揭露鞭挞的不屈不挠精神，国民党反动派恨入骨髓，必欲除之而后快。7 月 11 日晚，他偕夫人外出访友并看电影，散场后在回家的途中被国民党特务暗杀。4 天之后，即 15 日下午，刚刚在李公朴追悼会上悼念亡友并痛斥杀人者的闻一多，也在回家的路上遭国民党特务杀害。

李公朴、闻一多相继被国民党特务刺杀身亡，震惊了昆明，震惊了全国。史良自李、闻被害后，一直穿一件深黑色的长衫，表示对两位烈士的深切哀悼。她一天沉默的时候多，很少讲话。有时候就一个人坐在凳子上自言自语“无耻，卑鄙！卑鄙，无耻！”[①]她特别是对10年来曾和自己一同为抗日救亡而奋斗，共过患难的亲密战友李公朴的牺牲，表示了极大的悲痛，对国民党特务的残忍感到无比愤怒。她认为李公朴的死“象征着中国人民的力量，使统治者发抖了，战颤了，谁想要靠恐怖来统治人民，人们会站起来的”，“中国还有千千万万个李公朴”。[②] 13日，她致唁电慰问李公朴夫人张曼筠女士。随后她又写信给张曼筠说：“当我听到公朴被刺殒命的消息，我真无法压制我内心的悲痛和愤怒！这是公朴为民主努力的代价吗？这是民主国家应有的德政吗？不！但这也可见公朴有巨大的力量，足以动摇那些反民主的势力，他们才不惜用最卑下、最惨酷的手段，来暗算他，杀害他。其实，他们只能暗害他的身体，无法消灭他的精神。显然的，反而激发了千千万万的，过去还未做到像公朴一样的努力，现在却愿意踏着他的血迹，继续前进了！”又说：“谁都有死，谁都逃不了一个死，难道把‘死’就能吓倒人吗？就能镇压一切吗？我们看到一个一个的同志被那反民主的恶势力杀害，固然免不了感伤，可是要杀，他们是杀不尽的，战斗的活力反而增长

---

① 唐弘仁：《在敌人的恐吓威胁面前永不屈服》，《中央盟讯》，1990年第2期。

② 《新华日报》，1946年7月28日。

得更快。这是从古以来的历史所证明了的。”[①]16 日，她写了《哭公朴》一文：

……公朴！当你被较场口击伤头部的第三天，医生替你拆掉伤口缝线的时候，我在你旁边问你痛不痛？你紧握着我的手说：“不痛，这不过是流些血，还要准备着牺牲生命，才能得到民主。”谁想到一语竟成谶语！你努力民主，居然他们会这样残酷的牺牲你的生命。为什么他们和民主不能相容，要把老百姓当做敌人？哼，没有老百姓，他们的钱财从哪里来，他们的地位又从何处说起？硬要把老百姓当敌人，公然用友邦来的子弹打内战，整千整万的残杀，还说是为了国家！为了人民！这显然是反人民，反民主。残余军阀的暴行，我们必须用人民的力量去斗争，去停止。公朴！你是站在斗争的最前锋，你把生命牺牲去停止内战。唉，公朴！我亲眼看到你为呼吁和平而流血，亲耳听到你因反对内战而被杀害。这么健康的这么强壮的一个人，活生生的被人打死，打得从此不能再继续工作。唉，我血在奔腾，心在狂跃，压不住我的愤怒，止不住我的热泪。唉，公朴！你真的死了吗？真的从此没有你了吗？不，公朴！你是没有死，不会死，永远不会死。他们只能杀死你的躯壳，没能办法消灭你的精神。而且，在人类中，更暴露了他们的

① 史良：《为民主革命而献身的战士——回忆李公朴同志在重庆的斗争事迹》，方仲伯编：《李公朴纪念文集》，云南人民出版社 1983 年版。

反民主，杀害老百姓，没人性的狰狞面目。[①]

当时随着国民党政府还都南京，民盟总部也已迁至南京，民盟负责人中只有史良和邓初民、鲜特生留在重庆。为悼念战友，抗议国民党的法西斯暴行，史良等人商议，决定利用因事来渝的国民党要人张群，在重庆举行规模巨大的群众性追悼会。于是史良和邓初民、鲜特生找到张群，请他领衔追悼李公朴、闻一多筹备会的工作。在史良等人发起筹备下，28 日，陪都各界 6000 余人举行李、闻追悼大会，由张群担任大会主席，联大教授周炳琳主祭，史良和吴玉章、张笃伦、胡子昂、鲜特生、许德珩、邓初民、黄次咸、沈起予任主席团及陪祭。开会前，史良穿着一身黑色的衣服，肃立在陪都青年馆门外招待客人。公祭开始后，史良已眼泪纵横、哀痛不能自抑，她噙着泪水报告李公朴生平。最后她含着满腔悲愤控诉说：

> 较场口血迹未干，而现在竟惨遭此卑鄙无耻的暗杀，我不懂，为什么对国家奔走和平民主的人，为了国家谋得真正独立的人，而被人如此打死!？他穿不暖，吃不饱，自己的儿子连学费也缴不起，不想当官，不想发财，他为了什么？为什么国家要如此对待他!？……公朴先生为什么而死？他是为奔走中国和平民主团结而死！他是被谁打死的？公朴

① 《新华日报》，1946 年 7 月 28 日。

先生是被那些不要和平，不要民主，不要团结的人打死的！[1]

这时全场愤怒的人群爆发出热烈的掌声。

随后，史良和鲜特生等在重庆发起成立“李闻案件后援会”，发表宣言，要求国民党当局彻查李、闻血案，切实保障人身自由，陪都各界有50余团体参加。

史良愤怒抨击揭露国民党特务的法西斯暴行，沉痛追悼为民主而牺牲的革命志士，引起了国民党的极端仇视。当时重庆市传言当局已拟出第二批暗杀黑名单，第一名就是史良。时在民盟中央机关报《民主报》工作的唐弘仁得知消息后，立即去告诉史良。史良神情严肃地说：“这些传说，我也听到一些，这可能是一种恐吓，企图把我们这些人吓倒。但也可能是真的，他们还想再杀一批人，以便叫大家屈服。蒋介石十分痛恨中共，也恨我们民盟。因为民盟在政协会议上与中共在政治上合作默契，没有支持蒋介石。”接下来她用坚定的口气说：“我是早有准备的。我们的政治立场不能变。我们在蒋介石、在敌人的恐吓面前，坚决不屈服。”唐弘仁眼含泪花和史良告别时，她紧紧握住唐的手，用既和蔼又镇定的语气说：“我不要紧，我不要紧。谢谢你在这时候来看我。谢谢许多同志这么关心我。我住房的四周布满着特务的爪牙，你也不要再到这里来了。你也要多保重。”[2]国民党想用恐怖手段来扼杀民主运动，然而适得其反，却加速了人们的

① 《新华日报》，1946年7月29日。

② 唐弘仁：《在敌人的恐吓威胁面前永不屈服》，《中央盟讯》，1990年第2期。

觉醒,促进了要求和平民主的运动进一步高涨。

陶行知由重庆复员回到上海后,积极从事和平民主运动。6月23日,他在上海5万群众欢送赴京请愿呼吁和平大会上高呼:"八天的和平太短了,我们需要永久的和平!假装的民主太丑了,我们需要真正的民主!我们要用人民的力量,制止内战,争取永久的和平!我们要用人民的力量,反对独裁,争取真正的民主!"[①]李公朴遇难后,当时社会上传闻他也被列入特务暗杀的黑名单。在白色恐怖的严重威胁下,他沉着冷静,日夜加紧整理自己的诗稿,准备牺牲。7月16日,他写信给育才学校师生说:"如果消息确实,我会很快地结束我的生命。……我提议,为民主死了一个,就要加紧感召一万个人来顶补,这死了一百个就是一百万个人,死了一千个就是一千万。"[②]一个人倒下去,千万个人站起来,这就是他对国民党用卑鄙的政治暗杀摧残民主运动的响亮回答。25日,陶行知终因劳累过度,再加上李公朴、闻一多逝世噩耗,刺激殊深,在上海寓所患脑溢血逝世。陶行知是救国会的中央常务委员,也是同史良一同为抗日救亡而努力奔走呼号的战友。对他的不幸逝世,史良同样感到很悲恸和愤懑。26日她致电陶知行家属表示悼念,唁电说:"惊闻行知先生逝世,悲恸万分,自当继其遗志,加倍努力。还请节哀自重。"[③]8月3日,她写了《吊行知同志》一文:

---

① 《陶行知纪念文集》,四川人民出版社1982年版,第88页。

② 陶行知:《最后的一封信——给育才学校师生》,《国民公论》,1946年7月27日。

③ 陶行知先生纪念委员会编:《陶行知先生纪念集》,第659页。

行知兄"我们的同志，十天前还是活着的同志！"这句话，在半年前是你代表我们救国会吊昆明四位死难烈士祭文中的句子，谁想到，今天我却把这句话来凭吊你呢？……我们朋友中间，你是最革命、最勇敢而最能镇定和忍受一切苦难的人。当政协代表在沧白堂最后一次演讲时，被那班暴徒在会场捣乱后，不是把郭沫若先生和公朴兄包围在迁川工厂吗？我急着奔走营救，你不是还对我说："这是意料内的事，还要镇定些。民主是要斗争才能得到，决不是不牺牲会有的。"这话明明还在耳边，我也承认这话是对的。可是，你又为什么为了公朴兄等的被杀害，你这样的悲愤刺激，以至于死呢，唉！行知兄，你给育才学校的信上，又怎么会说"公朴去了，我会很快的结束我的生命……"这一类的话呢。听说上海的黑名单上，你是第一个名字。唉！悲愤、刺激、反动势力的威胁，竟会把你的血液沸腾得爆炸，爆炸得和我们永别呢，不，千万个"不"。我希望这个爆炸，就是沸腾整个民主潮流的原子弹，你是把生命做争取民主的原子弹。我们要索还你死的代价。总有一天，争取到民主，才配得上来追悼你。行知兄，我不信你死去，你是永远活在每个人的心坎里。①

4 日，生活教育社和育才、社会两校全体师生在重庆举行陶行知追悼大会，史良和吴玉章、鲜英、张友渔、邓初民、周新民等

① 《新华日报》，1946 年 8 月 4 日。

共1500多人参加,由史良任主席。她在会上沉痛致词说:"反动分子虽然在名义上没有打死他,但是实际上还是被反动分子害死的。"她勉励全体师生:"陶先生的一切事业,决不停止。今天我们在他的灵前哀悼他,明年的今天,要把我们的工作在他灵前报告。"史良还为追悼大会撰送了一副挽联:"教育与民主不可分,遍栽桃李万千,远志克承,先生无恨;专制和法西斯成一气,纵有么魔一二,和平争取,我辈有人。"[①]

不久,史良从重庆复员回上海。她到上海后,一直为筹备李公朴、闻一多、陶行知的追悼会而辛勤忙碌着。10月4日,上海举行隆重的李公朴、闻一多追悼大会,各方面的人士5000余人参加,由沈钧儒主祭,洪深司仪,史良和楚图南分别报告了李公朴和闻一多的生平,邓颖超在会上代表周恩来致简短有力的悼词。27日,陶行知追悼大会在上海吕班路震旦大学大礼堂举行,史良和沈钧儒、黄炎培、章乃器等各界人士7000余人参加,由沈钧儒主祭,史良等陪祭。

史良在李公朴等人牺牲后,一直在紧张的战斗着,有人曾访问史良说:"史大姐最近预计如何?"她微笑回答道:"我离开重庆的时候,还有许多案件没有办完,而现在却已经成了李、闻、陶追悼会的专家了。"[②]在她看来,追悼为民主运动而献身的同志和战友,妥善地料理他们的善后事宜,不仅是自己作人的应尽义务,而且通过追悼活动,宣扬革命志士们战斗的民主精神,揭露国民

① 《新华日报》,1946年8月5日。

② 《妇女动态》,《现代妇女》,第8卷第2期,1946年11月10日。

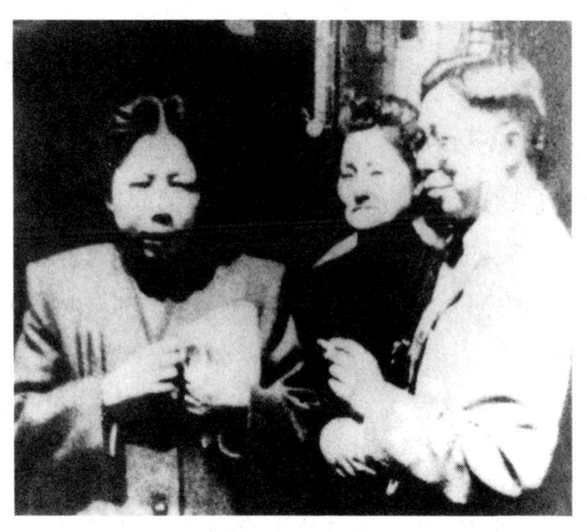

1946年10月4日，上海5000余人在天蟾舞台举行李公朴、闻一多追悼大会，由上海市市长吴国桢主持。（左二为民盟中常委史良，左一为中共代表邓颖超，右为吴国桢。）

党特务的法西斯暴行，以推进民主运动的发展，也是继承死难者遗愿的一种表示，本身也是一项民主活动。在当时笼罩着白色恐怖气氛的情势下，这样作是要冒生命危险的，但她义无反顾，毫不畏惧，把悼念烈士和现实斗争结合起来，正是表现了史良作为一个民主战士的品格和勇敢无畏精神。

史良继承先烈的遗志，为建立民主自由的新中国而努力奋斗着。

二、不承认国民党的一党“国大”

11月15日，国民党无视社会舆论，为维持其一党专政，彻底撕毁政协决议，悍然在南京单独召开伪“国民大会”，并通过了“宪法”。国民党召开的伪国大和通过的伪宪法，彻底暴露了反民主的真面目，遭到包括史良在内的爱国民主人士的强烈反对。

其实，史良作为一名法学家，是非常渴望通过召开国民大会，制定一部真正的宪法，以限制和规范当权者的政治行为，建立一个民主的法治国家。如前所述，抗日战争进入相持阶段后，为了遏制国民党政治上的逆转，争取民主政治和各抗日党派的合法地位，巩固团结，以推进抗战，在第一届国民参政会第四次大会上，各抗日党派参政员发动了宪政运动，通过了“请政府明令定期召集国民大会，制定宪法，实行宪政”的决议，并成立了国民参政会宪政期成会，讨论和修定1936年制定的《中华民国宪法草案》（即“五五宪草”），史良是25名宪政期成会成员之一。会后，她领导和组织了重庆妇女界宪政座谈会，引导妇女团体热烈讨论宪政，同时还参加了宪政期成会关于修正“五五宪草”的多次讨论会，并竭力提倡宪法上应规定国民大会有足够的妇女代表名额。由于国民党不可能改变其一党专制的政治体制，第一次宪政运动沉寂下去。在第二次宪政运动中，史良继续积极倡导实行民主宪政。抗日战争胜利后，经过各党派和全国人民的共同斗争而召开的政治协商会议通过了《国民大会案》、《政府组织案》等五项议案。其中国民大会案规定于5月5日召开国民大会，制定宪法，以及维持旧选代表资格，增加各党派及社会贤达代表700名等。政府组织案则规定，国民政府委员共40名，国民党20名，其余20名由各党派和无党派人士担任；“国民政府委员会为政府之最高国务机关”；国民政府主席不具有紧急处置权，遇有复议之案，如有五分之三以上委员主张维持原案时，该案应予执行。史良认为由此可以结束国民党一党专政、个人独裁和中央集权，制定真正的宪法。她满心欢喜地为“国大”的召开做准备。2 月 9 日在救国会召开第四次全体会员大会上，作为民主同盟内救国会的代表出席政协会议的沈钧儒，报告了政协会议开会情况，其中也谈到关于民盟内部参加政府人选和“国大”代表问题，史良当即向大会提出：“请确定本会参加政府人选，以便向民盟提名委员会提出议案。”[①]随后，3 月 21 日在救国会第六次会员大会上，史良和陶行知、曹孟君、李公朴、宋云彬 5 人被推组成国民大会代表提名委员会，史良为召集人。[②]

然而，以蒋介石为首的国民党统治集团不能容忍也经受不住真正的民主改革，决不会放弃一党专政，7 月 3 日，在隆隆的内战枪炮声中，国民党违背决定，不与出席政协会议的共产党、民盟、青年党和无党派人士协商，单独决定于 11 月 12 日召开国民大会，并要求各党派速交参加“国大”代表名单。之后，蒋介石为了使其即将召开的伪国大披上一件合法的外衣，为了给伪国大增加几名傀儡演员，宣布国民大会延期三天举行。在对青年党、部分民社党及少数的所谓“社会贤达”进行拉拢收买后，11 月 15 日，伪国大在南京开幕。

按照政协决议，真正的国民大会应当在内战完全停止，政协各项决议已付诸实施，人民自由权利已获得保障之后，由改组后

① 《救国会史料集》，第 735 页。

② 同上，第 738 页。

的各党派共同组成的民主联合政府召集。由此大会通过的宪法,才是民主的宪法。在半个中国正打着内战,由国民党一党包办的情况下召开的“国大”,通过的“宪法”,理所当然地遭到共产党和其他民主党派爱国人士的坚决反对,不予承认。12月12日,上海《文汇报》邀请沈钧儒、史良等著名人士,就政府召开“国大”制定所谓宪法,举行座谈会。沈钧儒在会上发言说,正在举行的所谓国民大会,是完全违反了政协决议,因而是非法的,根本不能承认;由其制定的宪法,自然也是非法的。又说,政协得以召开的两大前提,一是下令全面停战,二是蒋介石宣布的四项诺言,[①]现在这两项前提都没有了。宪法又只有6个月的效力,在此6个月内又没有具备这两大前提的可能,所以这个宪法根本不值一谈。如研究这个宪法的条文,还不如研究今后中国应有怎样的宪法。史良在发言中表示完全同意沈钧儒的意见。她说:“在二十八年参政会宪政期成会时,我也参加讨论。当时各方面普遍发动,大家多少还有些希望,讨论也有兴趣,现在局势已发展到这步田地,实在提不起兴趣。所以昨天我接到开会通知,要座谈宪法,研究所谓修正案,当时我就有浪费时间的感觉。要讨论这修正案,无异于为他们捧场,替他们作反应。所以,我也赞成要谈宪法,就应该具体的研究今后应有怎样的宪法,根本

---

① 即蒋介石在政协会议开幕式上宣布:(一)人民享有身体、信仰、言论、出版、集会、结社之自由,司法与警察以外机关,不得拘捕、审讯及处罚人民;(二)各政党在法律之前一律平等,在法律范围内得公开活动;(三)各地积极推行地方自治,依法实行由下而上之普选;(四)政治犯除汉奸及确有危害民国行为者外,一律释放。见重庆《中央日报》,1946年1月11日。

脱离‘五五宪草’的圈子，而举行系统的连续讨论。”[①]史良对“国大”和“国大”通过的伪宪法持反对与不承认的态度，表明她进一步认清了国民党坚持一党专政反对民主的面目，实质上已自然地站到了中国共产党的一边，和中国共产党保持了政治上的一致。陈毅曾说过：民盟“始终坚持团结，反对内战，不参加也不承认蒋介石自吹自擂的所谓国大会议。这种态度，直接保持了民盟在政治上的纯洁性，间接支持了我们的解放战争，在政治上孤立和暴露了蒋介石的反动本质，其意义非常重大。”[②]这是陈毅对民盟的赞扬，也是对史良的赞扬。

三、推进妇女界开展和平民主运动

作为妇女运动的领袖人物，史良时刻关注着妇女界运动的发展情况。1947 年元旦，她发表了题为《我的今年》一文，表达了她对新的一年妇女运动的感想和希望：

> 谁都不能否认，近年来的妇女运动，停留在极少数的上层妇女阶段。政治上的响应和号召，是有相当成就的，可是在整个妇女来讲，是空洞而不切实际，充其极，不过造就几位少数政治活动的妇女人物，对于大众妇女的切身痛苦和

---

① 《文汇报星期座谈国民大会与宪法草案》，《文汇报》，1946 年 12 月 15 日。

② 陈毅：《悼念张澜》，龙显昭、郭光杰主编：《张澜纪念文集》，四川教育出版社 1999 年版。

社会上的地位，并不能解除和提高。因此我们对于今后的妇女运动，是应以大众妇女为对象。具体的讲，是要就各种不同环境的妇女，分别联络和组织，形成一个妇女大团结。一方解除本身的痛苦，一方参加整个的民主运动。因此，我想一九四七年的妇女运动，其工作起步，每个人最少联络五个人或十个人，再由这五个或十个人同样的开展联络下去，来形成妇女大团结。这不是轻而易举的事，但必须切实的开始做起，才能完成妇运的基本工作。[①]

这年“三八”妇女节来临前夕，国民党害怕史良参加纪念活动，宣传和平民主，向她实施威胁手段。3月初，国民党通过上海的某法院突然以传票通知史良到案。史良很惊讶，认为自己没有犯罪，为什么法院要开出传票。正在此时，国民党通过其他关系通知她，只要今年不参加“三八”节的活动就没事了。史良拒绝了这一无理的条件，也没有理会法院的传票，仍然参加了上海妇女界组织的“三八”节纪念活动，并且发表了一篇题为《提倡一个“二不”运动》的文章，强调妇女要过问政治。文章说：

我们必须认清，国家是大家的国家，既不是任何党派的国家，亦不是政府官员的国家，更不是单单男子的国家，而是各党各派、男女老少大家所共有的国家。既是大家的国家，那末任何人都有过问政治的权利，也都有支持政治的

① 《现代妇女》，第8卷第4期，1947年1月1日。

义务。

所谓政治,必须以人民大众的利益为基础,政府必须为人民服务。如果政治而违背了人民的利益,政府而不为人民服务时,人民自有权利来改良政治和改组政府。这是天经地义,古今中外所不易的定则。

西谚云:“人民丰衣足食,安居乐业,就是政治良好的成绩。”可是我们现在呢,内战方殷,死伤无数,物价飞涨,民不聊生,把所有的人力财力完全集中于打内战,就是自己打自己,自己杀自己。为了思想和党派之不同,把人民应有的言论、出版、集会、结社的基本自由也完全剥夺,甚至无是非,无黑白,随便可以捕人,随便可以杀人。在这种情况之下,我们妇女还能不出来过问政治吗,还能安心坐视吗?

可是,妇女无权无势,既无政治地位,又无经济能力,究竟用什么方法来过问政治呢?尤其是在这种重重压迫的当儿,要每一个妇女都能做得到,方能发生巨大的力量。我想提倡一个“二不”运动:“不买”、“不合作”。

(一)间接直接用各种不同方法来帮我们打内战的任何国家的任何商品,我们不买,绝对不买。

(二)凡对于违反民主而有害于人民利益的事业和行动,我们不合作,绝对不合作。

亲爱的女同胞们!现在已是我们国家的生死关头,大家已至无生存的地步。为了“自己打自己”,“自己杀自己”,我们千万同胞拚命抗战所获到的胜利结果的国际地位,也一落千丈了!为了自己的生存,为了国家的前途,我们要把妇女的力量拿出来。我们要团结一致，来提倡这个不买不合作的“二不”运动。今天是“三八”妇女节，我们要把这个行动来纪念这个节日。①

这篇文章无疑是一篇动员妇女声讨国民党反民主、打内战的檄文。

四、大力声援国统区民主运动

“大家警惕，现在是行动的时候，不要尽讲话了！”②这是史良在上海各界民众纪念“一·二八”淞沪抗战 15 周年大会上激昂慷慨的演讲词。史良是这样说的，也是这样做的，她以律师的身份大力声援国统区人民的爱国民主运动。

1947 年 1 月，上海市西摩路国民小学校女教师陈素云因揭发校长丑行被殴伤，上海市立小学校教师召开代表会议，成立了“上海市校教师维护权利联合会”，支持陈素云将被打伤之事诉诸法庭。史良完全支持，为陈出庭辩护。结果，教育局只好将该校长撤职。

2 月 9 日，上海百货业职工工会决定发起爱用国货抵制美货的运动，假劝工大楼举行筹备大会，并邀请郭沫若、邓初民等来演讲。大会刚开始，国民党特务闯入会场进行捣乱，打伤数十

---

① 《文汇报》，1947 年 3 月 8 日。

② 《一·二八纪念大会》，上海《大公报》，1947 年 1 月 29 日。

人,永安公司职员梁仁达受重伤殒命,造成震动上海的“二九”惨案。惨案发生后,史良和沈钧儒、沙千里、闵刚侯、林享元、陆鸿仪、周新生、林秉奇、潘震亚、朱绍文9位律师共同出任“爱用国货抵制美货筹备会”负责人的法律顾问,并在报纸上刊登启事,表示:“凡有侵害各当事人名誉权利及其他一切法益者,本律师等当依法保障之。”[①]支持和声援百货业职工的斗争。

国民党蒋介石的内战独裁政策,使国统区通货膨胀,民族工商业破产,劳动群众和广大公教人员被推到饥饿和死亡线上。为了求生存,他们发出了要吃饭,要和平,要自由,即反饥饿,反内战,反迫害的怒吼。5月18日,国民党政府通过《维持社会秩序临时办法》,用以压迫、禁止罢课、罢工、罢业及游行示威等运动。史良和沈钧儒、沙千里、周新民等开会研究如何进行斗争,予以反对和驳斥。20日,南京、北平、天津等城市爆发了大规模的学生反饥饿、反内战、反迫害游行示威,遭到国民党军警宪兵的镇压,酿成流血事件,造成震动全国的“五二〇”惨案。接着,淞沪警备司令部下令同情学生运动的上海《文汇报》、《联合晚报》和《新民晚报》停刊。对此,史良领导的民盟上海市支部代表上海市全体盟员发表意见,对国民党当局颁布“维持社会秩序临时办法”,以军警力量镇压学生运动,勒令忠实报道学生运动真相之报纸停刊,予以揭露和谴责,明确坦言:对当前全国学生挽救教育危机和反饥饿、反内战的庄严行为,表示无限的同情与最高的敬意;对于被捕受伤的同学与被迫停刊的报纸,敬致深挚的

① 《文汇报》,1947年2月17日。

关怀与热烈的慰问，并要求政府：撤销一切蹂躏民权的法令；立即释放被捕学生，赔偿学生的损失，接受学生的合理要求；立即恢复被迫停刊的报纸，切实保障人民的言论出版自由；立即停止内战。①

美国政府为侵略中国和苏联抗衡，一方面加紧援助国民党打内战，一方面又积极扶植日本侵略势力。中国人民饱尝日本侵略的痛苦，美国的扶日政策，引起了中国人民的极大不安。于是，国统区掀起了反对美国扶植日本抢救民族危机的爱国运动。1948 年 5 月初，上海学生一万多人，在交通大学举行"五四"营火晚会，成立了"上海市学生反对美国扶植日本挽救民族危机联合会"。6 月 5 日，交通大学、复旦大学、美术专科学校等校学生，准备举行反对美国扶植日本抢救民族危机示威大游行，遭到军警的袭击，并有 54 人被军警逮捕。美国驻华大使司徒雷登却公开发表书面声明，为美国的扶日政策辩护；国民党政府上海市市长吴国桢则扬言要传讯上海市学生联合会的负责人。司徒的声明和国民党政府对美国扶日政策的软弱，进一步激起了全国人民反对美国扶植日本的浪潮。

6 月 20 日，史良和上海妇女界进步人士许广平、胡子婴、韩学章、左诵芬、胡毓秀、田蕙青等 300 多人，联名发表声明，向否认美国扶植日本的美国驻华大使司徒雷登提出强烈抗议。随后她又和费孝通、吴晗、沈体兰、孙大雨、顾执中、孙晓村等 397 人，联

---

① 《中国民主同盟上海市支部对于目前学生运动的意见》，《中国民主同盟历史文献》(1941～1949)，第 335～336 页。

名表明了维护祖国安全和独立的声明。当时,国民党当局逮捕了一些参加抗议美国扶助日本示威游行的学生,上海市市长吴国桢扬言要传讯上海市学生联合会的负责人。上海学联为了抗议上海市政府的无理迫害,6 月 28 日针对吴国桢要传讯上海市学联领袖的扬言,在交通大学召开了几千人的公断大会,邀请史良、马寅初、张志让等著名法学家和民主人士出席公断。史良在大会上即席发表演讲说:

> 听说市长要和交大学生打官司,我早就想当学生的义务律师。我查遍了古今中外法典,找不出诸位犯罪的条文。诸位此番反美扶日之举,动机是爱国,行动是正义,这究竟犯了什么法?而吴国桢口口声声要你们限期答复,否则依法传讯,这倒显然犯法。法律上规定:市长并无传讯之权。他这样做法,实在是犯了威胁恐吓之罪![①]

她这篇大义凛然、气壮山河的讲话,不仅极大地声援了上海学生的爱国正义斗争,而且也是对上海广大爱国人民的一种鼓舞。

史良在国民党统治区积极推进妇女界开展和平民主运动,大力支持人民的爱国民主运动,遭到国民党的仇视,把她列入黑名单,派特务对其行动严密监视,企图对她进行迫害。国民党特

---

① 《在第二条战线上——解放战争时期交通大学学生运动》,上海交通大学 1981 年编辑出版,第 104 页。

务于鸣皋在上报教育部的情报中说:“史良和沈钧儒等人,支持上海国立交大、复旦、暨大、同济、医专、商专、音专、吴淞商专等8所学校成立上海国立学校学生联合会,并操纵该国立学校联合会,企图‘从事保障左倾文化人生活’,‘抨击政府分化民主运动团体’和‘策动该会笼络学生界有力学运分子’。”①

五、反对解散民盟

抗战胜利后,中国民主同盟与中国共产党和各民主党派一起以各种方式同国民党蒋介石的内战、独裁政策进行坚决的斗争,维护政协决议,拒绝参加伪国大和伪政府,批判伪宪法,积极参加和支持国统区人民的爱国民主运动,揭露和抗议国民党的法西斯暴行和独裁统治,因此遭到国民党蒋介石的嫉恨。随着蒋介石强迫中共在南京、上海和重庆等地担任谈判联络工作的全体代表和工作人员限期全部撤回延安,国共关系彻底破裂,在国统区各民主党派中,民盟成了国民党打击和迫害的主要对象。

1947 年 4 月 22 日,国民党中央日报发表社论,公然否认民盟的合法平等地位,发出打击压迫民盟的讯号。5 月 3 日,国民党公布了一个捏造的《中共地下斗争路线纲领》和所谓的某政治观察家谈话,污蔑民盟等民主党派组织已为中共实际控制,行动

① 《于鸣皋抄送沈钧儒等支持上海国立学校学生联合会密函》,1947 年 9 月 10 日,中国第二历史档案馆编:《中华民国史档案资料汇编》第 5 辑第 3 编,政治(四),江苏古籍出版社 1999 年版。

亦均系循中共意旨。14 日,国民党政府新闻局长董显光在记者招待会上发表谈话说:“民盟与中共曾公开否认宪法及国民大会之合法性,该盟与反叛政府之中共既有密切关系,虽仍称一和平之政党,然政府对该盟之态度,将视其政策及行动如何而定。”①7 月初,国民党政府通过了所谓“国家总动员案”,随即公布了《戡乱动员令》,使一切镇压民主运动的暴行,得以借“戡乱”之名而合法化。10 月 1 日,董显光再次举行记者招待会,宣称:“过去民盟与共匪间关系密切,主张一致,此为社会共见之事实,无须赘述。政府颁布总动员令后,若干民盟盟员仍不知自爱,号召人民以行动反抗政府。凡此事实,益足使人深信民盟并非独立政党,实为中共之附庸。”董显光发出了国民党决心要正式解散民盟的信号。7 日,国民党西安警备司令部以“勾结共军,密谋暴动,贩卖烟毒”罪名,公然枪杀了民盟中央常委兼西北总支部主任委员杜斌丞。23 日,国民党大批警察特务围困南京梅园新村和高楼们两处民盟总部办事处。27 日,国民党政府内政部发言人宣布民盟为“勾结共匪,参加叛乱”,“企图颠覆政府”之非法团体,“今后各地治安机关,对于该盟及其分子一切活动,自应依据妨害国家总动员惩罚暂行条例及后方共产党处置办法,严加取缔”。②

在国民党政府的高压下,10 月 27 日,史良和张澜、沈钧儒、黄炎培、章伯钧、叶笃义在沪的民盟领导成员开会商议,决定派

① 《董显光在记者会上答问》,《中央日报》,1947 年 5 月 15 日。

② 《民盟参加叛乱,宣布为非法团体》,《申报》,1947 年 10 月 28 日。

黄炎培、叶笃义去南京，会同罗隆基与国民党政府谈判。在南京，黄、罗、叶鉴于国民党当局的严重压迫，民盟已不可能作为一个合法政党继续存在，为使广大盟员免遭大规模镇压的危险，保护民盟成员的生命安全，他们与国民党当局达成协议：民盟正式宣告自行解散，停止活动，并由民盟单方面发表解散公告。11 月 4 日，黄、叶、罗携带解散公告，在特务监视下回到上海。次日，张澜、沈钧儒、史良、张云川和黄、罗、叶聚会集益里八号张澜寓所，举行在沪民盟中常委扩大会议。这时会场内外"特务云集"，楼下客厅挤满了国民党军警特务和新闻记者，门前小弄堂也停满了军警特务的汽车。在听取了黄炎培等报告与国民党政府谈判经过和结果后，史良和沈钧儒、张云川"各就携归之稿仔细商榷"，对解散民盟"发表异议"，[①]反对在国民党的劫持和威胁下屈服。然终因局势所迫，也提不出具体办法，无法改变。

民盟被勒令解散后，沈钧儒和章伯钧等秘密离开上海，前往香港，准备召开民盟一届三中全会，恢复民盟总部，而史良则留在上海，转入地下，继续从事民主运动。沈钧儒去香港前夕，语重心长地对史良说："存初，你留在上海，任务艰巨而重大，在反动派面前，不仅需要勇敢，而且需要策略和坚持。"[②]史良频频点头，两人互道珍重而别。

1948 年 1 月，沈钧儒和章伯钧在香港以中央常委名义，恢复了民盟总部活动，并召开了民盟三中全会。三中全会抛弃了民

① 《黄炎培日记》，1947 年 11 月 5 日。

② 尚丁：《缅怀敬爱的史良主席》，《上海盟讯》，第 9 期，1985 年 9 月 30 日。

盟的中间路线，制定了反对美帝国主义和蒋介石，彻底推翻南京独裁政府，拥护土地改革，消灭封建剥削制度的革命路线，并表示同中国共产党实行密切合作，是民盟新的历史转折点。史良由沙千里代表出席了民盟三中全会，并和留沪中委张澜、黄炎培、罗隆基、叶笃义等共同去信，表示对全会的纲领、路线完全赞同。沈钧儒在三中全会闭幕词中说："对于三中全会决定的新的政治目标和政治路线，上海同志们来信说他们每一句每一字都同意。"

4月30日，中共中央发布纪念"五一"劳动节口号，号召筹备召开新政协，讨论成立民主联合政府。5月5日，沈钧儒、章伯钧代表民盟与在香港各民主党派及无党派民主人士联名通电全国，并同时致电中共中央主席毛泽东，表示拥护"五一"口号。随后，沈托由港返沪的盛康年给留沪民盟中央委员带函，说明香港民盟总部支持召开新政协的态度。史良和其他留沪民盟中央委员经商讨后，随复函沈钧儒、章伯钧，对他们的这一态度表示"极感欣慰"，认为这是"国家当前自救唯一途径"。[①] 9月，吴晗经上海绕道去解放区，期间民盟留沪中委曾就民盟对国是的态度问题举行会议，以便把结论委托吴晗转达中共中央。其中关于参加新政协，全体一致赞成；但在民盟是否接受社会主义这个问题上，有不同意见，而史良和楚图南、罗涵先都投了赞成票。[②]

---

① 《沈钧儒年谱》，1948年5月12日。

② 罗涵先：《在史良同志诞辰100周年纪念会上的发言》，2004年4月26日，打印稿，未刊。

民盟三中全会后，对地方组织进行整顿、恢复和发展。1948年3月，民盟上海区执行部（后改为华东区执行部）在上海成立，由辛志超任主任委员，史良、闵刚侯、苏延宾等任执行委员。7月，辛志超离开上海去香港，史良任主任委员。当时人民革命即将取得胜利，国民党作垂死挣扎，更加疯狂地实施白色恐怖政策，在此险恶的环境下，史良派自己的秘书田蕙青担任上海市支部的联络员，建立了强有力的领导体制，同中共地下党组织密切合作，坚持开展反蒋反美爱国斗争，同时对一小部分主张走中间路线的人士开展工作，向他们介绍解放区的情况，宣传革命斗争形势，使他们放弃中间路线的幻想，走上革命道路，并设法营救被捕同志，帮助一些同志尽早进入解放区。总之，在上海上空乌云翻滚，国民党法西斯白色恐怖猖獗的时候，史良领导民盟上海执行部，为迎接上海解放和夺取全国解放的伟大胜利作出了积极贡献。史良后来回忆说：民盟三中全会以后，受总部委托，在上海建立了华东执行部，我参加了华东执行部的领导工作。盟的活动完全转入地下。从此，我除了公开执行律师业务以外，大部分时间都放在民盟的地下工作方面。由于环境险恶，执行部的会议有时只能在汽车里举行。在万难的情况下，我们仍然保存了盟的组织，并在联系群众，宣传民主，反对蒋介石反动统治方面，做了许多有益于人民的事情。①

---

① 《史良自述》，第71页。

第十一章
天亮前后

一、经办的几宗大案

史良在为争取和平民主的新中国而努力奋斗的同时，继续执行律师业务。她的律师事务所设在开纳路165号。由于她忙于从事民主运动，她所承办的案件，不少是由她的爱人陆殿栋经办的。下面介绍几件这期间她所承办的案件。

1. 台湾林熊征遗产案

林熊征，1888年出生于台北板桥，1895年因台湾割让日本，随全家返回厦门。期间加入同盟会，与盛宣怀的女儿盛关颐结为夫妻。因盛宣怀的关系，投资汉冶萍公司。1908年迁回台湾后，先后创办了"台湾土地建物株式会社"、"制油株式会社"、"大永兴业股份有限公司"等，并投资于制糖、制盐、矿业以及银行等方面，生意做得很大。1946年在台湾病故。这年年底，其妻盛关颐和其女林昭宜经孔祥熙的大女儿孔令仪介绍前去看望史良，委托她办理遗产案件。据盛谈，她已离婚的丈夫林熊征去世，所有全部财产都在日籍妻子高贺手上，林昭宜以养女身份要求分得遗产。当时史良因准备前去参加民盟二中全会，故将案件交给陆殿栋去台北办理，同去的有叶和中会计师等人。林氏遗产都是不动产股票，没有现款。经数月工作，未获现金报酬，盛关颐许以台北煤矿一处作为公费，但迄未到手。[①]

2. 上海高罗培房屋迁让案

高罗培于1940年8月委托上海浙江兴业银行，将其霞飞路1285弄沙发花园内第66号房屋出租于孙姓，租期1年。期满后又继续出租2年。1943年6月，在出租期满的前2个月，高提前通知租户终止租约，收回自用。时原承租人已故，其母将房屋转租一杨姓，杨姓拒不迁出，以至逾期2年零8个月。1946年6月，经上海市房屋租赁管理委员会调解，勒令杨姓迁出。杨姓仍不迁出，且孙姓母亲也搬回居住。又延宕年余。1947年2月，高罗培乃委托史良代理诉讼，请求迅令将房屋交还原主。3月，原告申请被上海地方法院驳回。史良认为判决与"法律事实两相背谬，殊难甘服"，[②]二次向上海地方法院提起上诉，要求将此案转送上海高等法院审理，废弃此判决。上诉文指出：高罗培出租房屋与孙姓，租期内"承租人不得将租赁物分租、转租，约期满，承租人仍未迁让出屋，或未议订新约，所有租金及出租人所受迟延迁让之一切损失，归承租人与保证人连带负担赔偿，订有租约为凭。"租约满期前2月，租户正式通知承租人，"终止租约，期满迁让出屋，收回自用，有函件为证"。但承租人一味拖延，且原承租人已亡，其母于租赁权消失后仍行占住，"已属无权占屋，复将

① 史良文化大革命中检查交代材料，1967年5月3日，未刊。

② 上海市档案馆档案，Q190－1－14583。

房屋转租,更属不合”。要求上海高等法院废弃原判。9月15日,上海高院判决高罗培胜诉,但考虑到上海房荒,为减少被上诉人觅屋之困难,判决杨姓在2年内迁出房屋,交还高罗培。史良对判决“颇以为憾”,但因高院当时“判决房客两年内或三年内迁让房屋者,已成惯例”,[1]最终表示判决有效。

3. 上海地皮大王周纯卿遗产案

周纯卿是上海有名的地皮大王,因心脏病突然发作死亡,家里的妻子和儿女均不知财产情况。1947年史良接办其遗产案后,经过1年零4个月的时间,才清理清楚。根据当时上海律师公会章程规定,律师可取当事人所得财产的5/1000作为公费,如果官司赢了,还可以随意另给酬金,因此这次史良所得的公费酬金颇大。各继承人因无现款,他们除了分给史良上海南京西路南海花园饭店一栋三层楼的房屋60余间外,另划给她山西北路七浦路里弄房屋10余幢。[2] 解放后,史良将南海花园饭店的三层楼房拨给了民盟上海市委会作为办公用,其余全部房屋献给了国家。人民政府接受后,为了解决当时史良的债务和实际负担,如赔偿解放前夕因她而被捕的亲友和工作人员所受到的各种损失(详下),折价付给了她3万余元。[3]

---

① 《史良致高罗培函稿》,1947年9月18日,未刊,原件存上海市档案馆。

② 史良文化大革命中检查交代材料,1967年5月3日,未刊;上海市档案馆档案,Q90-1-4576。

③ 史良文化大革命中检查交代材料,1967年5月3日,未刊。

二、虎口脱险死里逃生

1949年南京政府倾覆前夕，国民党在上海等地疯狂地搜捕镇压共产党和进步民主人士，民盟盟员大都列在特务的黑名单上。国民党当局对史良尤其恨入骨髓，必欲除之而后快，是特务搜捕的最主要对象。事实上，自史良从重庆复员回到上海3年来，国民党特务就一直监视她的行踪，她的住宅开纳路（今武定西路1357～1359号）[①]对面，一直有国民党的岗楼监视着，只是时候未到，不便下手。上海临近解放时，他们便开始行动了。上海警备司令汤恩伯曾发出密令，要"不择任何手段，立即逮捕史良"。[②]

四五月间，史良因血压高，在家中静养，当时战事已迫近上海，在宵禁时间内，她时常接到来处不明的人告诉她"小心，小心，今晚捕人"的电话。4月26日深夜，复旦大学盟员龚忠祥和谢开志被捕，民盟上海市组织进行了营救，史良还曾亲自找施剑翘的弟弟国民党74军军长施中诚等设法营救。此时，她知道危险可能随时发生，正准备离家躲避。5月10日下午，当她接到中共地下党员吴克坚的电话，告诉她今晚警察特务要逮捕她的消息后，她和陆殿栋立即离开家里前往霞飞路（今淮海中路）新康花园公寓顾正寰家躲避。顾是陆殿栋的好友，因上海战事紧张，

---

① 现为上海长宁房地产经营有限公司。

② 史良：《我所走过的道路》，日文版《人民中国》，1963年第7号。

全家已迁移别处，其房屋连同全部家具交由陆无条件使用。[①]

11 日凌晨 2 时，上海警备司令部的 20 余名武装警察和便衣特务，乘坐 3 辆吉普车，到开纳路将史良的寓所团团围住，然后蜂拥入宅。警特用枪迫着工友宋阿福，问他："户长陆昭华[②]在哪里？陆史良在哪里？"宋回答说："我不知道。"话音未落，就被打了一记耳光。[③] 警特立即搜遍 2、3 楼，并把全家所有大小人口集中一处，个别讯问。当他们得不到史良的消息时，即用枪拍案怒斥："岂有此理！"临走留下 5 个警特把守住宅，随后便开始在全市搜捕史良。

当晚，特务们又来到史家，他们将司机阿宝、工友宋阿福关闭一室，通夜严刑拷问，惨号之声，闻于邻里。阿宝受不住连夜酷刑，供出陆殿栋的弟弟陆殿奎的住址。特务们立即于 12 日清晨赶赴陆殿奎家，将陆抓获，并讯问他关于史良的去处。当陆殿奎回答说不知道时，特务便对他进行毒打，并威胁说："你是商人，没有政治关系，你的哥哥也一样。可是你嫂嫂是民盟要员，我们要拘捕他们两个人，请你把他们的地址告诉我们，否则，只好对不起你们了。"另一个特务接着说："我们监视你大嫂史良已有三年之久，现在命令下来要捉人，人又不见了。你既然不知道你兄嫂的地址，只好跟我们走。"[④]陆殿奎就这样被带走了。

此时，司机阿宝又被迫供出史良姑母家的地址，于是特务又

---

① 史良文化大革命中检查交代材料，1967 年 5 月 3 日，未刊。

② 陆昭华即陆殿栋，1943 年至 1946 年他在英国留学期间用此名。

③ 《匪特搜捕史良经过》，上海《大公报》，1946 年 6 月 9 日。

④ 同上。

将她的姑父母荣宝澧夫妇拘去，关押在福开森路（今武康路）20号。此处原为民盟秘密集会之所，现在被特务占用。荣夫人看到荣宝澧年老，不堪受刑，便说出了史良妹夫鲁觉吾（莽）的地址。14日天还未亮，鲁觉吾也被抓来福开森路20号，进来后，当他未说出史良的去向时，特务便将他西装衬衣撕破，裤子剥下，全身滥打。这时特务将荣夫人释放，威胁她立刻把史良找来，不然，“你可来这里领你丈夫的尸体”。[①] 荣夫人听了悲痛万分，泣不成声，正要跨出大门，忽见她的儿子荣幼澧也被拘来，心里更如刀割。

14日清晨，史良的妹妹史孟云派人来到新康花园公寓通知她说：“因亲戚、司机、服务员等已被匪特逮捕，你们的地址不能保密，赶快离开原处。”[②]史良和陆殿栋于是匆忙离开那里，前往南市小西门（即现在的中华路）1204弄3号亲戚石懋钟家藏匿。石懋钟是石南山的儿子，前述1936年12月史良去苏州投案前，曾在石家躲藏过。石懋钟是1948年由同孚路迁到南市区小西门的。为了避开敌人耳目，他们夫妇俩出门乘坐一辆三轮车，然后换乘出租汽车到大光明电影院门口下车，佯称到里面的弹子房去玩，实际上是前门进，后门出，再乘三轮车到达石家。史良先进屋，陆殿栋则在邻近的蓬莱路一家鞋店等着，随即由石懋钟的夫人戴敬文带回家。[③] 史良到达那里时，看见里弄墙壁上贴着许

---

① 《匪特搜捕史良经过》，上海《大公报》，1946年6月9日。

② 史良文化大革命中检查交代材料，1967年5月3日，未刊。

③ 访问戴敬文纪录。

多标语,上面写着:“一人不报,全家杀绝,一家不报,全里杀绝。”[①]国民党特务党徒真是恶毒至极。石懋钟当时任上海益丰搪瓷厂的会计科长。史良之所以到石家躲避,因一是亲戚,二是平时不大往来,邻居不认识他们,比较安全。史良刚离开新康花园公寓不过20分钟,警备司令部的警特人员就赶到那里,但人去楼空,大失所望,只得悻悻然离去。

史良到达石家后,曾由石懋钟女儿石秀珍代拨电话给宋庆龄,请她设法援救,但未拨通。后又请戴敬文母女拨电话打听她姑父荣宝澧父子情况,当她知道姑父和表弟因受牵连而被捕时,心中十分焦急,想去投案自首,以便使他们获释。后为石懋钟等所劝阻,认为此时前去投案,不但不一定能救得了他们,而且等于自去送死。[②]

史良的女秘书田蕙青不知道福开森路20号已被特务霸占,15日她去该处,当即被特务逮捕审问。特务因未从她口中得到什么消息,便将她的衣服剥下,只剩下一条单裤,把手反绑在后面,吊在墙上,用皮带狠抽。打了一个多小时,田蕙青承受了极大的痛苦,始终硬挺着,不肯屈服。一个特务说:“她好厉害,其他女共产党员,受了刑就要哭,她这样的打,一点眼泪也没有,看[真]不愧为史良的秘书。现在她既不肯招,先把她活埋吧!”田蕙青说:“活埋我对你们无补于事,还是请你们叫陆昭华的弟弟

---

① 史良:《我所走过的道路》,日文版《人民中国》,1963年第7号。

② 访问戴敬文纪录。

陆殿奎,将陆家的亲戚朋友一个个写出来,然后你们去搜查。”①随后,特务强迫陆殿奎写出他所知道的亲友的地址。幸战事紧急,特务们急于逃命,来不及派人前去搜查。在逃命之前,他们把拘捕的史良亲友和工作人员阿宝、宋阿福、陆殿奎、鲁莽、荣宝澧、荣幼澧、田蕙青7人,直接送到上海警备司令部南市执行处拘留所拘押。15日这一天,特务们大肆洗劫,史良家及她避难的新康花园公寓顾家的箱箧、衣物、家具、电器及所有摆设,全被一扫而光。

史良和陆殿栋在南市石懋钟家住在3楼一间朝南的房间,几天后,南市区一带警察会同保甲长挨户检查户口。为了避免被人发现,连累别人,史良不得不转换地方。石夫人戴敬文当即提出可去她妹妹戴景贤家,妹夫张伯刚是长江实业银行上海分行经理,人很开明进步,可保安全。随后石懋钟打电话给连襟张伯刚,暗示说家里有位女病友要到他家住几天,张欣然同意。于是史良夫妇立刻动身,雇了一辆出租汽车,由石懋钟夫妇陪同,护送前往张家。张伯刚家住在海格路(现为华山路)交通大学附近一座公寓大厦4楼,从南市小西门到海格路,有一段较长的距离,路上时常有警察拦阻行人盘问,检查身份证,气氛十分紧张。为了摆脱盘查,史良等乘坐的汽车开得很快,辗转好几个地方,最后才平安到达海格路。史良当时用毛巾包住头,装着生病的样子,在汽车里身子紧靠背垫,人缩的矮矮的。到张家后,史良表

① 《匪特搜捕史良经过》,上海《大公报》,1949年6月9日。

示歉意，张叫她不必介意。[①]

史良和陆殿栋夫妇俩人亡命在外10多天，一方面要设法营救因为她而蒙难的亲友，另一方面自己又时刻提心吊胆，亲戚朋友家不敢多留，不认识的人家又恐引起怀疑而走漏消息，不得已只好一步一步向沪西接近人民解放军阵地的地方移动。其所经历的艰险困苦，真是一言难尽。他们到张伯刚家的第二天，即5月24日夜11时，解放军装甲车11辆冲入霞飞路、海格路交通大学附近。次日上海大半解放，史良才从虎口脱险，死里逃生。

史良的亲友和工作人员7人在拘留所关了几天，执行处特务接到上级命令，要将他们7人用卡车运到黄浦江边投入江中，因卡车在中途损坏，未到目的地，时解放军已至，特务们四散逃命，他们也才幸免遭毒手。

据事后了解，经办这件案子的，是国民党最高特务机关，即国防部保密局，局长就是杀人不眨眼的特务头子毛人凤。

史良是个很讲情谊的人，石懋钟和张伯刚两家在她生命处于十分危险的时刻，不惜冒死援救、掩护她，使她大难不死，特别是石家曾两次隐藏她，她衷心铭感。解放后，史良每次到上海，都要去探望石家。石懋钟1960年病重住院时，她曾专门写信给广慈医院院长，拜托他特殊照顾。对于张伯刚，史良在1949年6月间和秘书田蕙青介绍他参加了民主同盟。[②] 对于因受牵连被

---

① 访问戴敬文、戴景贤记录；史良文化大革命中检查交代材料，1967年5月3日，未刊。

② 张伯刚档案，原件存商务印书馆人事处。按张伯刚1981年去世，生前在商务印书馆工作。

捕亲友和工作人员蒙受的各种损失，史良曾拿出自己从事律师业务的相当一部分收入积蓄予以赔偿。

三、欢庆上海解放

5月27日，中国人民解放军将上海市区敌军全部肃清，上海宣告解放。史良顾不得回家去清理那被宪兵特务糟蹋得一塌糊涂的家，先打电话给中共上海市负责人。在电话里，党组织告诉史良正在四处寻找她，听说她还活着，十分高兴。原来，当国民党当局在上海大肆搜捕残杀中共地下工作者和进步民主人士的时候，中共中央惦念着他们的安全，指示首先攻入上海市区的解放军先头部队，要火速寻找和保护在上海的民主党派领导人和其他著名的爱国民主人士。解放军先头部队按照上海地下党提供的情况，迅速查访到宋庆龄等著名人士，并采取严密的保护措施，但却没有找到史良的下落，部队领导增派人员日夜寻访。史良逃脱虎口，首先和中共取得联系。

上海这座百年来“冒险家的乐园”，中国最大的城市，终于解放了，回到人民手中。上海上空彩旗飞舞，锣鼓喧天，全上海市人民都在欢欣鼓舞的气氛中庆祝解放。史良虎口脱险，心情无比激动，热情地欢呼上海的解放。28日，她和张澜、罗隆基、郭春涛等人联名发表声明，指出上海的解放，标志着中国历史上最伟大、最光荣的人民革命已经取得全国范围的彻底胜利，这是中国共产党所领导的、中国人民所进行的伟大的新民主主义的革命，表示“要切实遵行毛泽东先生所倡导的新民主主义”。同时指出，人民革命的力量是无法阻挡的，警告国民党残余人员不要执迷不悟，应立即弃暗投明，将功赎罪，“向中国人民投降”。严正声明：“中国人民愿与世界任何国家，任何拥护和平的人民亲善合作。”①

31日，史良和张澜、罗隆基等人，致电毛泽东和朱德，祝贺解放上海的伟大胜利。电文说：“我人民解放军渡过长江以后，蒋匪反动集团全面土崩瓦解，望风披靡。今我人民解放军又以迅速敏捷行动，解放东亚工商业最大都市上海，使六百万市民大旱得见云霓，黑暗重睹光明，诚堪庆贺。”电文还对国民党军垂死挣扎，对上海实施之野蛮手段，与中国人民解放军的严明纪律作了对比，指出：“此种仁爱与残暴、光明与黑暗之对照，实为人民革命史上光荣胜利之伟大奇绩。同人鼓舞欢欣之余，谨电致贺。”②

史良来到宋庆龄的寓所，二人见面，百感交集，互相拥抱，泣不成声，互相安慰，共庆劫后余生。她和宋庆龄一起参加了陈毅市长举行的茶会。参加这次茶会的有上海的各界人士，大家欢聚一堂，欢庆上海的解放。当史良听完陈毅报告上海战役和这一胜利的重大意义以及中国共产党的城市政策等后，内心无比激动，竟说不出话来。

四、北上参加开国大典

北平和平解放后，在东北解放区和华北解放区的民盟负责

---

① 《中国民主同盟历史文献》(1941～1949年)，第533页。

② 同上，第538页。

人先后抵达北平，于3月5日正式成立中国民主同盟总部临时工作委员会，推选沈钧儒、章伯钧、朱蕴山、胡愈之、邓初民等22人为委员，领导全盟工作，同时宣布原在香港的中国民主同盟总部结束。次日，民盟总部临时工作委员会致函在上海的张澜、史良等中央常委，告知民盟总部临时工作委员会在北平成立，期盼他们“早日命驾来平，参加领导为荷”。[①] 与此同时，中国人民救国会中央临时工作委员会亦在北平成立，并开展工作。

上海解放，扫除了史良等人北上的障碍。5月31日，沈钧儒、章伯钧等代表民盟总部临时工作委员会，再致电张澜、罗隆基、史良和郭则沉，请“即联袂北来，主持四中全会，商订本盟今后决策”。[②]

中国共产党早在进行组织和筹备召开新政治协商会议时，即电示中共上海局，把史良列入邀请参加的名单中。[③] 救国会中央临时工作委员会第13次临时会议推定史良和胡愈之等5人为代表，出席新政治协商会议筹备会。[④]

6月初的某一天，史良等十多位即将到北京参加新政协会议的民主人士，一起出席了陈毅司令员特在上海金神父118号花园

---

① 《中国民主同盟历史文献》(1941～1949年)，第518页。该书致函日期为3月7日，误。

② 同上，第539页。

③ 《中央关于邀请参加新政协者的名单给港分局的指示》，1948年9月20日，中央统战部等编:《中共中央解放战争时期统一战线文件选编》，档案出版社1988年版。

④ 《救国会史料集》，第821页。

举行的座谈会。[1] 15 日，她和在上海的张澜、罗隆基、郭春涛、王葆真一起乘火车离开上海，途经南京、济南作短暂停留参观，于 24 日到达北平。在车站受到朱德、周恩来、林伯渠、董必武、李维汉、沈钧儒、郭沫若等人的热烈欢迎。

新政治协商会议筹备会于 6 月 15 日至 19 日在北平召开，史良被分配参加起草中国人民政治协商会议组织法小组的工作，但由于史良当时尚未到达北平，由张曼筠代表参加。史良来到北京后，立即参加了政治协商会议筹备会等一系列紧张的工作。政协筹备会常务副主任周恩来曾向史良征求出席会议的代表人选问题，史良说："旧政协我没有参加，基本上没有妇女代表，我希望新政协能够注意到妇女代表名额。"[2]周恩来表示赞成，认为她提的建议很好，并请她放心，说中国共产党也很注意这个问题，"新中国的妇女一定会在政治上和男人得到同样的政治权利，而不会受到歧视"。[3]

9 月 21 日至 30 日，中国人民政治协商会议第一次全体会议在北平隆重召开，中国共产党和各民主党派、人民团体、人民解放军、各地区、各民族以及国外华侨的代表 662 人出席了大会。史良是作为中国民主同盟的正式代表出席会议，并当选为大会主席团成员，参与领导这次大会。大会讨论通过了《中国人民政治协商会议共同纲领》等重要文件。9 月 30 日，史良当

---

① 占仲仁：《再喊我一声"史良妈妈"》，《摇篮》，2009 年第 5 期。

② 史良：《永远的怀念——纪念周恩来总理诞辰八十一周年》，《光明日报》，1979 年 3 月 4 日。

③ 史良：《回忆新政协》，《中央盟讯》，1985 年第 6 期。

1949 年 9 月，史良出席中国人民政治协商会议第一届全体会议时留影。

选为中国人民政治协商会议全国委员会委员，稍后，又被增选为常务委员。

10 月 1 日，中华人民共和国宣告成立，史良参加了开国大典。当听到毛泽东宣读中央政府公告，宣告中华人民共和国成立，中国人民从此站立起来了，史良无比的兴奋激动。一百多年来，中华民族的优秀儿女前仆后继，流血牺牲，终于换来了今天

1949 年 9 月，史良出席中国人民政治协商会议第一届全体会议时与部分女代表合影。（前排右起为史良、邓颖超、宋庆龄、何香凝，二排左二为蔡畅。）

的胜利。史良作为一个律师，一个曾经为推翻国民党的反动统治而奋不顾身地进行斗争的民主战士，此时此刻她怎能不欢欣鼓舞，怎能不激动得热泪盈眶呢？她写道：“中国人民从此站立起来了。这是中国人民向全世界的庄严宣告，帝国主义者讥笑我们是‘东亚病夫’的时代已经一去不复返了。我以作为一个中国人而感到无比的骄傲,无比的自豪。”[①]旧中国一去不复返了,史良向往追求的人民当家作主的新中国已经诞生。她深深体会到,没有共产党,就没有新中国,也没有她自己;是共产党挽救了中国,也救了她自己。从此,史良与中国共产党亲密合作,努力为新中国的建设和发展而努力工作。

① 《史良自述》,第75页。

第十二章
组建新中国司法部

一、奠定新中国司法基础

中国共产党十分信任史良，中华人民共和国一成立，即任命她为中央人民政府司法部首任部长和政务院政治法律委员会委员。

这是新中国民主与法制创建和奠基的时期。万事起头难，要彻底废除压迫人民的旧法律、法令和司法制度，建立和制定保护人民的法律、法令和司法制度，一切要白手起家，从头开始，是一项十分艰巨的任务。那时，社会上存在着一种轻视司法工作的倾向，不少人认为司法工作可有可无；也有的人对原有的一套司法程序采取全盘否定的态度；更有一些胆小的人不敢轻易触及这个领域。作为第一任司法部长，责任重，风险大，“前途有限，后患无穷”，面临重重困难。毛泽东和周恩来曾亲切鼓励史良说：“没有关系，你做好了，有党的支持。”①

勇于进取，想努力干一番事业，不怕困难，凡事具有信心，是史良的性格。通过法律来保障人民的民主权利，为人民服务，也是史良的毕生志愿。而且，在她看来，任命她来当司法部长，也

---

① 《人民司法工作的开拓者》，《中国法制报》，1985年11月4日。

是共产党和人民对她的莫大信任,因此她勇敢地承担了这个重任。

在共产党和中央人民政府的领导和支持下,史良受任后,兢兢业业,勤奋工作,注意向解放区来的老干部学习。她领导司法部,和沈钧儒领导的最高人民法院密切合作,首先狠抓了建立和健全司法机构的工作,在全国各地筹建了各级人民法院和法庭,奠定了新中国的司法基础。

1950 年,史良和蔡畅在天安门城楼上。

1950 年 7 月 26 日至 8 月 11 日,最高人民法院、最高人民检察院、法制委员会和司法部共同在北京召开了第一届全国司法会议。会议讨论了人民法院暂行组织条例、刑法大纲、诉讼程序通则、犯人改造暂时条例、公司法等草案。史良在会上作了《关于目前司法行政工作报告》,根据司法部成立 8 个多月来的经验,她提出下面七项作为当前的主要工作:(一)建立与健全各地的司法机构;(二)训练、培养与调配干部;(三)督导各地对犯人的管制与改造工作;(四)进行法治的宣传工作,教育国民忠于祖国,遵守法纪,遵守劳动纪律,爱护公共财产和履行国民义务;(五)建立与推行新的、人民的律师工作与公证工作;(六)对各地司法机关司法行政之督导与检查;(七)其他有关司法行政事项。为了建立人民的法制与法律秩序,她把建立与健全执行法纪的

1950年7月，全国第一届司法工作会议在北京召开。图为会议闭幕后史良与沈钧儒等人合影。

司法机关，作为当前首要任务，并提出各地除设立刑事和民事法庭（或审判委员会）外，还应建立并健全值日制、问事处、法医检验等制度和机构。值日制或叫值日室，是为群众直接而迅速处理轻微与紧急的问题；问事处为群众作口头或书信解答问题，并包括代书诉状。她认为：值日制与问事处是人民法院联系人民的便民组织，应予发扬；法医检验不仅是帮助判断案情或破案的重要助手，而且还是科学的助手，在新旧社会中，法医都常对一定案件的判断，具有决定的作用。[1] 后来她根据实践，进一步提出，人民法院应设立接待室，解答当事人的疑难问题和处理人民

① 《政法工作报告汇编》（1950年），第98、99、103页。

来信，听取群众的意见，改进司法工作。为进一步便利人民诉讼和解决纠纷，根据她的指示，各地人民法院还逐步建立了人民巡回法庭、人民接待室、人民调解委员会的组织。她说："经验证明，要加强我们的司法工作，必须紧紧依靠人民的支持和监督，必须吸引人民来与司法机关一道维护国家的政策法令的执行，并与一切犯罪行为进行斗争。"[①]

到1953年初，全国各级人民法院和司法机构已基本建立，并得到了初步的改造和整顿，法制和干部培训工作也提到了议事日程。

由于新中国刚刚成立，司法干部严重缺乏，为此，史良十分注意司法干部队伍的建设。首先从民政、公安、部队中抽调了一定数量富有实际工作经验和理论政策知识的老干部，作为骨干干部。其次培养新干部，除了关怀和帮助各大学的法律系，作为大批培养未来干部的重要来源外，还吸收和选拔了一批青年知识分子，进行培养训练。第三，改造除反革命分子或有严重贪污腐化及劣迹昭著者以外的旧司法人员，使他们为人民服务。同时史良十分注意培养妇女司法干部，主张多提拔妇女当审判员，认为人民司法工作中有不少女法官，不仅是妇女的光荣，也是我们人民和国家的光荣。她说："女同志一般心细、耐心、负责，是适于作司法工作的，而且人口中既有半数的妇女，更须要妇女参加司法工作，希望女同志们主动的来参加这一工作。我们各级

---

① 史良：《关于加强人民司法工作建设的报告》，1953年4月11日，（内部文件），原件存最高人民法院。

领导同志尤应注意提拔与培养女的司法干部，使我们人民司法工作中的'女青天'能更多的出现。"[①]在全国各级党、政的大力支持下，司法干部队伍逐步成长，到1956年止，已由建国初期的7000余人发展到41483人，约增加了6倍，"在数量上的严重恐慌状态已经得到基本的克服"。[②]

值得指出的是，在新中国法制建设的过程中，史良不是仅靠过去的经验，而是十分注意学习，不仅向书本学习，更注意向实际学习，向人民群众学习。她经常到基层视察，倾听基层干部和人民群众的意见和要求，发现基层工作中的问题或经验，然后带回来报告中央，参与制订路线、方针和政策，以及各种规章制度；然后又在工作中贯彻执行这些方针政策，为社会主义建设服务。1950年上半年，史良曾赴东北视察司法工作，她对于东北司法部组织犯人劳改队，使犯人从事劳动生产，既解决了监房容纳犯人不足问题，又改造了犯人和发挥犯人劳动力，为国家增加财富的做法很赞成。返京后，史良向政务院政治法律委员会第十次委员会议作了详细报告，受到主任董必武的重视，指出："司法部这次赴东北视察发现的问题更切实际，对于东北所采取的制度，各地要根据本地实际情况分别采用。监狱工作是目前的一个大问题，涉及教育改造犯人，要努力解决好。"[③]随后，在第一届司法工

① 史良：《关于目前司法行政工作报告》，《政府工作报告汇编》（1950年），第103页。

② 史良1957年4月13日在全国人大常委会第63次会议扩大会议上的报告。

③ 《董必武年谱》编纂组编：《董必武年谱》，中央文献出版社2007年版，第369页。

作会议上，把改进监狱制度工作列为了司法行政工作的具体任务之一。

1951年3月21日，史良亲自带队赴上海、南京两市和江苏、浙江两省视察司法工作，并听取了皖北、皖南以及苏北的司法工作汇报，至4月26日返京，历时35天。她对视察中发现的问题进行了认真的研究，写成《关于华东司法工作视察报告》，5月9日呈报董必武和周恩来。史良在报告中畅谈了视察华东司法工作的开展及其在镇压反革命运动中的作用，以及不少地区各级政权对司法工作关怀领导不够，司法干部量少质弱，清理积案与处理在押犯人等问题的情况、感受和意见。中央人民政府政务院高度重视，7月11日，以"政政齐字第四五号"通报主送各大行政区、省、市人民政府；抄送政务院政治法律委员会、中央司法部、中央公安部、最高人民法院、最高人民检察署、中央人事部。通报说："兹将中央人民政府司法部史良部长五月九日关于视察华东司法工作的报告转发你们。其中所提清理积案与组织大批犯人劳动改造两点意见，确是当前必须解决的两项重要而迫切的问题。为及时清理积案，必须由各级人民政府首长负责，亲自主持，统一计划，统一领导，以公安、司法、检察以及军法干部为骨干，动员各方得力干部为突击进行，务于9月底前清理完毕。各地清理积案计划及进行情形应层报上级。对于在押人犯中，凡确应处死及释放者，须迅速处理。凡判决一年以上刑期者，均须速即分别组织适当生产，实行劳动改造。各级人民政府对此两项迫切任务，务须予以很好解决。人民司法工作，是人民民主政权建设中的一个重要组成部分，某些地区对司法工作仍有重视不够的现象，应予纠正。必须贯彻本院一九五〇年十一月三日关于加强人民司法工作的指示，并结合土地改革及镇压反革命两大运动，加强人民司法工作的领导与建设。对司法干部应设法作必要的补充，对司法部门所吸收的新知识分子和留用的旧司法人员必须加强教育和改造工作，对司法机关在职的主要干部的调动，应照中央司法部和中央人事部五月二十六日对司法干部调配办法的联合电示办理，对司法部门的工作必须实行定期检查与讨论，藉此予以及时指导和解决困难，以期逐步地健全各地的人民司法工作。"[①]

二、开拓民主与法制的建设

史良对司法的民主原则十分重视。她主张法院独立进行审判，实行人民陪审员制度，审判公开进行，被告人有辩护权等。

史良从"司法独立"的观点出发，主张司法与行政应该截然分开。她认为：人民法院是代表国家行使审判职权的唯一审判机关，它的一切活动和权力，应不受任何势力的牵制和左右，只服从法律。审判只能由法官依据法律完全独立地进行，"机关首长只能负责领导机关干部工作，不能给他们领导机关干部的审判工作赋予'对干部的生杀予夺的'司法大权"。[②] 就是上级人民

① 《中央人民政府政务院通报》，1951年7月11日。

② 史良：《我的旧法观点的危害》，1952年8月21日，未刊，原件存最高人民法院档案室。

20世纪50年代,史良、陆殿栋(左)夫妇与司法部苏联专家等在史良寓所合影。

法院也不能干涉下级人民法院对于具体案件的审理;当下级人民法院正在进行审理时,上级人民法院不能揭示它应如何判决。如果下级人民法院判错了,也只能依照法律规定的上诉程序和监督程序实行纠正。这样才能使审判工作者具有公正信念,认真研究案情,严格遵照法律作出正确判决的权利和义务。

史良认为一审的刑、民案件有人民陪审员参加的人民陪审员制度,“是我国人民司法制度另一项极其重要的民主原则”,“是吸引广大群众直接参加国家管理活动的一项重要制度。”①人民陪审员是由广大劳动人民选举出来的,是法院的组成部分,他们参与法院民事、刑事案件的审判,并与审判员有同等的权力,

---

① 史良1957年访问印度的讲话稿:《中国人民司法制度的概况》,未刊,原件存最高人民法院档案室。

这样便更广泛地吸引了人民参加司法工作。通过参加法院案件的审判，不仅使人民帮助了国家重要任务的执行，而且实行了人民对司法的监督，同时将真正的人民意志、人民的法律感觉注入司法的权能，保证了人民司法的真正民主和人民司法与人民的血肉联系。

1955 年底，史良随全国人民代表大会视察组去江苏视察工作，顺便视察了上海、南京、无锡等地的人民法院，并着重了解法院在审理一审案件时有无人民陪审员参加等审判制度的贯彻执行情况。在史良的关注下，截止 1956 年，据 23 个省、市不完全统计，已选举 246,500 多个人民陪审员；辽宁、浙江、安徽、福建等省，有 80% 到 90% 的案件实行了人民陪审员制度。①

审判公开进行，是人民监督自己的法院在执行审判职权时必须的，也最足以保证审判能够合法与正确，并且使人民群众了解法院的权力与活动，以达到对社会进行守法教育，培养社会主义道德的效果。被告人有权获得辩护，包含着国家保证被告对于被控的犯罪，有一切可能来从事辩护的权利，和被告的权益在法院中得由他人或律师代为辩护两种意义。人民的法院应不仅使被告人充分行使辩护权利，并从各方面来使辩护权得到确切的保证，以使审判公平正确。

显然，上述史良倡导的这些民主原则都是正确的、必要的，并且在一定程度得到贯彻和执行。

---

① 史良：《关于司法行政工作中的几个问题》，未刊，原件存最高人民法院档案室。

三、建立和推行人民律师与公证工作

史良在旧中国多年从事律师工作，她深知旧中国大部分从事律师职业者，是为了养家糊口，因而她十分重视建立新型的、为人民服务的律师工作。在第一届司法会议期间，她就提出了建立与推行新的、人民的律师工作和公证工作。她说："废除旧律师制度不是说不要新的律师制度，相反的，我们认为新的人民的律师制度是需要的。"[①]她指出，新社会律师作为"法庭与人民间的桥梁"，与旧律师有原则的不同，他们的主要工作有三方面：(一)为人民代撰书状，出庭辩护，代理和辅佐诉讼，以保护人民的合法权益；(二)协助审判，便于深入群众调查研究，提供真实情况；(三)正确宣传人民政府政策法令。[②] 为此，司法部当时曾就建立新律师制度问题，召集有关方面开了几次座谈会，并草拟了一个北京、天津、上海三市律师制度试行办法草案，发供大家参考。由于1954年制定的宪法中规定"被告人有权获得辩护"，司法部随即指定京、津、沪等大城市试建了律师工作，并于1956年3月召开了全国律师工作座谈会，确定对律师制度采取重点建立，逐步推行的方针，明确了律师工作的任务，交流了工作经验。会后，各地相继成立了法律顾问处、律师协会筹备委员会，初步

① 史良：《关于目前司法行政工作报告》(1950年8月3日在第一届全国司法会议上的报告)，《政府工作报告汇编》(1950年)，第108页。

② 同上。

开展了律师工作，取得了一定的经验和成绩。

史良认为，只有倾听双方当事人的意见和申诉，从正反两方面来客观地进行分析，才能作出全面的和正确的论断。因此，被告人进行辩护，既充分行使了他的民主权利，也避免了审判人员的偏听偏信，从而可以使判决正确，防止冤假错案的发生。被告人在人民法院中应享有广泛的辩护权，其形式是多种多样的，而律师制度在辩护权利上占有特殊的重要地位。人民律师为刑事被告担任辩护人，不仅保护了被告人的合法权益，更重要的是对巩固人民民主法制能起到良好的作用。人民律师作为民事当事人的代理人，不但能帮助法院弄清案情，保护当事人的合法权益，还能通过协商和解，促进当事人的团结，减少诉讼。他们通过解答询问和代书工作，根据国家的法律和政策告诉来访人什么是是与非，不但支持了来访人向坏人坏事作斗争，保护他们的权益，而且对于显然违法或无理的要求诉讼，给予说服教育，使之息讼，有利于团结生产。特别是对那些不识字或识字不多并缺乏法律常识的劳动人民，人民律师更要帮助。此外，律师除通过法律讲演向群众、干部进行法律、法令的宣传外，还为某些机关、企业、团体和合作社试作常年法律顾问，不但帮助解决纠纷，有利于生产和业务工作的顺利进行，还提高了人们的法制观念。人民律师工作很受群众欢迎。

1957 年初，全国已建立法律顾问处 700 多个，律师 2000 余人，但是远不能满足群众的需要，律师参加诉讼的案件很少，尤其是担任刑事辩护的更少。为了解决律师的来源问题。史良曾提出除在高等院校培养新律师之外，还可以适当地吸收一些旧律师参加工作。她认为旧律师并不完全都是坏的，有的也富于正义感，经过改造之后，有些人还可以做人民律师。“旧司法人员多具有社会经验和较高的文化程度，很多地方的经验证明，如果经过认真改造后，是能够作些工作的。”[①]1955年她去苏联访问时，看到苏联还有沙皇时代的旧律师在担任律师工作，更加深了这一想法。因此，她在1956年全国律师工作座谈会上，提出可以吸收一部分旧司法人员和旧律师参加律师工作，并说：“如果我们还抱持着以前的观点来看待今天的旧司法人员和旧律师，是不完全妥当的。”“旧司法人员不能当审判员，这是肯定的，因为审判员掌握刀把子，这与律师只从法律角度对案件提出意见而无权作最后的决定的情况不同。”[②]1957年初，她列席司法部党组会讨论律师工作时，再次提出：“可以给一些比较进步的旧律师当律师，不必放在编制之内，可以开放一点自由市场，让他们自由挂牌，如他们作得不好，在社会上自然地被淘汰。”[③]这一意见未被党组所采纳。

史良主张调动一切法学人才的积极性，让那些有造诣和专长的法学界老教授发挥他们的作用，并对某些党员干部中存在的官僚主义和宗派主义提出了批评。她说，我们“对待有些老教授们是很不尊重的”，“不少地方曾对某些老教授在一个相当长

---

① 史良：《关于目前司法行政工作报告》（1950年8月3日在第一届全国司法会议上的报告），《政府工作报告汇编》（1950年），第102～103页。

② 史良1958年8月17日在第四届全国司法工作会议上的发言：《我的初步检讨》，未刊，现存最高人民法院档案室。

③ 同上。

期内，既不安排工作，又不组织学习，闲置一旁，无人理会，形同坐冷板凳。有的即使安排了工作，也有安排不当的，或者无法发挥其潜力的”。“我认为这是由于某些共产党员的官僚主义和宗派情绪，因而对本想在共产党领导下为我国法学贡献力量而又不能发挥潜力的教授们的苦楚心情，是领会不够的”。[①] 她的这一意见，自然也很难行得通，而且紧接着就开展了反右派斗争，不少法学界的老教授和旧律师受到批判，被定为资产阶级右派分子。

公证工作是史良的一项创举。关于公证制度，史良认为，这是一个可以减少讼争，有益于人民的制度。今后在国营、私营经济更加发达和经济相互关系更加频繁的情况下，对带有法律性重要文件（如契约、保证书、保证、遗嘱等）的形成，加以确认，可以预防流弊，减少讼争，很有好处。在她的创议下，新中国有了第一批公证员，并在上海、哈尔滨、沈阳等一些工商业发达的城市首先开展了公证工作。据统计，1956 年全国已有 155 个市和 400 余县开展了公证工作，在保护国家财产和公民的正当权益等方面作出了一定成绩。

遗憾的是，自 1957 年起，“左”的思潮迭起，史良建立和推行的人民律师工作和公证工作，遭到批判，不幸夭折。直到党的十一届三中全会拨乱反正后，国家政治生活走上正轨，从 1957 年到 1982 年中断了 25 年的律师工作和公证工作得到恢复和重建。放眼目前，律师事务所、公证处遍及全国城乡各地，已成为我国

① 史良：《我的初步检讨》，1958 年 8 月 17 日。

社会主义制度下进行法制建设的一个重要组成部分。历史证明了史良上世纪50年代的真知灼见。

新中国成立后,史良为建立和健全司法机构,为开拓民主与法制的建设,为建立和推行人民律师与公证工作,做了大量的奠基和开创性的工作。她为此所作出的努力和取得的成就,党和人民是不会忘记的!

四、参与主持制定《婚姻法》

史良在旧中国度过了大半生,她痛恨歧视妇女,男尊女卑,男女不平等,家庭包办婚姻,妇女婚姻不能自主,以及重婚、纳妾、寡妇不能再嫁等封建陋习,对妇女的低贱社会地位和悲惨命运表示了极大的同情和关注。如前所述,她上世纪20年代末期即开始从事妇女解放运动。执行律师业务后,她承办的案件中,妇女案件占有很大的比重,其中绝大部分又与婚姻问题有关。她在当时法律所许可的范围内,尽量为保护妇女的权益作一些力所能及的工作。她在政治和社会生活中,为求得政治民主,争取妇女的民主权利,实现男女平等而斗争。但是,她深深懂得,妇女的真正解放,只有社会的解放,即社会制度的根本改变,才有可能。新中国的成立,为妇女解放,实现男女平等,提供了这种可能,为妇女参加社会活动,改变社会地位,开辟了广阔的前景。但是要使这种可能变为现实,必须用法律条文的形式固定下来,使人们有一个必须共同遵守的行为规范。因此,史良任司法部长后,第一个参与主持制定的最重要的法令,便是《中华人民共和国婚姻法》,这也是中央人民政府成立后所制定的第一部大法。

在《婚姻法》制定过程中,史良以极大的热情参与讨论。她从自己长期为妇女办案的切身体会中提出,在没有爱情的婚姻中,中国妇女所遭受的苦难是很深重的,坚决主张在《婚姻法》中规定妇女有一方提请离婚的权利。她的主张在《婚姻法》中得到了体现。1950 年 4 月 13 日《婚姻法》公布。30 日,中央人民政府颁发命令:中央人民政府委员会第七次会议通过的《中华人民共和国婚姻法》,自 1950 年 5 月 1 日起公布实行。自公布之日起,所有以前各解放区颁发的有关婚姻问题的一切暂行条例和法令,均予废止。《婚姻法》共 8 章 27 条,规定:坚决废除包办强迫、男尊妇卑、漠视子女利益的封建主义婚姻制度,实行男女婚姻自由、一夫一妻、男女权利平等、保护妇女和子女合法利益的新民主主义婚姻家庭制度;禁止重婚、纳妾;禁止干涉寡妇婚姻自由;禁止任何人借婚姻关系索取财物。该法还对结婚、夫妻间的权利和义务、父母子女间的关系、离婚、离婚后子女的抚养和教育、离婚后的财产和生活等问题作了具体规定。《婚姻法》的公布施行,是中国人民革命战争取得全面胜利以后,和全国范围内进行土地改革的同时,进一步摧毁封建主义与建立新的社会生活和家庭生活的重大社会改革,对于妇女的解放,更具有重大的意义。

《婚姻法》公布后,史良发表谈话说:“这个《婚姻法》不仅是进步的,而且是革命的。它不是一部徒具形式的条文,而是在实际上积极扶植妇女,保护儿童,摧毁封建主义残余的。反封建正是我们新民主主义革命的任务之一。男女不平等已几千年了，要从不平等达到平等，绝不是形式上规定的平等可以达到的，必须加倍扶植实际处在不平等地位的妇女，才能真正走向男女平等。各地法院所受理民事案件中，婚姻案都占多数，也可以说明《婚姻法》的制定，确实完全适合客观环境的需要。”她还指出，《婚姻法》制定后，使正确处理和解决婚姻问题、家庭问题有法可依，因此必须切实执行，逐条逐字的使其实现，使妇女的合法权益和人格地位真正得到法律的保障。这必须有各方面的配合努力，首先应从宣传教育工作入手，各有关机关、群众团体，特别是妇女团体，必须密切和区乡人民政府、县市人民法院联系，协助其了解问题，处理纠纷。所有的司法干部特别是县级司法干部，对这部《婚姻法》应特别加以研究学习，才不会在处理问题时发生错误与偏向。她还强调：妇女本身“更应加紧学习，宣传这个法令的精神，树立起正确幸福的婚姻观念，使沉浸在封建婚姻的苦海中的姊妹，也能正确的在这《婚姻法》的保证下挣脱出来，和男性一起，为促进社会进步、国家富强而奋斗”。[①]

新中国成立，虽然封建制度从经济基础上被根本摧毁，然而由于中国社会长期受封建主义的统治，封建思想和封建婚姻制度的残余，在一些人中，甚至在不少的干部中，仍然有深固的影响。因此，包办强迫与买卖婚姻，在许多地方，特别在农村中，仍然大量存在，致使全国各地有不少妇女因婚姻问题而被杀或自

① 《史良部长谈婚姻法》，《光明日报》，1950 年 4 月 16 日。

杀。[①] 史良认为,有法不依,再好的法律法令,也只不过是一纸空文。要使婚姻真正自由,男女在法律上的权利、人格、地位平等,成为事实上的平等,必须严格按照法律条文办事,对违反法律的行为必须给以应有的惩处。1951 年 9 月 26 日,她以司法部长的名义和最高人民法院院长沈钧儒联合发出通知,指出:"《婚姻法》颁布施行以来,各级人民法院在执行《婚姻法》上是有一定成绩的,但有不少司法机关还存在着普遍性缺点,主要的是:对贯彻《婚姻法》的政治意义和自己在贯彻《婚姻法》中的严正责任认识不够,未把自己看成是积极支持妇女反对封建束缚和虐害正义斗争的骨干力量;对不少妇女在恋爱、结婚与离婚上受到许多的限制与干涉问题,不闻不问,甚至妇女因婚姻问题被虐杀或自杀的血案叠次发生,亦未采取有效措施,以终止虐杀事件的继续发生。"通知要求"今后各级人民法院应把自己作为当地为贯彻《婚姻法》、支持妇女反对封建束缚和虐害正义斗争的骨干力量,不仅应及时而正确地处理婚姻案件,且应主动积极地为群众处理婚姻问题(如巡回审判,定期访问已处理之婚姻案件当事人等),并经常利用一切可能,组织各种力量向群众进行宣传教育工作。"[②]

随着农村土地改革和城市厂矿企业民主改革基本完成,中共中央和中央人民政府决定进一步贯彻执行《婚姻法》。1953 年 1 月 9 日,政务院举行会议,决定成立中央贯彻《婚姻法》运动委

---

① 《婚姻法及其有关文件》,第 80 页。

② 同上,第 87 ~ 88 页。

员会，由沈钧儒任主任，史良和刘景范、何香凝、彭泽民、邓颖超、萧华为副主任。史良发表了《认真贯彻执行婚姻法》一文，认为各地司法干部在执行《婚姻法》上，成绩是显著的，但也存在不少问题，主要表现为：（一）不重视或不正确地宣传《婚姻法》，以为宣传《婚姻法》是妇联的事，不应该由人民法院管，否则就会妨碍中心任务，增加麻烦。也有的把宣传《婚姻法》当成突击任务，做了一两次就算完事，既不广泛，也不深入。（二）最普遍的偏向是对妇女的正义要求不予积极支持，甚至对于妇女的被虐杀及因婚姻问题被杀或自杀的严重现象，未予严厉制止；对于致妇女于死地的干部或群众处刑过轻，甚至熟视无睹，采取放任态度。（三）在审讯作风上，普遍的问题是处理案件拖延，不少要求离婚的妇女，通过区、村政府已是费了许多时日，到了县人民法院又一再被拖延不决。有的办案既不向群众调查，也不找有关机关或团体帮助，孤立地草率结案。之所以发生上述偏向或错误，她分析主要是存在以下思想认识问题："（一）对于封建思想在群众中的潜在力量估计不足。没有认识到虽然封建的土地剥削制度已随着全中国的解放和土地改革运动的完成而崩溃，但封建的婚姻制度及其思想习俗还在群众中有深固的影响，因而重男轻女，视妇女为侍候丈夫公婆的家庭奴隶，以致包办、强迫、买卖的封建婚姻制度在不少地区依然存在着，妇女被迫害至死的事件，不断发生。如果在群众中对于这种残存的封建习俗及其影响，不经大力的教育加以克服，并对犯罪者予以必要的惩处，那是不会自然消灭的。（二）不少司法干部也还有封建残余思想，又未认真地学习人民政府的婚姻政策，往往视妇女受压迫为司空见惯的事,不仅不加以纠正,甚至还迁就某些区、村干部的封建落后思想;还有少数司法干部在处理自己或与自己有关的婚姻问题时,根本违反《婚姻法》的精神,有意或无意地成为封建婚姻制度的维护者。(三)更普遍的是许多司法干部没有认识到,贯彻执行《婚姻法》的性质,就是反封建的革命斗争之一,经常被这一斗争发生在人民内部的现象所模糊,误以为这是妇女对男子的斗争,甚至因为男方是贫雇农,就以为这是亏损贫雇农的斗争。而不从实质上去认识封建的婚姻习俗是过去反动的封建统治者所加于人民群众的枷锁,只有彻底摧毁这一枷锁,妇女才能获得与男子平等的自由,男女群众才可能摆脱包办、强迫、买卖封建婚姻制度的束缚,才能发挥广大妇女生产的积极性,从而共同建设我们新民主主义的新社会。(四)也还有少数司法干部对于婚姻案件的处理不及时不正确,是由于把它孤立地看成是人民内部个别人与人间的私事,是无关大局的小事,这是不了解婚姻问题的社会意义,不了解这是有关千千万万群众利益的问题。这是缺乏群众观点,对群众不负责任的官僚主义恶劣作风的反映。"①

针对以上问题,史良在文章中提出做好以下几项工作:(一)正确掌握婚姻政策。"必须明确认识我们之所以这样重视婚姻问题,是因为家庭是社会经济单位,又是社会文化教育单位,任何人如果在婚姻关系上遭受压迫,必致斫伤他的生产积极性和教育子女的责任心,这对于新社会各种建设事业的开展是有阻碍的,因而我们必须废除封建主义的婚姻制度"。(二)大力宣传

① 《婚姻法及其有关文件》,第130~131页。

婚姻政策。“这是消除群众的封建思想，打垮封建主义婚姻制度不可缺少的工作。要做好这一工作，必须领导重视，干部努力。各地人民法院宣传婚姻政策的方法，首先是应该通过审判教育当事人和广大群众。同时，宣传的内容不仅是一般地讲解政策，更重要的是培养和发现生动的事例，即用妇女在解除封建束缚后，建立了新的民主和睦的家庭，成为生产中积极分子的实例来教育干部和群众。”(三)严惩侵害妇女人权者。“一年来全国各地妇女因婚姻问题自杀或被杀者达数万人，这在人民民主专政的新社会里是一件不能容忍的事。……为了防止妇女因婚姻问题自杀或被杀的事件继续发生，对于造成此种事件的干部或群众，必须分别责任的轻重予以严厉的制裁。”(四)改进审判制度与工作作风。“各地司法干部必须主动积极地为群众处理婚姻案件，即在审判制度上不仅只是在机关等待诉讼，坐堂问审，而且应以巡回就审主动为妇女的正义要求撑腰，并广泛向群众进行教育。在处理案件的方法上必须走群众路线，即通过向群众调查材料，征求意见，并结合当事人所述材料对照研究再作判决。邀请当地妇联参加陪审某些婚姻案件，已是成熟的好经验，各地应更广泛地建立或健全这一制度。在处理案件的时间上应力求及时，因为群众的婚姻问题得不到及时的正确解决，不仅延误生产，而且常有因此招致妇女自杀的”。①

史良对督促贯彻执行《婚姻法》始终不遗余力，并亲自到下面去了解、检查《婚姻法》的执行情况，发现问题就及时解决纠

---

① 《婚姻法及其有关文件》，第131、132页。

正。她对在全国妇女联合会工作的几位同志说:"现在有的女青年要求婚姻自主,有的寡妇要求再嫁,仍然受到干涉和迫害,要使法律上的条文变成现实还要不断努力。妇联是妇女的娘家,我们妇女干部要为妇女撑腰,要理直气壮大声疾呼,支持她们同封建势力作斗争。"①经她提议,一些地方法院设立了婚姻庭,专门承办处理妇女婚姻案件,由妇女担任庭长。

由于史良一贯重视妇女儿童工作并为之满腔热忱地工作,在1953年第二次全国妇女代表大会上,被推选为常务委员,以后又被推选为全国妇女联合会第二、三、四届副主席。她作为人民中国妇女领袖人物之一,除了上述为解决好妇女婚姻问题这件大事而努力外,还十分注意联系和团结各阶层的妇女,共同致力于社会主义建设。她关怀文教界、科技界的女知识分子,经常反映她们的意见和要求。她与工商界妇女人士和家属促膝谈心,鼓励她们学习党的政策,努力提高思想,积极参加社会主义政治活动与劳动。

五、"坚决正确镇压一切反革命活动"

新中国成立初期,国民党反动派残留在大陆的反革命分子不甘心失败,继续进行种种破坏和捣乱,向新生的人民政权进攻。为此,1950年7月23日,中央人民政府政务院和最高人民法院正式公布《关于镇压反革命活动的指示》,要求对一切反革

① 左诵芬:《一片丹心为中华》,《中国妇女》1983年第9期。

命活动采取严厉地及时地镇压，同时又必须贯彻实行镇压与宽大相结合的政策。全国开始大张旗鼓地镇压反革命运动。镇压反革命运动开始后，史良领导司法部立即投入运动。

然而镇压反革命运动开始后，一些地方的领导干部对工作认识不足，对反革命分子存在着严重的“宽大无边”的错误倾向，致使一些怙恶不悛的反革命分子被几擒几纵，继续作恶。这一错误倾向在司法机关也有表现。例如，某些司法干部在思想上缺乏镇压反革命是司法工作的第一位任务的观念，错误地认为镇压反革命工作主要由公安部门执行，司法机关主要是受理一般民、刑案件，无形中放弃了与公安、检察等部门通力合作，有力地镇压反革命活动的职责。也有些司法干部忽略了督导各级司法机关认真执行镇压反革命的政策，对各地发生的“宽大无边”偏向不问不闻，亦不感觉其严重性。①

10 月 10 日，中共中央发出《关于纠正在镇压反革命活动中的右倾偏向的指示》，要求在镇压反革命问题上要纠正“宽大无边”的严重的“右”的倾向。1951 年 2 月 21 日，中央人民政府颁布《中华人民共和国惩治反革命条例》，为镇压反革命斗争提供了法律武器和统一的量刑标准。史良对此完全拥护，2 月 24 日，她发表了《坚决正确镇压一切反革命活动》一文。文章根据 32 个地区（3 个大行政区、25 个省市法院、3 个省分院和 1 个县法院）司法机关镇压反革命的总结报告指出，反革命分子利用各种

---

① 《中央司法部在去年整风运动中检讨司法干部思想偏向》，《人民日报》，1951 年 2 月 21 日。

方式，诸如组织武装暴动、窃取情报、抢劫杀害、破坏经济建设、造谣惑众、破坏土改等方式，无孔不入地在企图危害人民民主政权和人民民主事业。虽然各级人民司法机关对反革命活动曾给以打击与镇压，并获得了一些成绩，但检讨起来却有“镇压不足，宽大有余”之憾。她分析了各级人民司法机关对镇压反革命活动“镇压不足，宽大有余”的主要偏向有：（一）该办的不办，马虎释放；（二）该严办的却判得轻；（三）对反革命案件办得慢；（四）对监狱犯人管得松。她还精辟地剖析了产生这些“右”倾偏向的主要原因：第一，某些司法工作者对法庭与监狱二者都是人民民主专政的工具认识不足，同时陶醉于革命胜利之中，产生轻敌思想。第二，有些干部把“镇压与宽大相结合”的完整政策割裂地理解为“镇压”就是“杀”，“宽大”就是“不管”，因而在掌握“首恶必办，胁从不问，立功受奖”的原则上有偏差，机械地认为一案或一地的首恶只有一个，其余的反革命分子，纵然罪恶滔天，也都不算首恶；认为“胁从不问”就是根本不管，甚至把“胁从”、“从犯”和“共犯”混为一谈，也一概“不问”；对于“立功”也不区别立的是真功还是假功，把坦白认罪、据实招供和在监狱中的假积极也都当作“立功”，予以奖励。因而，在审判量刑上失去了准绳，偏向宽大。第三，有些干部用国民党的“六法

20 世纪 50 年代史良在农村考察

观点”判处反革命分子,以“犯人年轻或年老”、“虽血债累累,但尚肯坦白”、“虽系主谋,但未动手”、“虽罪大恶极,但非主谋”、“虽阴谋破坏,但目的未遂”等等理由,予以免罪轻刑。她指明了如何进一步克服这些偏向和正确贯彻中央镇压与宽大相结合的政策,坚决镇压反革命的活动。最后她希望全体司法工作者认真研究“惩治反革命条例”,一致努力为执行该重大条例,为完成“镇压反动,保护人民”,巩固人民民主专政的光荣历史任务而奋斗。①

随后,史良历时月余亲自率领中央华东视察组,到上海、南京两市和江苏、浙江两省视察镇压反革命工作,检查各司法机关执行镇压反革命政策和审判反革命案件的情况。视察结束后,史良向周恩来总理和政务院政治法律委员会董必武主任写了工作报告。报告说:“镇压反革命运动极合民心。这一运动在华东已顺利地进入或正在进入高潮。沿途不少例子,说明坚决镇压反革命是群众迫切的要求……目前这一运动的发展,基本上是正确的,已获得了伟大的成绩,但如因此产生麻痹自满的思想,则是切记不可的。第一,城市工作落后于农村,有些还正待开展中;第二,各地有不少重要罪犯在逃匿中,亟须追寻归案;第三,对未及发觉的潜伏的匪特间谍(更还有继续派来的匪特),特别更应警惕作坚决斗争。”②报告指出,在当前镇压反革

① 史良:《坚决正确镇压一切反革命活动》,《人民日报》,1951 年 2 月 24 日。

② 《中央人民政府司法部史良部长关于华东司法工作视察报告》,1951 年 5 月 9 日,未刊。

命运动得到群众热情拥护和伟大胜利之时，必须防止和纠正某些干部产生“急躁草率偏向”，提出“必须根据稳、准、狠三者不可偏废的原则，更完备地、更谨慎地掌握与指导这一伟大运动，巩固既得胜利，力求不发生偏差，以坚决肃清一切反革命活动”。史良的报告得到中央人民政府的重视和赞同，并转发各大行政区、省、市人民政府和政务院政治法律委员会等政法五机关和中央人事部。

经全国人民的共同努力，到1951年10月，全国规模的群众性镇压反革命运动基本结束，清除了国民党反动派在大陆上的残余势力，铲除了长期危害人民和社会安定的各种恶势力，进一步巩固了人民民主专政。

建国初期，中国共产党和中央人民政府为完成人民民主革命，解放社会生产力，巩固新生的人民政权，还在全国范围开展了诸如土地改革、“三反”、“五反”等社会改革运动。在这一系列运动中，史良作为司法部的主要领导，督导各级司法机关，从司法方面保障各项运动的顺利进行，起了一定的作用。

六、参与领导开展司法改革运动

自1951年11月开始，针对资本家中的一些不法分子以向国家干部行贿、拉拢等非法手段，以获取高额利润的情况，中共中央在党政机关工作人员中开展了反贪污、反浪费和反官僚主义的“三反”运动，在私营工商业者中开展了反对行贿、反对偷税漏税、反对偷工减料、反对盗骗国家财产、反对盗窃国家情报的“五反”运动。在运动中,也暴露了司法机关本身存在着许多组织不纯和思想不纯的严重现象。例如,鉴于新的司法人才还来不及培养出来,因而司法队伍留用了不少旧的司法人员。“全国各级人民法院干部共约二万八千人,其中旧司法人员约六千名,约占总人数的百分之二十二。他们大部分充任审判工作,特别是不少大、中城市及省以上人民法院的审判人员中,旧司法人员更占多数”。[①] 这些旧司法人员除其中有一部分经过教育和工作的锻炼,确有所改造和进步者外,多数是很少进步,甚至是反动的,有相当一部分是反动党、团、特务分子;其次还有一部分是贪赃枉法分子,将国民党法院贪赃枉法的丑恶作风带进人民法院来,在人民中造成极坏的影响;第三,旧司法人员中很多存在着严重的旧法思想和旧司法作风,在处理案件中,没有革命立场或敌我不分,按旧法判案,推脱作风,因而办案中不断给人民群众造成重大损失。此外,还有在人民法院中的一些老干部堕落蜕化。为了扫除人民司法机关中残存的旧法观点和旧司法作风,为了进一步从思想、政治和组织上纯洁各级司法机关,为了密切联系人民法院与群众的联系,史良提出在“三反”、“五反”运动的基础上彻底改造与整顿各级人民法院,即:在各级人民政府统一领导和有关部门配合下,动员群众,从上而下地、有计划、有步骤地开展一个反旧法观点和改革整个司法机关的运动——司法改革运动。她于1952年8月13日向中央人民政府政务院写了《关于彻

① 中央政法机关司法改革办公室1953年4月编印:《司法改革与司法建设参考文件》,第2页。

底改造和整顿各级人民法院的报告》，指出："两年多来，各地人民法庭的工作是很有成绩的。各级人民法院在为巩固人民民主专政，维持革命秩序，保卫人民权益的任务上，也作了不少工作，在迭次伟大的群众运动中，一般是起了积极的作用。各级人民法院中多数干部在工作上是努力的，并有成绩的；有些法院保持并提高了政治上、组织上和思想上的纯洁性，因而也创造了一些人民司法工作经验。"报告同时指出："但在'三反'运动中，暴露了全国各级人民法院还存在着严重的组织不纯和思想不纯的现象。"她提出了几点整改意见：（一）必须自上而下地首先把一些已经堕落蜕化、作风恶劣，或坚持旧法观点不改的负责干部，加以调整和处理，同时把旧司法人员中的坏分子从司法部门中清除出去；（二）必须给各级人民法院补充必要干部，应请各级人民政府调配一些立场坚定、观点正确和熟悉政策的老干部充任骨干，放手提拔一批积极分子到各种重要岗位上来；（三）各级人民法院的彻底改造和整顿，是巩固人民民主专政和保证国家经济建设的重要措施，它不单是人民法院内部人员的调整问题，而且是一个肃清国民党反动的旧法思想和旧司法作风残余的问题。随后她具体领导了这个整改运动。

难能可贵的是，史良不仅亲自参与领导了司法改革运动，而且认真学习有关司法改革的文件，带头进行检讨，解剖自己。解放前史良有长达16年的律师业务，而国民党的"六法全书"又是执行律师业务的唯一标准，她认为自己在思想、工作上不可避免地还存在着"六法全书"的影响，她写了《我的旧法观点的危害》

一文,[①]诚恳地检查旧法对她的影响,批判反动的旧法观点,并虚心提请同志们提意见。此举进一步推进了司法改革的进行。

历经9个月的工作,司法改革运动取得了显著成效,思想上清算了"法律是超阶级、超政治的以及'办案是单纯技术工作'等错误,"明确了"人民司法工作应该依靠什么人,对谁专政,应该保护什么,反对什么,以及法律必须为政治服务"等,进一步在司法工作人员中划清了敌我思想和新旧法律的思想界线。组织上,全国2063个法院,共清除出坏分子和不适宜作人民司法工作者5557人。除对反革命或有严重罪行的少数犯罪分子予以法办外,其他大多数均作了适当的安排。与此同时,各级法院补充了6505名干部,基本上改变了法院组织不纯的严重现象。[②] 1953年4月11日,在第二届全国司法工作会议上,史良作《关于加强人民司法工作建设的报告》,其中指出:司法改革运动"历时九个月,现已在全国范围内基本完成。它在人民司法建设里程中是具有历史意义的,为今后人民司法工作的进一步建设打下了基础,为从司法方面保障国家大规模建设的顺利进行准备了一个必要的条件。"[③]董必武在第二届全国司法会议上讲话说:"司法改革运动使中国的司法工作踏上了新的一步,成绩很大。"[④]司法改革成绩巨大,史良功不可没。

---

① 史良:《我的旧法观点的危害》,1952年8月21日,未刊。

② 史良:《关于加强人民司法工作建设的报告》,1953年4月11日,(内部文件),原件存最高人民法院。

③ 《第二届全国司法会议文件》(内部文件),第11页,现存最高人民法院。

④ 《董必武年谱》,第420页。

七、“以实际行动拥护我们的宪法”

自新中国建立以来，全国各族人民在中国共产党和各级人民政府的领导下，经过土地改革、抗美援朝、镇压反革命和“三反”、“五反”等各项伟大的社会政治运动，生产热情极为高涨，通过短短的3年时间，国民经济得到迅速恢复，新生的人民民主政权获得巩固。但我国基本上还是一个贫穷的以个体经济为主的农业国。为了迅速改变这种状况，早日把落后的农业国转变为富强的社会主义工业国，中国共产党提出了过渡时期的总路线，即“要在十年到十五年或者更多一些时间内，基本上完成国家工业化和对农业、手工业、资本主义工商业的社会主义改造”。与此相适应，召开全国人民代表大会，制定宪法被提上议事日程。经过以毛泽东为主席，朱德、刘少奇等32人为委员的中华人民共和国宪法起草委员会的工作，1954年6月，中央人民政府公布了《中华人民共和国宪法草案》，在全国人民中间展开广泛讨论，征求意见。

史良多年来希望中国能有一部真正反映全体人民意志和利益的民主的宪法，并能认真付诸实行。因此，她对中国人民的第一部宪法的诞生，感到无比的高兴，特写了《以实际行动来拥护我们的宪法》一文。文章说：“中国共产党和毛主席在领导我国进入了大规模经济建设的第二年，在提出了国家过渡时期总路线以后，又领导我们制定并公布了这个宪法草案来征求全国人民的意见，准备在全国人民代表大会通过后，正式颁布实施。这

1954 年政协全国委员会宪草(初稿)座谈会第八组成员。

个宪法保证了中国人民通过和平的道路,消灭剥削和贫困,建设一个繁荣幸福的社会主义社会。我以万分愉快兴奋的心情,来拥护这个宪法草案,并誓愿在它正式颁布以后,全力来服从它、贯彻它、保护它。”她认为宪法草案反映了我们国家过渡时期的特点、根本要求和广大人民建设社会主义社会的共同愿望。如规定要“依靠国家机关和社会力量,通过社会主义工业化和社会主义改造,逐步消灭剥削制度,建立社会主义”。如指明“中华人民共和国是工人阶级领导的、以工农联盟为基础的人民民主国家”。如规定“国营经济是全民所有制的社会主义经济,是国民经济中的领导力量和国家实现社会主义改造的物质基础”。又如宪法草案在肯定了我国现有的四种关于生产资料的所有制,并依照法律保护各种非社会主义经济包括资本家所有制在内的私人所有权的同时,又规定逐步改变这种非社会主义所有制为社会主义所有制的具体步骤,这充分说明了宪法草案“是原则性与灵活性正确地、恰当地结合的伟大创造。”她认为宪法草案全部贯串社会主义和工人阶级领导的人民民主原则，从国家机构到公民权利义务的规定，确定一切权利属于人民，一切为了人民，为了建设社会主义，这就保证了全国人民在国家生活中能够真正当家作主，国家机关和国家工作人员能够忠诚为人民服务。而对国内阶级关系、民族关系、妇女权利、统一战线等方面的规定，既团结了多数，又照顾了少数；既有一般的共同的规定，又照顾到特殊情况，更能鼓舞一切社会力量，积极参加社会议建设和社会主义改造事业，并在这一事业中发挥高度的积极性和创造性。她认为宪法草案对司法的民主原则也作了极明确而严正的规定，肯定了法院独立进行审判，人民陪审员制度，审判公开进行，被告人有辩护权等民主原则，这“将使我们的法院更进一步地民主化，与资产阶级国家所谓的‘民主制度’相比较，就更加显示出人民民主国家制度的无可比拟的优越性”。史良在文章的最后说：她深信，宪法草案经全国人民讨论后，提交全国人民代表大会通过颁布施行，“必将使我们的人民民主法制进一步地健全和加强，使我们的人民民主政权更加巩固，也将进一步地发挥专政武器的威力，更有效地保障人民民主权利和保障国家经济建设及各项社会改造事业的顺利进行，人民民主统一战线亦将继续发挥它应起的作用，使我们在中国共产党、毛主席的领导之下，逐步地通过和平的道路消灭剥削和贫困，建成繁荣幸福的社会主义社会”。[①] 她号召人们认真学习、讨论、宣传宪法草案，深

---

① 《中央盟讯》，1954 年第 7 期。

1955年9月，史良出席一届人大二次会议期间，与宋庆龄（左）和蔡畅（右）在一起欢谈。

入了解它的精神和实质，“以实际行动来表达我们对中国人民的第一部宪法的热烈拥护”。[①]

全国人民对宪法草案进行了两个多月的热烈讨论，对其所规定的基本原则热烈拥护，同时提出了许多补充修改意见。旋经中央人民政府委员会讨论并通过经过修改的宪法草案，决定提交第一届全国人民代表大会代表审议。

9月15日至28日，中华人民共和国第一届全国人民代表大会第一次会议在北京召开。会议通过了我国第一部社会主义类型的《中华人民共和国宪法》、《关于政府工作报告的决议》以及

---

① 史良：《在第一届全国人民代表大会第一次会议上的发言》（1954年9月24日），《人民日报》，1954年9月25日。

《中华人民共和国全国人民代表大会组织法》等五部重要法律。史良是以全国人民代表大会江苏省代表的身份出席会议，并于24日在大会上发言，她说：第一届全国人民代表大会第一次会议的召开和中华人民共和国宪法的通过，是中国人民政治生活中具有重大历史意义的事件，“标志着我们国家更进一步民主化”，[①]同时表示完全拥护周恩来所做《政府工作报告》。她还向大会简要报告了新中国成立5年来的司法工作情况。在这次会议上，史良继续被任命担任司法部部长。

12月21日至25日，中国人民政治协商会议第二届全国委员会第一次会议在北京举行。在这次会议上，史良被推选为政协常务委员。从此，史良又多了一种身份参加国家的政治生活。

在宪法颁布两周年之际，即1956年9月20日这一天，史良以司法部长的身份，向苏联人民作了题为《我们的民主生活》的广播讲演。她在讲演中回顾了宪法颁布两年来，在我们国家生活中起到了巨大的积极作用，“它促进了我国社会主义建设事业的健全发展，加速了我国社会主义建设事业的进度，由此促成了人民民主统一战线进一步的发展，扩大了人民民主生活，也就进一步巩固了人民民主专政，保证了我们建设社会主义祖国，保卫世界持久和平事业的胜利”。[②]

---

① 史良：《在第一届全国人民代表大会第一次会议上的发言》，《人民日报》，1954的年9月25日。

② 《争鸣》，第1期，1956年11月1日。

第十三章

出色的社会活动家

一、慰问西南军区中国人民解放军

新中国成立4年来，中国人民解放军继续发扬英勇作战，艰苦奋斗的精神，消灭了大陆上国民党残余部队，肃清了土匪，粉碎了国民党残匪对我国沿海的骚扰，胜利地保卫着祖国国防的安全和社会的安定，使我国社会主义建设和社会主义改造事业取得了光辉巨大的成就。为了表达全国人民对人民解放军无限的崇敬和感激心情，同时向人民解放军宣传祖国4年来经济建设的伟大成就，宣传国家在过渡时期的总路线，鼓舞他们为加强现代化的军事建设，为保卫祖国安全，保卫国家建设顺利进行，保卫远东与世界和平而奋斗，1954年2月5日，政协全国委员会常务委员会、中国人民抗美援朝总会常务委员会举行联席扩大会议，决定组织全国人民慰问解放军代表团，奔赴全国各地慰问中国人民解放军。史良作为全国政协常委出席了会议，并被推选为慰问团副总团长之一。慰问团总团长是董必武。

以董必武为总团长，陈叔通、史良等28人为副总团长的全国人民慰问人民解放军代表团总团组成后，全国各大行政区、中央各机关、各民主党派、各人民团体及华北、北京市以及中国人民志愿军也选派代表，相继组成一个直属总分团和7个总分团，并配备有文艺工作团体，于 2 月 17 日至 22 日先后出发至全国各地慰问人民解放军。

史良和王从吾、蔡树藩、栗再温副总团长以及第一总分团和第三总分团的几位副团长率领的代表团，主要慰问解放军西南军区领导机关和指战员。他们的到来，受到西南军区各部队的热烈欢迎，成立了欢迎代表团的专门组织，代表团的办公室、宿舍打扫得干干净净，还在大门口扎了彩楼，张贴欢迎标语。

21 日下午，史良等慰问团成员在重庆市劳动人民文化宫隆重举行慰问大会，中共中央西南局、西南行政委员会、重庆市各民主党派、人民团体的负责人、工农业劳动模范、中国人民志愿军特级英雄黄继光烈士的母亲、军属代表等 2100 多人出席大会。慰问团由王从吾致慰问词，史良、蔡树藩和聂济峰分别讲话，向西南军区首长和全体指挥员、战斗员表示亲切的慰问和崇高的敬礼，赞扬他们守卫在祖国的西南边疆，坚决执行人民军队永远是战斗队，同时又是工作队的任务，4 年来在各项工作中，都作出了很大成绩。称赞他们积极参加了修筑成渝铁路、宝成铁路和康藏、成阿、昆洛等公路，对西南地区的建设作了很大的贡献。慰问团代表向西南军区和西南军区空军、炮兵、公安部队献旗、献礼，并为军区部队代表佩带慰问纪念章。西南军区政治主任王新亭代表全体指挥员、战斗员对全国人民的慰问表示热烈的感谢和敬意，表示一定坚决执行国家在过渡时期的总路线、总任务，继续发挥人民军队的优良传统，时时刻刻提高警惕，守卫边

1954年2月，史良任全国人民慰问解放军代表团副总团长，这是她在四川省慰问残废军人。

疆，保卫我国的社会主义建设。[1] 中共中央西南局常委周兴、西南行政委员会副主席熊式辉等也在会上讲了话。

当晚，慰问团携带的各文工团在重庆市7个地方同时作慰问演出。次日，史良等慰问团代表分头在10多个地区向驻重庆的部队进行慰问。

23日，史良等代表结束了在重庆向西南军区直属机关、部队、军事学校等的慰问活动，兵分两路前往西南各地慰问。其中一路250名代表由史良、栗再温副总团长和第三总分团副团长张非垢率领前往四川、西康等地区进行慰问；另一路200名代表则在王从吾、蔡树藩和但懋辛的率领下，赴贵阳慰问贵州军区部队，然后再往云南进行慰问。[2]

3月19日夜，当史良等慰问团代表到达康藏工路一段工程慰问筑路各部队和工人时，解放军战士提着灯笼，手执火炬，站

---

① 《慰问解放军西南军区领导机关和指战员》，《人民日报》，1954年2月15日。

② 《慰问团代表深入各地慰问解放军》，《人民日报》，1954年2月26日。

在公路两旁热烈迎接他们,并为他们赶修了宽敞的房子,张贴着"迎接亲人"和决心修好公路的大幅对联和标语,如"开山炮响,排山倒海,帝国主义心惊胆战! 亲人来到,心花怒放,高原战士创建奇功!""谁说康藏艰苦,有克服困难精神方是英雄本色;我们有崇高理想,让社会主义花朵开遍高原。"解放军筑路战士为帮助藏族人民建设新生活战天斗地的精神,深深鼓舞着史良一行,他们在各部队驻地的雪山下、密林中召开慰问大会,报告祖国4年来的建设成就,并进一步深入到各连队进行慰问活动。慰问团的慰问活动极大地鼓舞了修筑康藏公路的解放军战士,慰问团离开时,战士们难分难舍,冒着大风大雪来到代表们的住处,纷纷托代表们把他们坚决把公路早日修到拉萨去的决心,带给毛主席和全国人民。一位战士的信上说:亲爱的毛主席,我们一定听从你的嘱托,守卫好边疆,修好公路。[①] 高原模范炊事班的战士,还托慰问团带上他们自制的酱油,献给毛主席、朱总司令和全国人民。

经过近两个月的深入慰问,4月中旬,慰问团慰问解放军的活动胜利结束。这次慰问活动,不仅大大鼓舞了各部队干部、战士们建设现代化、正规化强大国防军的热情和保卫祖国、保卫远东和世界和平的坚定意志,而且参加慰问活动的代表也受了深刻的教育。活动结束后,史良特写了《学习人民解放军艰苦奋斗、牺牲忘我的高贵品质》一文,高度赞扬和歌颂解放军的爱国主义和英雄主义精神。她在致其外甥阿苏(来苏)的信中也说:

---

① 《修筑康藏公路的战士送别慰问团》。《人民日报》,1954年4月10日。

"我这次到西南去慰问,收获不小,特别是人民解放军的艰苦奋斗,热爱祖国,热爱人民的忘我精神,高度的集体主义,实在是我们的模范。这种不可战胜的力量,不仅是我们的保障,同时也是世界和平民主的保障。"①

二、出访捷克和印度等国

1956年6月27日至7月17日,以史良为团长的中国妇女代表团赴捷克斯洛伐克参加捷全国妇女代表大会并进行友好访问,共20天时间。

捷克斯洛伐克全国妇女代表大会共进行了2天,主要任务是动员全国妇女为完成第二个五年计划而努力。史良作为中国妇女代表团团长,在开幕式上,代表中国妇女联合会献花,并在会上发言。发言精神主要强调了中捷友好,向捷学习,和捷建设社会主义的成绩以及对我国的援助。这是按照出国前全国妇联副主席邓颖超和外交部第一副部长张闻天指示的谨慎、谦虚、热情友好、虚心学习的方针,以及出席捷妇代会苏联代表团代表的意见。②

捷全国妇女代表会闭幕后,史良一行在捷方的安排下,开始进行友好访问。他们先后参观了布拉格等六个城市,郁拉瓦等八个州,以及服装厂、制鞋厂、农业生产合作社、地质实验所和法

① 《史良致阿苏》,1954年4月11日,未刊,原件藏史伯随女儿处。

② 《史良致蔡畅、邓颖超等信》,1956年8月,未刊,原件藏全国妇联。

庭的刑事与特刑审判，注意了解捷克斯洛伐克的妇女组织与工作、农业社会主义改造和女工的福利等方面的情况和经验。史良认为，“捷克斯洛伐克的工业化程度较高，是当时世界上能作全套工厂机器装备的四个国家之一，其人民文化水平和生活水平高，而且热情、活泼，能歌善舞，爱艺术，会生活，封建传统少，人与人之间的平等观念比较显著，上下级之间、首长与一般群众之间的相处和接触都很自然，下级和一般群众对上级敢说话敢当面提意见，无明显的拘束和封建的等级观念的遗留”等方面，是值得中国学习的。

1956 年史良出访捷克斯洛伐克，和布拉格少年儿童合影。

史良率领的中国妇女代表团在参观访问之时，还根据不同的场合，向他们介绍中国对资本主义工商业的社会主义改造、青年的共产主义道德教育、农村工作、女工工作、统战工作等，对他们鼓舞很大。在和捷中央司法部、最高法院、斯洛伐克与郁拉瓦州司法部分别举行的司法和律师工作座谈会上，史良还着重介绍了中国司法工作情况与经验。对方对中国的调解委员会和巡回法庭十分感兴趣，其司法部副部长说：“中国共产党马列主义水平很高，你们学习苏联是根据你们的具体情况具体条件来学习的，所以学得好，而我们都是机械的学习，结果学的东西没有用处。”

总之，以史良为团长的中国妇女代表团通过参加捷全国妇女代表大会和参观访问，增进了两国间的友好关系，基本上按着既定方针完成了任务。

同年 12 月，应印度政府的邀请，我国政府派出以史良为团长的中国妇女代表团到印度访问。此次出访共 3 个星期。史良一行先后参观访问了印度的首都新德里以及加尔各答、亚格兰、印多尔、孟买、班加罗尔、马德拉斯等城市，所到之处，受到当地政府的高度重视与人民的热情欢迎和隆重接待。印度政府派其驻华大使尼赫鲁夫人、外交部驻议会代表梅侬夫人等人员全程陪同参观。

中国妇女代表团首先抵达新德里，在这里，她们受到印度总

1956 年 12 月，史良率中国妇女代表团访问印度时在新德里。

统普拉沙德和副总统克里希南的亲切接见，并到印度上下议院列席旁听，听女议员会谈。史良一行参观访问了马德拉斯、孟买等城市的火车车厢厂、有着15000头牛的牛奶场、电话机厂、纺织厂，以及农村医院、医药研究所、物理研究所、原子能站、农牧研究机构等。这其中有印度人民自己自力更生建起来的，也有的是从英国人手中接过来的。由此，她们"看到了印度人民在民族独立后所努力以赴的方向"。[①]

作为妇女代表团，史良等人自然将印度的妇女问题和妇女工作作为参观访问的主要对象。在印度，妇女所从事的工作主要为难民救济、孤儿教养、接生和各种技术训练、妇婴卫生、照料寡妇孤儿等。史良认为从印度知识妇女所从事的社会工作中，"可以看到印度民族独立以后普遍存在的爱国心，在很多印度妇女心中，有着悲天悯人的人道主义精神"。

史良一行在印度访问期间，正值全印妇女会议年会在印多尔召开，代表团被邀列席会议。作为团长，史良致辞祝贺全印妇女会议年会的召开，并做了题为《中国妇女正在从事的工作》的报告。

除此之外，史良等一行还会见了国际主义战士、印度医生柯棣华的母亲和妹妹，感谢她们的亲人为中国人民的解放事业牺牲了生命。

1月上旬，以史良为团长的中国妇女代表团结束了对印度的参观访问，离印回国。

---

① 《中国妇女代表团访印报告》，未刊，原件藏全国妇联。

1958年2月，史良率领中国妇女代表团出席在锡兰（今斯里兰卡）首都科伦坡召开的亚非妇女会议。这次会议是根据1955年亚非国家万隆会议决议的和平相处、友好合作的精神，讨论有关亚非地区各国妇女和儿童的一些基本问题，促进亚非各国妇女间的互相了解和合作而召开的。共有印度、锡兰、印度尼西亚、缅甸、巴基斯坦、埃及、突尼斯、日本、蒙古、越南民主共和国、泰国、阿富汗、乌干达、新加坡、伊朗、菲律宾、土耳其和中国等18个亚非国家116位代表和观察员出席。

会议于15日开幕。16日，史良以中国妇女代表团团长的身份在大会上发言，她首先表明：中国妇女完全支持万隆会议反对殖民主义的原则，主张民族独立、和平共处和友好合作，并尽一切努力来进一步实现这些原则。接着她说：亚非国家曾经遭到殖民主义的压迫和奴役，受过侵略者所发动的战争的灾害。因此，和平、民族独立、维护妇女的尊严和儿童的幸福是我们共同的愿望。她表示相信，亚非妇女会议“会对亚非两洲妇女之间的团结和友谊以及保卫妇女和儿童的权利作出贡献”。[1] 她还详细介绍了中华人民共和国成立以来中国的妇女地位、妇女福利、妇女就业情况，她说，中国妇女的解放和中国人民争取民族独立的斗争是分不开的。解放后，中国妇女的地位发生了根本的变化。中国妇女从来没有像今天这样自豪、高兴和幸福。因而更加珍视我们的民族独立和和平，更加热爱我们今天的新生活。她呼吁亚非各国的妇女团结一致，进一步发扬万隆会议精神，一起为

① 《史良在亚非妇女会议上发言》，《人民日报》，1958年2月17日。

争取亚非国家的妇女、儿童和全体人民的光明幸福的未来而奋斗。

鉴于当时联合国及其专门机构在某些国家的操纵下，拒绝恢复中华人民共和国在联合国的合法地位，却容许蒋介石集团在联合国中窃据中国的席位，史良在大会上表态说："只要联合国一天不改正这种违反它的宪章的行为，中国妇女就一天不同联合国发生任何关系。"[①]中国代表团不能听取联合国及其专门机构在大会上所作的各项报告，希望与会者理解中国妇女代表团在这次会议上所采取的正义立场。当日上午，当联合国教育、科学及文化组织的观察员在会议上作教育问题的报告时，史良率中国妇女代表团离开了会场。

会议共举行了9天，主要讨论了妇女的教育、妇女和儿童的健康、妇女的公民权、奴役和贩卖妇女儿童、劳动妇女以及促进亚非妇女之间更加密切联系等6个问题，于23日下午胜利闭幕。闭幕式上，史良向会议献了旗子，上面绣着"亚非妇女友好团结万年长青"的大字。她还致词说："这次会议标志着亚非妇女合作的开端"，"中国妇女愿意同其他亚非国家的妇女发展和加强友好合作。"[②]

会议期间，史良和其他中国妇女代表受到锡兰妇女的热情招待，邀请她们参观游览，到家里吃饭，给她们表演歌舞节目。史良向锡兰姊妹赠礼，感谢她们的盛情招待。同时，中国妇女代

---

① 《史良在亚非妇女会议上发言》，《人民日报》，1958年2月17日。

② 《人民日报》，1958年2月24日。

20世纪50年代，史良在车站欢迎朝鲜民主主义人民共和国主席金日成访问中国。

表团也拜访了其他各国代表，和她们交朋友，介绍中国妇女的生活情况和中国妇女团体的工作情况。

在20世纪50年代，为了巩固亚洲和世界和平，进一步加强中国与各国人民的友好关系，1952年12月，史良随以宋庆龄为团长、郭沫若为副团长的中国代表团出席维也纳世界人民和平大会；1955年，率领中国司法代表团访问苏联；1956年6月和12月，先后率领中国妇女代表团访问捷克斯洛伐克和印度；1958年2月，又率领代表团出访了斯里兰卡。这些出访活动，她都遵循党的外交路线方针政策，根据不同的国家、不同的对象，广交朋友，不但加强了中国与这些国家的友好关系，而且为亚洲和世界和平作出了积极贡献。

第十四章

最艰难的历程

一、信仰和实践中的矛盾

1956年以前,中国共产党的领导路线英明正确,国家政治生活中民主气氛比较浓厚,各项事业蓬勃发展,全国人民在中国共产党的领导下,努力建设新中国,取得了一个又一个的胜利。史良与全国人民一样,心情舒畅地为社会主义革命和建设而努力工作。1953年,史良在民盟一届七中全会上,当选为民盟中央副主席,走上了民盟的领导岗位。从此,她一面担任司法部部长,为新中国的民主与法制建设,为使司法工作紧紧地围绕着社会主义建设事业服务,殚精竭虑,运筹擘划;一面领导广大盟员参加国家文化教育建设为重点的工作。同时,史良自觉进行世界观的改造。她认为自己在解放前的长期生活中较少接触劳动人民,世界观有局限性,只有树立无产阶级的世界观,从立场、观点、方法上认真改造自己,才能适应社会发展和历史前进的步伐,才能更好地为人民服务。因此,她注重政治理论学习,参加了一个由高级知识分子组成的学习组,学习辩证唯物主义、历史唯物主义、社会发展史,还重点学习毛泽东的《实践论》、《矛盾论》等著作,建立对马列主义、毛泽东思想的基本认识。她还经常外出调查研究,亲眼看看国家在经济、社会、文化等各方面发

1956年史良在家中阅读《人民日报》

生的巨大变化。通过学习和实践，她的认识进一步提高，思想境界更为开阔，心情更加愉快，感觉日子过得很快，“好象时间的概念也在改变似的”。她在一封家信中写道：“每天开会、学习、报告、参观、外交活动，一事接着一事，总有五六个节目。”史良以极其愉快的心情积极投入社会主义革命和建设，不料，一场巨大的政治风暴来临了。

1957年4月27日，中共中央发布《关于整风运动的指示》，指出：几年以来，在我们党内，脱离群众和脱离实际的官僚主义、宗派主义和主观主义，有了新的滋长。为了提高全党的马克思主义的思想水平，改进作风，以适应社会主义改造和社会主义建设的需要，有必要在全党进行一次普遍的、深入的整风运动。整风以毛泽东在扩大的最高国务会议上关于正确处理人民内部矛盾的问题的讲话和全国宣传工作会议上关于“百花齐放，百家争鸣”等问题的讲话为指导思想，把正确处理人民内部矛盾作为整风的主题，按照“从团结的愿望出发，经过批评和自我批评，在新的基础上达到新的团结”的方针，进行“既严肃认真又和风细雨的思想教育”和“恰如其分的批评和自我批评”，达到“惩前毖后，治病救人”的目的。为了表明共产党的真诚态度，欢迎民主党派和无党派人士帮助共产党整风，毛泽东于4月30日在天安门城楼上邀集民主党派负责人和无党派民主人士进行了座谈。随后，中共中央统战部开始邀请各民主党派负责人和无党派民主人士及工商界人士举行座谈会，发动党外人士帮助中共整风。《人民日报》也接连发表社论，推动全党整风和党外人士提意见。毫无疑问，整风运动的初衷是无可非议的；发动党外人士参加整风，也是真诚的。

史良自从20世纪30年代因营救政治犯和中国共产党有了联系后，就坚定不移地和党站在一起，[①]对毛泽东为首的党中央在民主革命时期及解放初期领导革命和建设所取得的杰出成绩，充满了崇敬和信任。党中央、毛泽东部署的整风运动，她积极响应，投入斗争行列。5月10日，在中共中央统战部邀各民主党派负责人和无党派民主人士举行的座谈会上，民盟中央副主席罗隆基谈到民主党派和共产党长期共存应加强一些共存的条件。他说由于民主党派的发展对象多系知识分子，主要是旧知识分子，不能向工农去发展，旧知识分子年龄都比较大，后继无人，而且一般知识分子轻视民主党派，愿意加入共产党，发展对

---

① 邓颖超：《史良自述·序》，见《史良自述》第1页。

象上有很大困难，民主党派与共产党就不能共存。另外他认为民主党派要在国家事务中起作用，才能共存，但民主党派对重大的政策很少机会参加讨论，也不了解，民主党派就不能有名有实地参加协商，达不到与共产党共存。他还对在新的形势下，民主党派成员不能参加有些会议，不能阅读有些文件，参加一个什么会先要查是不是共产党员，如果不是共产党员，就不能参加，提出意见。对此，史良发表了几点不同意见。她说：民主党派能不能与共产党长期共存，互相监督，并不在于民主党派成员人数的多少，而在于民主党派是否能在社会上发挥作用。不能说共产党发展快，民主党派就不能长存，也不能说所有的知识分子都只能是民盟的盟员，不能加入共产党才叫长存，这两种看法都是不对的。她并用自己的切身体验说明不参加共产党，党也是信任的，并不发生所谓党外人士就不信任的问题，也没有感到在党的领导下不能发挥作用。对于罗隆基所说民主党派要事先参加研究国家的重大政策，史良认为要求多了解政策方针，发挥作用，这很好。但她同时认为共产党负责人参加政府工作有分工，民主党派负责人也有各个岗位，所以"不可能参加研究所有的政策，我们不是件件通，不可能件件监督"。[①]

随着整风运动的开展，党政工作中大量的缺点和错误被揭露出来，但同时也出现了一些偏激的甚至是错误的言辞，如"党天下"、"轮流坐庄"、"外行领导内行"等等。这使毛泽东对形势作出了和原来不同的严重估计。5 月 15 日，毛泽东写了《事情正

---

① 《人民日报》，1957 年 5 月 11 日。

在起变化》一文，说："最近这个时期，在民主党派和高等学校中，右派表现得最坚决，最猖狂。""他们不顾一切，想要在中国这块土地上刮起一阵害庄稼、毁房屋的七级以上的台风。"又说："我们还要让他们猖狂一个时期，让他们走到顶点，他们越猖狂，对于我们越有利益。"毛泽东此时已下决心要搞一场反右派斗争。但就是在这种情况下，史良仍然真诚地提出自己的建议，帮助党整风。5月31日，中共中央妇女工作委员会常委会和全国妇联党组，邀请全国妇联非党常委、执委、各民主党派妇女工作负责人及团体会员负责人，举行座谈会。当妇工委第一书记蔡畅说明座谈会的目的是：希望大家毫不客气、毫无顾忌地对妇女工作中的错误和缺点提出批评和意见后，史良第一个发言，她针对保障妇女在政治、经济上和男子处于平等地位的问题说："这一问题我从司法工作方面感到在贯彻《婚姻法》时较好，但是，时过境迁，对妇女不平等的封建思想又暴露出来了。因此，如何保证妇女在事实上和男子处于平等的地位，中央妇委仍需好好研究。"同时，她提出希望中共中央妇工委和全国妇联、各民主党派妇委会建立固定的联系制度，并建议中央妇工委应该多抓方针、政策问题，从方针、政策上领导妇女工作。这样才抓住了妇女工作的灵魂。[①] 不难看出，史良的发言是善意的、建设性的。

从5月8日到6月8日，中共中央统战部先后召开各民主党派负责人、无党派民主人士及工商界人士座谈会的发言，都刊登在各大报纸上，党政工作中大量的缺点和错误，暴露在人们面

① 《人民日报》，1957年6月1日。

前，在群众中引起极大的思想混乱。6月初，上海、北京等地出现了一些学校学生有可能上街闹事的迹象。民盟是对知识分子做工作的。6日，史良和民盟另一副主席章伯钧邀民盟6教授曾昭伦、吴景超、钱伟长、费孝通、黄药眠和陶大镛于政协文化俱乐部，了解各校情况。由于错误地以为一些学校的党委"已不能维持"，失去控制局面的能力，因而提出由民盟出面稳定各校局势。对此，史良的意见是"请示领导，找周总理谈"。当天晚上，史良便把开会的情况告诉了周恩来总理，但周总理"未置可否"。第二天，史良又叫章伯钧再和周总理谈一谈，周总理仍然未表示可否。①

6月8日，《人民日报》发表社论《这是为什么》，说"在帮助共产党整风的名义之下，少数的右派分子正在向共产党和工人阶级的领导权挑战，甚至公然叫嚣要共产党下台"。他们企图乘此时机把共产党和工人阶级打翻，把社会主义的伟大事业打翻……这一切岂不是做得太过分了吗？物极必反，他们难道不懂这个真理吗？同一天，中共中央发出毛泽东起草的《关于组织力量准备反击右派分子进攻的指示》。② 同时《人民日报》连续几天发表社论，批驳有代表性的错误言论。对资产阶级右派进行反击的斗争全面开始了。民盟由于章伯钧提出"政治设计院"，罗隆基提出成立"平反委员会"的主张，以及民盟盟员、《光明日

---

① 《章伯钧承认章罗联盟》，《人民日报》，1957年7月4日。

② 李维汉：《回忆与研究》（下），中共党史资料出版社1986年4月版，第835页。

报》总编辑储安平的"党天下",因而在反右派斗争中首当其冲,成为运动的重点。11 日,《人民日报》就以《可注意的民盟动向》为标题,报道了民盟中央小组第三次会议上,候补中央委员陈新桂继续为自己的错误观点辩护,指责报纸上对反共产党、反社会主义的言论的反批评,是帽子满天飞;报道了章伯钧对于这几天报纸上对他展开批评表现不好的态度。《人民日报》是党的喉舌,这篇报告可以说是党中央、毛泽东在密切注视着开展反右派运动的动向,这无疑对民盟的压力很大,不能不引起民盟中央领导人的重视。

报刊上以大量的篇幅发表揭发批判右派的材料,史良有看法,不赞成,担心这样做运动搞得很大。[①] 6 月 13 日晚,民盟中央小组座谈会举行会议,对章伯钧、罗隆基、储安平等人的错误进行批评,中央委员罗涵先、千家驹,中央常务委员叶笃义、胡愈之、邓初民,副主席史良等人作了发言。史良在发言中先对司法工作提意见,她说:关于司法工作,我认为的确这几年来成绩是巨大的,为人民作了很多事情,但缺点和错误是不容忽视的。审判机关历年来在"三反、"五反"和镇反运动中,是错判了一些案件,可是,我常听见一些司法干部,甚至一些较负责的党员干部说:"我们的错判案件只有百分之几。"这是一种非常有害的自满情绪。诚然,错判案件在整个判案数中是只有百分之几,甚至百分之一,但对被错判的人则是百分之百的遭受冤屈和不幸了。我是拥护毛主席关于"有反必肃、有错必纠"的指示

① 李维汉:《回忆与研究》(下),第 838 页。

的，我看见很多的地方是这样做了。但是我看到也有些司法机关在执行这一原则中是有打折扣的。有的案件判错了，经过当事人申请，甚至有关方面和上级司法机关的指出，审判人员也明知错了，但不肯承认错误，宣告无罪释放，还要硬找人家一点小辫子，宣判为“教育释放”，其实应教育的不是无辜被告而正是主观主义的审判人员自己。更坏的是本来错了，还迟迟不愿改正，使被屈的人不能得到及时的平反，这是不能容忍的。其次，在对待我国原有的法学家上也是有缺点的。在高等学校院系调整中，在思想改造中，在司法改革中，对待有些老教授们是很不尊重的。当然，必须肯定，一切法律都是为阶级服务的，所有旧法人员是必须经过改造的。但是对一切愿意改造和批判自己旧法观点，并愿意为我国社会主义服务的法学工作者也应给予机会，使能发挥其作用。可是，在院系调整中，不少地方曾对某些教授在一个相当长期内，既不安排工作，又不组织学习，闲置一旁，无人理会，形同坐冷板凳。有的即使安排了工作，也有安排不当的，或者无法发挥其潜力的。我认为这是由于某些共产党员的官僚主义和宗派情绪，因而对本想在共产党领导下为我国法学贡献力量而又不能发挥潜力的教授们的苦楚心情，是领会不够的，因此，我们认为对原有教授和法学家们愿为社会主义法制服务的热忱及其潜力，应有恰如其分的估计，并进一步发挥他们应有的作用。

接下来，史良在发言中说明目前整风运动发生的新情况：整风运动和党外人士的提意见到目前为止，已经发生一种新的情况，那就是暴露了右派的反共反社会主义的真面目，从而在人民群众中间展开了一场激烈的政治思想斗争。这场斗争的一方面是拥护社会主义,拥护党的领导,另一方面是反对社会主义,反对党的领导,而要叫资本主义和资产阶级的“民主自由主义”死灰复燃。现在在我们民主党派中间发现了这样的一种人:一面表示赞成社会主义,另一面反对无产阶级专政,硬说工人阶级领导的人民民主专政是官僚主义、主观主义、宗派主义的根源;一面表示接受共产党领导,另一面诬蔑共产党存在着“党天下”、“家天下的清一色”思想;一面说是帮助共产党整风,另一面散播诋毁共产党、辱骂党的领导人的言论,挑拨和煽动人民对党和政府的恶感。对于这样一种言论和行动,这几天已经激起了工人、农民、学生群众和社会人士的义愤,我们民主党派的成员和领导人有责任要加以尽量揭发批判,把他们的真正面目充分暴露在群众面前,以达到分清是非,教育群众的目的。这也是我们帮助党整风所必须担当起来的一项重要工作。她指明储安平就是这样的人,并说章伯钧在上次座谈会上对储的批评很不够,是含糊其辞,模棱两可的,并没有分析储的发言错误在哪里,没有接触到问题的实质,要求章伯钧表明立场和态度。当时罗隆基正在斯里兰卡访问未在国内,所以史良说也希望他回来后能够有所交代。①

读了上述史良的发言,不禁令人沉思,为什么在中共中央已组织力量反击右派分子的“猖狂进攻”下,她一方面仍真诚地帮助中共党整风,对司法工作提出了有水准的批评;另一方面,她

---

① 《人民日报》,1957 年 6 月 14 日。

也对章伯钧、罗隆基和储安平展开批判，且措辞比较激烈。这岂不是相互矛盾？史良这样做，如前所述，是因为党中央和毛泽东在号召反击右派时，已经指出一些党外人士，特别是民盟和农工民主党中的一些领导人猖狂向党向社会主义进攻，反对社会主义，已经在党内指示中点了章、罗的名，而报刊上发表揭发批判章伯钧和罗隆基的文章和发言连篇累牍。史良的言论和行为是与党中央毛泽东所制订的反右派的方针政策相一致的，和她对党、对毛泽东一贯的无限信赖也是相一致的。

根据民盟中央常务委员邓初民的建议，[①]18 日，民盟中央召开常务委员扩大会议，决定在盟内开始整风，全盟开展反右派斗争。25 日，民盟中央成立整风领导小组，由 31 人组成，史良作为民盟中央副主席，自然名列其中，同时她和沈钧儒、马叙伦、高崇民、胡愈之还任整风领导小组召集人，胡愈之任整风办公室主任。[②]

6 月 26 日至 7 月 15 日，第一届全国人大第四次会议在北京举行。会议期间，由于受到扩大化了的正处于高潮的反右派斗争的影响，周恩来在大会上所作政府工作报告，贯串了反右派精神，许多代表慷慨激昂地发表了调子很高的对右派的揭发批判，

---

① 邓初民在 6 月 13 日中国民主同盟中央小组座谈会上针对《人民日报》发表的“可注意的民盟”为题的报道，认为必须根本解决民盟中存在的问题，才能与共产党长期共存，他建议召开中央常务委员扩大会议，讨论民盟成员的错误言论究竟是代表个人，还是代表民盟，从根本上解决民盟中存在的问题。见《人民日报》，1957 年 6 月 14 日。

② 《光明日报》，1957 年 5 月 26 日。

代表中的那些右派分子也都声泪俱下地检讨自己反党反社会主义的罪行。7 月 12 日，史良也在会上作了题为《全体司法干部团结在党的周围，彻底打垮右派分子的猖狂进攻》的发言。她在发言中批判法学界的罗隆基、黄绍竑、谭惕吾、王造时、杨兆龙、杨玉清等人，“向党领导下的人民司法工作开展了恶毒的攻击”。措辞激烈，上纲上线。这不但使人觉得史良态度转变之迅速，而且也给人一种不实事求是的感觉。史良为什么会做这样一个发言呢？应该考虑到当时正是全国批判“右派”的高潮，而人代会期间，7 月 1 日毛泽东发表了为《人民日报》撰写的社论《文汇报的资产阶级方向应当批判》，以及随后的《1957 年夏季形势》一文，宣布资产阶级右派同人民的矛盾是“敌我矛盾，是对抗性的不可调和的你死我活的矛盾”。因此，当时无论是党内党外，对资产阶级右派的揭发批判，是衡量是否拥护中国共产党的领导和坚持走社会主义道路的大是大非问题，所有批判“右派”的文章、发言，基本上都是紧跟形势和毛泽东的基调一致。这从史良发言的最后总结也可以看出：“右派分子的阴谋是要在我国恢复旧法统，夺取人民民主专政的武器，他们反对共产党的领导，反对人民民主法制，以便实行资本主义复辟。这个罪恶的阴谋，现在是无法再掩盖了，我们必须坚决彻底地加以粉碎！人民的司法工作，必须在共产党领导下，必须进一步地为巩固我国的人民民主专政而努力。全体司法干部，必须紧密地团结在党的周围，克服自己工作中的缺点，彻底打垮右派分子反党、反人民、反社会主义的狡猾进攻！同时，我们希望右派分子及早悔悟，不要自绝于人民。最后，我还要严而明确地讲，我们一定要走社会主义的道路，一定要共产党的领导。”[①]史良在这里向党表白了她的一片忠爱之心，是她对当时不可抗拒的政治形势的紧跟，并非想达到什么非分的目的。

9月13日，中国民主同盟全国整风工作会议在北京举行，史良代表主席沈钧儒和民盟中央整风领导小组在会上作了题为《全盟动员起来，把反右派斗争贯彻到底，展开全面整风，过好社会主义关》的报告，向全盟提出了进行“破资本主义立场，立社会主义立场”的教育和进一步深入进行反右派斗争，全面开展盟内整风的方针和任务。报告分析了民盟成员左、中、右三种势力的新的政治分野，认为“民盟是以资产阶级知识分子为主要成分的政治团体”，资产阶级知识分子在社会主义革命阶段中存在两面性；提出民盟现阶段的严重任务是：“要过社会主义的关，即彻底改造它的政治立场、政治路线、组织路线，走社会道路，为社会主义服务。”民盟盟员“也要接受社会主义改造过社会主义关”。“为了实现这一严重的政治任务，就要坚决地、深入地在中央和地方领导机关展开反击资产阶级右派的斗争，并把斗争深入到基层组织里去；要坚决彻底打垮右派，团结中间，争取多数，加强领导，改进工作。”[②]民盟全国整风工作会议后，反右派斗争在盟内进一步扩大化。

史良响应党的号召，积极投入了反右斗争，这是毋庸避讳的。这一方面是因为她长期以来对共产党的方针和政策无比信

① 《人民日报》，1957年7月13日。

② 《人民日报》，1957年9月15日、16日。

赖，忠心耿耿，从无二心，凡是党中央提出的政策主张，凡是毛泽东的号召，她都会不假思索地赞成和接受。正如她在一次座谈会上所说："因为有共产党的领导，我就没有很好地独立思考，总相信共产党正确，有错误的地方，也觉得对。结果就像鸡一样，翅膀长期不动，就不会飞了。"[①]既然党和毛泽东认定有一部分人借帮助共产党整风为名，进行反党反社会主义，这部分人是"右派"，并部署反击"右派"，将"右派"定性为"反动派"、"敌我矛盾"，她不可能对这场反右斗争有什么怀疑和不满，不可能提出和党中央、毛泽东不一致的意见。另一方面，我们还应站在当时特殊的历史年代和特殊的斗争环境设身处地的理解史良积极参加反右斗争，在全国上下一片反右斗争的浪潮中，反右派不积极，轻则是同情"右派"，或划不清界线，重则是对党的领导、走社会主义道路的态度问题，出现相反意见很可能就会被划成"右派"。事实上，当时史良就被定为中右(中间偏右)。[②] 在我们评判这段往事时，应以当时的大背景为前提，应取宽容的态度。当然，这在史良一生的历史中，毕竟是一件遗憾的事。

二、违心的话与违心的检讨

1958年3月初，中共中央统战部根据毛泽东和中央的要求，

---

① 《人民日报》，1957年5月11日。

② 民盟中央委员、全国政协委员黄景钧对作者说："1957年反右中不能算她(史良)的错，她当时也被划为中右(中间偏右)，不得不如此表态。"

先后发出了《关于资产阶级分子、资产阶级知识分子和民主党派成员的自我改造问题的通知》和《关于整风和推动各民主党派组织进行一般整风的工作应注意的几个问题的通知》。通知强调民主党派"要通过掀起一个自我改造的运动,来一个自我改造的大竞赛,在立场上和思想上来一个大跃进"。[①] 16日,各民主党派和无党派民主人士万余人在天安门广场举行"社会主义自我改造促进大会",通过《自我改造公约》,表示要彻底改造政治立场,"把心交出来"。随后,全国各省、市民主党派和无党派人士迅速掀起了"交心"运动,自我揭发或互相揭发所谓的各种错误言行和思想,迫使大家说了许多违心的话。其中最多的一人交了700余条,最少的也交了几十条。

4月25日,各民主党派和无党派民主人士举行双周座谈会扩大会议,汇报向党交心运动的情况。史良主持会议,中共中央政治局委员董必武出席会议。史良说:各民主党派在过去一周中,已经掀起了交心运动的高潮。"成绩是显著的,就数量来说,已经交得不少了,但经过思考,还可以再多交一些。就质量来说,有些人交得很好,有的人交得比较好,但也有一些人交得还不深,还不透。"她要求在"五一"劳动节,把交心运动再向前推进一步,掀起一个新的高潮,做到交深交透。[②] 史良讲话后,被认为交心彻底的代表在会上报告了自己的交心情况和体会。最后董必武代表中央在会上讲话说:交心运动是民主党派整风运动的

---

① 李维汉:《回忆与研究》(下),第846页。

② 《向党交心,再接再厉》,《光明日报》,1958年4月28日。

一个重要的发展，是一件好事情，中共中央赞成并且支持这个运动。他要求每一个人都应该下决心在自己脑子里进行一次深刻的战斗，要消除顾虑，相信党，彻底克服个人主义，交深交透，保证打一个胜仗。

这年夏天，第四届全国司法工作会议（即司法整风会议）在北京召开。这次会议被看作是司法工作中无产阶级灭资产阶级的两条道路、两种方法的斗争，对司法部党组进行政治大批判。结果，以所谓的“反对无产阶级专政”、“反对党对司法工作的领导”、“坚持旧法观点”、“包庇右派”四大罪行，将司法部党组成员打成“反党集团”。史良是司法部长，是行政负责人，在“左”的气氛的压力下，8 月 17 日她不得不在大会上作了违心的不切实际的检讨，[①]将她提倡的审理一审案件须有人民陪审员参加，刑事审判以前须把起诉书送达被告人，以及使用经改造、富于正义感的旧司法人员、旧律师和愿意在党的领导下为法学贡献力量的老教授等值得肯定的东西，一概说成资产阶级立场、资产阶级思想没有彻底改造，在思想深处还没有绝对服从党的领导。

1959 年 4 月 28 日，经国务院提议第二届全国人民代表大会第一次会议通过决议，撤销司法部，原司法部主管的工作交由最高人民法院管理。司法部被撤销，史良不再当部长了，她被推为第二届人民代表大会常务委员会委员。“左”的浪潮冲垮了中国的司法制度，也把史良逐出了司法界。失去了部长职权，她不在乎，因为对她来说，权力并不重要，为民为官都一样。剥夺了她

---

① 史良：《我的初步检讨》，1958 年 8 月 17 日，未刊。

运用法律手段为人民服务、保障人民民主权利的机会，她殚精竭虑参与创建的人民司法工作和社会主义法制遭到破坏，长期以来追求的理想以法治国成了泡影，使她感到痛惜茫然。她对人说："国家法制建设很重要，我个人认为司法部是法制建设的一个重要部分，但我担任的是部长，党有打算是全面的，加以撤销，我个人应该听从党的政策办事。"①

1959 年，史良在全国人大二届一次会议上投票。

史良在任职人大常委期间，尽其所能，尽力为国家为人民多做一些有益的工作。比如，她认真处理人民来信工作，每年都要亲自处理 200 封群众来信。她说：在"人大"任内，我经手处理了不少人民来信。我认为，处理人民来信是一件十分重要的事情，因为人民来信是直接来自群众的呼声。这些来信，有的是陈述与建议，有的是有所申诉和反映，都不是无的放矢。

同时，"左"的影响又深入到经济领域，违背客观规律，急于求成，夸大了主观意志和主观努力的作用，希望在一个早晨进入

① 《中央盟讯》，1985 年第 10 期，第 26 页。

共产主义。1958年,全国大搞"大跃进"和人民公社化运动。党和毛泽东号召搞大跃进,搞人民公社,史良毫无保留地拥护。她为大跃进热情鼓舞下全国农业生产发展迅速而欢呼,被全国人民建设社会主义的冲天干劲所感动,她甚至打了背包到农村锻炼,与农民"同食同住同做活"。[①] 在这种情况下,她对运动中严重泛滥的高指标、瞎指挥、浮夸风和"共产风"等"左"倾错误,不能识别,不能抵制。她在一篇文章中写道:"我国的社会主义建设事业正在胜利地高速发展。在总路线的光辉照耀下,一九五八年全国掀起了轰轰烈烈的工农业生产大跃进,农村在短短几个月内实现了人民公社化,进一步地解放了社会生产力,城市和农村的广大妇女,空前规模地参加了社会生产劳动。……在大跃进和人民公社化运动中,人民公社适应生产的发展和人民群众迫切的要求,创办了大量的公共食堂、托儿所、幼儿园、敬老院等集体生活福利事业和社会服务事业。集体生活福利事业和社会服务事业的迅速发展和巩固提高,促使家务劳动社会化,正在普遍迅速地实现,并逐渐地向全面组织人民经济生活发展,成为社会主义社会的主要生活方式。"[②]史良没有也不可能想到,三面红旗给祖国和人民带来的并不是经济的繁荣和发展,而是几乎把中国的经济带到崩溃的边缘。

1961年6月,在中国共产党成立40周年前夕,史良撰写了

---

① 《史伯随诗钞》,未刊,汤七襄藏。

② 史良:《纪念光辉的节日,为加速社会主义建设而奋斗》,《中央盟讯》,总第30号,1960年3月16日。

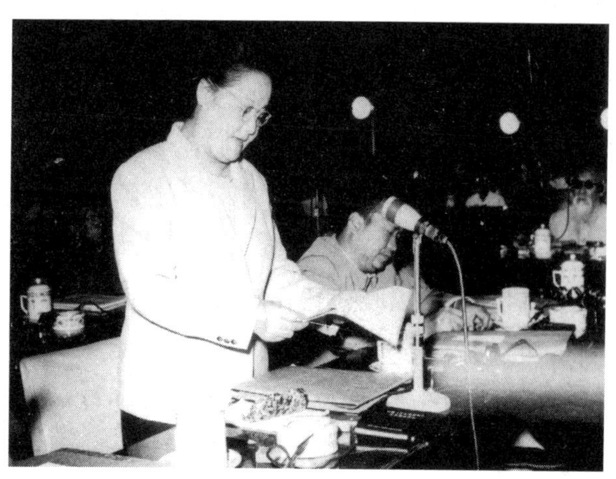

1959年9月12日，史良在第二届全国人民代表大会常务委员会第七次会议上发言。

《永远跟着党走》一文。史良除在文中歌颂共产党领导中国人民经过28年前赴后继的顽强斗争，推翻帝国主义、封建主义和官僚资本主义三座大山，建立了人民自己当家作主的自由幸福的新中国外，并在“左”的思想影响下，盲目地称颂“在社会主义建设总路线、大跃进、人民公社三面红旗的光辉照耀下，我国在政治、经济和思想等各个战线上，都取得了辉煌的胜利”。同时，她以最真诚善良的愿望反省自己，怎样做才对国家建设前途有利。她说：回忆从“五卅”运动那一年开始，党就给我以无微不至的关怀和教育。三十六年来，我也自以为是一直跟着党走的，自以为已经把一切交给了党，但事情真是如此吗？最近在病中不断地想，中国革命经过了新民主主义革命和社会主义革命两个阶段。在这两个阶段中，表面上我是一直跟着党走的，实际上却并没有把自己无条件无保留地交给党，而且距离党对我的要求还相当远。这原因是什么呢？我想，新民主主义革命的关对我们知识分子来说，是比较容易过的，因为新民主主义所革的是帝国主义、封建主义和官僚资本主义的命，我们都身受过三大敌人的压迫，革命和我们利益基本上是一致的。但对于过社会主义革命的关便不同了，社会主义革命是要消灭阶级，消灭剥削，也就是消灭生产资料私有制，以及建筑在私有制上面的资本主义思想意识。对资产阶级分子和资产阶级知识分子来说，这就等于革自己的命。我们知识分子虽然不一定占有生产资料，但由于我们长期所受的资产阶级生活和教育的影响，在我们的思想意识里深深地打上了阶级的烙印。过社会主义革命的关就是要兴无灭资，破资本主义的立场与世界观，立无产阶级的立场与世界观，这比之于对三大敌人进行革命斗争是要困难得多的。这就必须我们痛下决心，在党的领导下进行根本的自我改造。我们一定要勇于暴露自己的思想，勇于接受同志们的意见，勇于改正自己的错误，勇于参加群众运动，才能逐步改造我们的世界观。”这是一个爱国知识分子的心声，这种出自内心的对自己的反省，是史良始终相信党，跟党走的动力。史良在文中向党保证：今后加紧团结在中国共产党的周围，永远听党的话，跟着毛主席走，学习党的方针政策和毛主席著作，加强自我改造，尽最大的努力，为社会主义建设事业服务，为把自己改造成为一个工人阶级的知识分子而努力。[①]

史良是个坦诚直率、表里如一的人，但在“左”的思想指导和

① 《中央盟讯》，总第44号，1961年6月30日。

"左"倾气氛的压力下,她不得不说了一些违心的话,作了违心的不切实际的检讨,这在她的内心肯定是非常难受的。

三、坚信光明一定会来临

1966 年史无前例的"文化大革命"开始以后,一切都是完全反乎常态了。人民的民主权利和人身自由被肆意践踏,社会主义民主和法制遭到彻底破坏,公安、检察、司法"被彻底砸烂"了,中国地地道道成了一个无法无天的世界。

8 月下旬,民盟中央被红卫兵勒令解散,机关被查封,并交出印章。史良作为民盟中央副主席,自然也受到迫害。她的家被抄,本人被批斗,还勒令她写检查交代问题。可笑的是,史良律师生涯中伸张正义,主持公道,保障人民合法权益的行为;她为反对国民党爱国有罪的暴政,争取救国自由,推进抗日战争进程而遭逮捕的"七君子"之狱;她在解放前夕,历经险难,虎口逃生的经历,等等本应大树特树,广为宣扬的品德、爱国主义精神,却统统被造反派所怀疑,要她写出检查交代材料。她自 1960 年秋天因高血压、心脏病复发后,又患植物神经失调、增生关节炎等慢性病,再加上已年近 70 岁,因而身体时好时坏,记忆力也很差。造反派不顾这些,要她参加体力劳动,诸如拖地板,擦桌椅,揩玻璃,洗茶具,涮痰盂,甚至批斗她时,还硬要她把腰弯得低低的。她的亲属也受到牵连,在劫难逃。她爱人的弟弟陆殿奎的家被红卫兵查抄,她的弟弟史公载遭批斗,一遍遍地写检查。后来由于周恩来对她进行保护,加上她一生进步革命,光明磊落,清白无瑕，昭之天日，没有什么值得怀疑追究的地方，才免遭更大的冲击和人身侮辱。

1967年国庆节，在周恩来的关怀和过问下，史良得以登上天安门城楼，参加国庆观礼，并与她所敬爱的、同时也遭受“文革”冲击的宋庆龄大姐见了面。她在一篇文章中记述了她们二人相见经过：那是1967年的国庆节，民盟机关造反派的个别人不仅到我家扫了“四旧”，勒令我到机关参加劳动，而且我的车也被停止了。但却收到了国庆节观礼的通知，只好坐三轮车到天安门附近，然后再走段路程。由于年纪较大，走一段路是比较吃力的，但总算上了天安门城楼。“当我和宋大姐在天安门城楼上见面时，彼此默默无言，深情地握了手。大姐悄悄地对我说，你的情况我已知道了。我也说，你的情形我也知道了。”①在这个是非颠倒的年代，史良和宋庆龄只有以这样的方式，表示她们心心相印。几天后，史良收到了宋庆龄派人送来的她亲手制作的小菜，她认为这是宋大姐在鼓励自己，勇敢地面对生活。

在十年浩劫中，史良凭着她数十年的阅历，坚信这种局面是不会长久的，乌云绝对遮不住太阳，黑暗总要过去，光明一定会来临。她对陪同自己坐三轮车到民盟机关劳动的女儿说：“她认为这样的时候不会太长久，她坚信她所热爱的中国共产党会很快扭转这种不正常的情况的。”②

---

① 史良：《三次难忘的会见——纪念宋庆龄大姐诞辰九十周年》，《人民日报》，1983年1月24日。

② 史小红：《母亲的高尚风范永远激励我们后辈》，打印件。

第十五章
新的春天

一、出任民盟中央主席

1976 年 10 月，万恶的“四人帮”被粉碎，“文化大革命”结束，饱经动乱痛苦的中国人民终于迎来了生机萌发、万物复苏的春天。

在十年动乱中，民盟中央机关瘫痪，各地各级组织遭到严重的摧残和破坏，活动全部停止。1977 年 12 月，根据中共中央关

20 世纪 70 年代末 80 年代初，史良在家学习照。

于各民主党派、工商联恢复活动的指示，民盟中央临时领导小组成立，史良、胡愈之为小组召集人。不久，在临时领导小组下设立了临时工作委员会，负责组织、宣传和日常工作。1978年2月，在全国人大第五届第一次会议上，史良当选为五届人大常务委员会委员。1979年7月1日，五届人大二次会议上又被补选为五届人大常委会副委员长。同年10月，民盟举行第四次全国代表大会，在随后的四届一中全会上，史良当选为民盟中央主席。从此，史良在中共十一届三中全会确定的解放思想，开动机器，实事求是，团结一致向前看，把全党工作重点转移到社会主义现代化建设上来的方针指导下，和盟内其他领导成员共同带领民盟进入一个新的历史时期。

林彪多行不义自毙命和“四人帮”被粉碎，史良和广大民盟盟员以无比激动的心情，与全国人民一起庆祝这一历史性的胜利。在“四人帮”被粉碎后，史良曾约民盟中央委员罗涵先到她家里举行欢庆。[①] 她和民盟成员一起积极参加揭发批判林彪、江青反革命集团的运动。1980年，中国最高人民检察院特别检察厅对林、江反革命集团的10名主犯依法进行公开审理，进行庭审调查、法庭辩论、合议，并在这个基础上依法公开宣判。为此，史良发表谈话，表示拥护，并从法律的角度，阐明其符合法律原则，符合全国人民的意志，是完全的正义和正确。同时，她根据自己的认识进行深刻地反思，总结出宝贵的历史经验。她说：“这次

① 罗涵先：《在史良同志诞辰100周年纪念会上的发言》，2000年4月26日，打印件。

特别法庭对林、江反革命集团主犯的宣判，是我国法治的一次实际演习。我们是社会主义国家，我们的社会主义法律的根本内容是保护人民利益的。社会主义法治是人类历史上第一次实现的人民的法治。它体现人民的最高利益。对林、江反革命集团主犯的宣判，体现了人民的权利，这个权利是得来不易的，是中国人民在中国共产党领导下长期奋斗取得的。我们一定要珍视这个权利，保护这个权利。社会主义法制和社会主义民主是分不开的。我们要珍视社会主义法制，就要珍视社会主义民主。法律的权威来自人民，法律的力量来自民主。我们一定要在四项基本原则的前提下，不断扩大人民民主，把对人民的民主和对敌人的专政结合起来，把社会主义事业不断推向前进。"①要把社会主义事业不断推向前进，要靠继续发展社会主义民主来保证和支持。社会主义的民主建设必须同法制建设紧密地结合起来，使社会主义民主制度化、法律化。这是史良为人民、为子孙后代总结出来的宝贵的历史经验。

当时，民盟从全国各地选派有盟员代表旁听特别法庭审判林彪、江青反革命集团和参加公审工作，史良亲切地接见他们。她对担任辩护律师的韩学章说："你这次来参加审判'四人帮'是光荣的，党对你是信任的，可是任务也是艰巨的。——你要听党的话，按党的意图去做。"②

---

① 中国民主同盟中央文史委员会编：《中国民主同盟历史文献》（1949～1988）（下），文物出版社1991年版，第868～869页。

② 韩学章：《悼念敬爱的师辈史良同志》，《中央盟讯》，1985年第10期。

1980年元旦，在全国政协举行的新年茶话会上，史良和全国政协主席邓小平亲切交谈。

有意思的是，当起诉书送达江青，告知她可以委托辩护人为之辩护时，江青提名4人，其中1人即为史良。江青说："我请史良，是因为我想她敢替我辩护。"①因史良年事已高及其他原因，江青的这一要求被否定。

由于全国各级民盟组织停止了活动，恢复、建立地方组织和恢复活动，成为民盟中央临时领导小组的主要工作之一。首先在上海、广州、天津三地分别召开了华东、中南、西南和华北、西北、东北地区的盟务座谈会，交流情况，总结经验，研究恢复民盟的基层组织工作，研究在新形势下如何把民盟的工作重点转移到为社会主义现代化建设服务上来。盟务座谈会取得了显著成效，各地基层组织陆续恢复并开展工作。接着于1979年10月在北京举行了中国民主同盟第四次全国代表大会。这次会议的召开结束了民盟20余年没有召开代表大会的历史。大会根据中共十一届三中全会后重新认定的民主党派的社会主义性质，主要

① 马克昌主编：《特别辩护》，中国长安出版社2007年版，第63页。

解决以下三个问题：第一，明确阐述了新时期民盟的性质，确认民盟“是中国共产党领导下的革命和爱国的统一战线的组成部分；是以社会主义知识分子，特别是文教科技界中上层知识分子为主的社会主义劳动者和拥护社会主义的爱国者的政治联盟；是在党领导下，进一步为社会主义服务的政治力量”。第二，确定了新时期民盟的任务：“广泛地团结所能联系的文教科技界的中上层知识分子，其中包括社会主义劳动者、拥护社会主义的爱国者和拥护祖国统一的爱国者，在他们中间发挥带头作用、骨干作用和桥梁作用，为在本世纪内把我国建设成为社会主义的现代化强国，为实现祖国统一大业而奋斗”。第三，确定了以史良为民盟中央主席的新的领导机构。民盟“四大”解除了压在广大盟员心中的重负，政治、精神上得到解放，为其在新的历史时期开展工作奠定了良好的基础。之后，在以史良为主席的民盟中央领导下，民盟的省、市、自治区各级组织陆续重建，并恢复了工作。据统计，到 1983 年底，除西藏、台湾外，民盟的县、市自治区一级的组织都得到了恢复，盟的县、市委员会由“文革”前的 97 个发展到 150 个，基层组织发展到 2300 余个。

史良担任民盟中央主席后，带领民盟积极协助中共和政府，在拨乱反正，落实知识分子政策方面加快了步伐。诸如配合中共对“右派分子”的复查和改正错划，诸如对“文革”中一大批知识分子冤假错案的平反昭雪，使反右斗争中所谓的“章罗同盟”被宣布在组织上并不存在，所谓的“右派六教授”以及刘王立明、浦熙修等的右派问题获得改正，使在“文革”中被林彪、江青反革命集团迫害致死的同志获得平反昭雪。冯克熙、赵一明解放前

1981 年，史良和彭真在人民大会堂。

曾在民盟机关报《民主报》工作，并任民盟重庆市支部第二届执委，为争取民主、建立新中国积极工作。解放后，冯克熙仍担任民盟重庆市委委员，但在反右运动中被错划为右派。从 1958 年到 1978 年下放劳动 20 年，远离民盟组织。1979 年秋天，民盟召开“四大”，史良记挂着冯克熙，把他作为“特邀代表”出席“四大”。冯克熙非常感动，他说：“从 1958 年到 1978 年，我下放劳动 20 年。民盟没有开除我的盟籍，只是‘暂停’。在我摘‘帽子’后又取消了‘暂停’，但实际上，我已远离组织。1979 年拨乱反正，我才和好些民盟同志一道‘改正’，重新工作。1979 年秋，民盟召开‘四大’，史大姐没有忘记当年在重庆、成都还有几个跟随她的‘年轻人’，于是重庆的胡克林、我和成都的赵一明、张松涛作为‘特邀代表’,得以参加‘四大’。之后,我就在担任重庆市政府工作的同时,继续肩负了重庆盟市委一些责任和盟中央、盟省委的一些名义。”[①]史良还关心盟内外群众的来信来访,解决盟员和群众的申诉问题。据曾担任史良秘书的薛玉清说,天津民盟盟员杨思慎的儿子,“文革”中因政治迫害在云南被判入狱,杨的妻子写信,希望协助申诉平反。史良十分关心,仔细询问案情始末,热情支持他们的申诉。在史良的支持下,杨妻赴滇申诉,其子获释出狱,卸掉了压在他们身上多年沉重的包袱。

史良出任民盟中央主席时已近80岁,按照中国传统的说法,年过七十已古来稀,但她仍伏枥老骥,壮心不已,率领民盟在各方面作了大量的工作。正如她在民盟成立40周年纪念会上的讲话中所说:“在这个时期里,民盟除了积极参加国家政治生活,动员盟员和所联系的知识分子为‘四化’服务以外,在协助党落实知识分子政策,为在‘文革’中受迫害牺牲的同志平反昭雪,配合有关单位作好对错划为右派分子的盟员同志的改正工作和冤假错案的平反工作,交流盟员为‘四化’服务的经验,表扬先进,开展教育改革的献计献策,组织学习,开展三胞工作,参加审判林彪、江青反革命集团案主犯的工作,开展社会主义民主与社会主义法制的宣传教育等方面进行了大量的工作。”[②]由于史良为新时期民盟工作做出了贡献,因此1983年在她83岁高龄时,仍然被民盟五届一中全会推举为民盟中央主席。

---

① 《我与民盟》,第60页。

② 《中国民主同盟历史文献》(1949~1988),第931~932页。

二、永远不能忘记的几件事

史良曾经说过，党的十一届三中全会确定了解放思想，开动机器，实事求是，团结一致向前看的指导方针，作出了把工作重点转移到社会主义现代化建设上来的战略决策。从此，我们的国家得到了新生，进入了一个新的历史时期。“在这个时期里，有几件事情是使我永远不能忘记的。”①

有哪几件事情使史良终生难以忘怀呢？

第一，被邀请光荣列席中共第十二次代表大会。

1982 年 9 月 1 日至 11 日，中国共产党第十二次全国代表大会在北京举行。这次大会是十一届三中全会后，在中国共产党的领导下，经过全国人民的艰苦努力，各条战线取得了拨乱反正的重大胜利，全国的政治、经济出现了很好的形势，中共中央为制定社会主义现代化建设的宏伟发展战略而召开的。中共十二大主要审议通过了：（一）胡耀邦代表第十一届中央委员会作的《全面开创社会主义现代化建设的新局面》的报告，确定了新时期的总任务是：团结全国各族人民，自力更生，艰苦奋斗，逐步实现工业、农业、国防和科学技术现代化，把我国建设为高度文明、高度民主的社会主义国家。（二）新的《中国共产党章程》。（三）选举出新的中央委员会、中央顾问委员会和中央纪律检查委员会。

---

① 《史良自述》，第 83 页。

史良与邓颖超、康克清在人民大会堂。

史良被中共邀请列席“十二大”，她感到莫大的光荣和荣幸，受到了深刻的教育。她说：“邓小平的开幕词和胡耀邦的报告，对我国的社会主义革命和建设进行了科学的总结，进一步指明了我们继续前进的航向。特别是确定了今后二十年我国经济发展的战略目标、战略重点、战略步骤和一系列正确的方针政策，是建设现代化的高度文明、高度民主的社会主义强国新的战斗纲领。”她认为，新制定的中国共产党党章，“将使党建设成为领导社会主义现代化事业的坚强核心”；新选举成立的党中央领导机构，“是一个更加坚强、更加朝气蓬勃的战斗指挥部，是领导我国社会主义事业取得胜利的根本保证”。① 作为民盟中央主席，她号召民盟全体成员，认真学习中共“十二大”文件，吃透精神，提高认识，统一思想，并联系民盟实际，积极主动，扎扎实实地贯

① 《民盟中央举行在京中常委扩大会议》，《中央盟讯》，1982 年第 10 期。

彻执行“十二大”精神，为全面开创社会主义现代化建设的新局面，做出应有的贡献。

第二，出席五届全国人大第五次会议，通过新的《中华人民共和国宪法》。

中华人民共和国成立以来，先后于1954年、1975年和1978年制定通过了三部宪法，其中第一部宪法较好体现了社会主义原则和人民民主原则，第二部宪法则包含有“极左”的错误内容，第三部宪法也已不能适应十一届三中全会后国家形势发展的要求，需要作修改。为了有一部符合新的历史时期要求的根本大法，五届全国人大会议接受中共中央的建议，于1980年9月，成立了宪法修改委员会，负责提出新的宪法修改草案。史良为宪法修改委员会委员之一，直接参加了修改宪法的领导工作和实际工作。

宪法修改委员会通过广泛征集各方面的意见，反复研究、讨论和修改，向全国人大常委会提交了《中华人民共和国宪法修改草案》，1982年4月27日，全国人大常委会向全国人民公布宪法修改草案，供各族人民讨论。

宪法修改草案交付全国各族人民讨论后的第三天，即4月30日，史良发表谈话说：全国各民族各阶层人民广泛深入地讨论宪法修改草案，对于深入总结建国以来社会主义革命和建设的经验，大力发扬社会主义民主和健全社会主义法制，巩固和发展我国安定团结的政治局面，有着十分重要的意义。她从建国头十年，自己任职司法部部长期间，依据1954年通过的宪法而制定的许多社会主义法律法规，是做好司法工作的根据的亲身实践中，肯定了完备立法是加强社会主义法制的重要内容。她相信："经过对这次公布的宪法修改草案的全民讨论，必然会产生一部符合新的历史时期要求的根本大法，从而大大促进我国社会主义法制的建设。"①

随后，民盟中央向全盟下发了关于全盟讨论宪法修改草案的通知，要求全体盟员以主人翁的态度，积极热情地参加讨论，提出意见，把草案修改得更加完善。史良并亲自主持召开民盟中央在京中央委员、候补委员座谈会，讨论宪法修改草案。各委员以国家主人翁的姿态，各抒己见，畅所欲言，认真提出修改意见，如宪法修改草案第 21 条对知识分子问题作了规定，与会者认为，可以在 20 条里明确说明知识分子是社会主义劳动者的一部分，明确规定知识分子的地位，不必把知识分子问题另立为第 21 条。如与外国签订协定、缔结条约怎样规定批准权，与会者认为，我国历来由国务院出面，但须明确规定批准权在人大常委会。又如认为应该在宪法上规定正常的申诉渠道，切实保障人民的民主权利，等等。② 这些意见和建议受到了宪法修改委员会的高度重视，有的还被采纳。

宪法修改委员会根据全民讨论中提出的大量的各种类型的意见和建议，对草案又进行了修改，并提交五届全国人大五次会议审议。1982 年 12 月，五届全国人大五次会议正式通过《中华

① 《史良就全民讨论宪法修改草案发表谈话》，《光明日报》，1982 年 5 月 1 日。

② 《民盟中央学习组讨论宪法修改草案》，《中央盟讯》，1982 年第 6 期。

人民共和国宪法》，并颁布实行。史良高度赞扬这部宪法，她说，修改后的《中华人民共和国宪法》“是在社会主义经济已经巩固地统治了整个国民经济，阶级关系发生根本变化，工人、农民、知识分子已经成为全社会的基本组成部分和基本依靠力量的条件下制订的。它反映了上述社会经济的伟大变化，集中了全国人民在新时期的共同的政治要求。它的生动性就表现在它记载着我们已经获得的一切——社会主义公有制和建立在社会主义经济基础上的社会主义上层建筑——人民民主专政”。[①]

此外，史良还把民盟召开第四次全国代表大会列为永远不能忘记的事件。因为这次大会是粉碎“四人帮”民盟恢复活动后举行的第一次大会，因为大会确定了民盟是中国共产党领导下的革命和爱国的统一战线的组成部分，社会主义劳动者和拥护社会主义的爱国者的政治联盟，是在中共领导下进一步为社会服务的政治力量。史良认为，这是个很大的变化，也是个很大的进步。

三、关心祖国统一大业

台湾是中国的神圣领土，但主要由于美国的阻挠，台湾同祖国大陆分离的局面迄今未能解决。史良始终关心着祖国的统一大业，希望早日实现祖国的统一。

粉碎“四人帮”不久，为纪念台湾省人民反对国民党反动统

① 《史良自述》，第83~84页。

治的“二·二八”起义30周年，史良撰文指出：“台湾省自古以来就是我们伟大祖国不可分割的一部分，台湾同胞是我们的亲姊妹，亲兄弟，我们之间存在着共同的骨肉之情、民族之义、祖国之爱，台湾省人民和大陆人民心连心，我们永远不能分离，我们永远不会分离，我们共同努力争取的解放台湾、统一祖国大业必然要实现，必然会实现。”①这里史良在统一祖国的表述上使用了“解放台湾”，是由于当时中美尚未建立外交关系，中国政府尚未明确提出不用“解放台湾”的提法，没有正式使用“一个国家两种制度”的规范语言来表达解决中国统一问题的基本方针和基本国策，但具体时段具体分析，恰恰反映了史良盼望台湾回归祖国，早日实现统一大业的热情期望。她在文中警告台湾少数顽固分子如果执迷不悟，妄图依附美帝国主义，绝没有好下场！国际上任何反动势力妄图策划“两个中国”、“台湾独立”等阴谋，更是绝对不能得逞的！

1979年元旦，全国人大常委会发表《告台湾同胞书》，郑重宣布了争取和平统一祖国的大政方针，提出在解决统一问题时，一定要考虑尊重台湾的现状和台湾各界人士的意见，采取合情合理的方法，不使台湾人民蒙受损失；中华人民共和国和台湾当局之间商谈，结束军事对峙状态；双方尽快实现通航、通邮，发展贸易，进行经济交流。对此，史良表示热烈拥护和积极响应。

1981年9月30日国庆前夕，人大常委会委员长叶剑英对新

---

① 史良：《纪念台湾省人民“二·二八”起义30周年》，未刊，原件存民盟中央。

华社记者发表谈话，进一步阐述了台湾回归祖国、实现和平统一的9条方针政策，其中明确指出，为了尽早结束中华民族陷于分裂的不幸局面，建议举行国共两党对等谈判，实行第三次合作，共同完成祖国统一大业。次日，史良以民盟中央主席的身份发表谈话，指出叶剑英的谈话，方针明确，态度诚恳，措施具体，是对台湾回归祖国、实现和平统一方针政策的进一步深化和发展，是对实现台湾和大陆早日团聚的有力促进。表示中国民主同盟全体盟员，拥护叶剑英的谈话，"决心为实现叶委员长谈话提出的各项具体政策竭尽全力，作出应有的贡献"。[①] 同时，史良撰文阐述国共两党两次合作所取得的丰功伟绩，指出"叶剑英委员长提出的9条是合情合理而具有高度容纳性的"，希望"台湾当局能以民族大义为重，严肃地对待叶剑英委员长的建议，捐弃前嫌，开始接触，启谈判之门户，掀历史之新页"。她呼吁台湾的学术界、教育界、文化界人士，"本于爱国良心，出于民族大义，促进和平谈判之举行"。并欢迎他们到大陆来探亲访友，学术交流。她希望民盟在台湾和海外的老朋友，到大陆访问，共话沧桑，重叙旧谊，爱国一家，为促进祖国统一大业做出贡献。[②]

1984年元旦，全国政协举行新年茶话会，政协主席邓颖超代表中共中央就台湾回归祖国、实现祖国统一发表了重要讲话，倡议国共两党第三次合作，并提出台湾现行经济社会制度不变、生

---

① 《中国民主同盟历史文献》(1949年~1988年)(下)，第912~913页。

② 史良：《捐弃前嫌，掀开历史新章——纪念辛亥革命七十周年》，《人民日报》，1981年10月12日。

活方式不变、同外国经济文化关系不变三个不变主张。3日，民盟在京中央常务委员举行座谈会，座谈讲话内容。当时史良因病未能出席会议，但她委托他人作了书面发言。她说："实现祖国统一，是我国各族人民的共同愿望和政治责任，我们必须全力以赴，促其实现。"中共中央提出的三个不变主张，合情合理，倡议实现国共两党第三次合作，是真诚的，希望台湾当局认真考虑这篇语重心长、仁至义尽的讲话，希望台湾人民加以督促推动，促其实现。并建议民盟内与台湾文教界人士、政界人士有联系的盟员，加强与他们的接触和往来，交流感情，共同促进祖国统一。[①]

对香港回归祖国的问题，史良也给予极大的关注。1982年中英两国开始关于香港回归问题的谈判时，英方企图"以主权换治权"，即中国如果同意英国1997年后继续管制香港，英国可以考虑中国提出的主权要求。针对英国的无理要求，史良认为，主权与治权分开论，不仅在法律上和法理上说不通，而且侵犯国际法公认的主权原则。她向新华社记者发表谈话说："主权是指一个国家固有的处理自己国内事务和国际事务而不受他国干预或限制的最高权力。而治权则是政府对国内事务治理的权利，包括立法、司法、行政权。主权是建立在治权的基础之上的，而治权则是一个国家主权的体现。如果没有治权，主权就是一句空话。"又说："主权、治权不可分割。英国企图在名义上收回香港

---

① 《民盟举行在京中常委座谈会》,《中央盟讯》,1984年第1期。

主权之后继续维持对香港的统治，这只能是对我国主权的侵犯。"[①]所幸的是，史良在有生之年，终于看到了中英两国政府关于香港问题谈判圆满结束，中国将对香港行使主权的问题得到解决。

史良是名人，著名律师，在海外有不少旧友。她经常寄语海外旧友，希望共同努力，促进国共第三次合作，早日实现祖国统一。希望他们来大陆访问，共话沧桑，重叙旧谊，爱国一家，更增豪情。每有海外旧友回国访问，她都盛情接待，向他们宣传"一国两制"国策，希望共同努力，为祖国的统一大业作出贡献。"珍重临风寄友声，心悬两岸待潮平。捐嫌合作援前例，早早归来话旧情。"[②]这是一位民盟盟员在史良去世后写的悼诗，真实精辟地概述了史良生前关心祖国统一大业的实况。我们相信，史良瞩望祖国统一的遗愿，是一定会实现的。

四、悼念战友自励奋发

在林彪、"四人帮"横行时期，是非混淆，敌我混淆，不但大多数坚持党的正确路线政策的干部被揪斗迫害，就是许多为建立新中国而英勇献身的革命烈士也遭受诬陷，其光辉形象被歪曲，其光荣历史被抹煞，其亲属受到迫害。如与史良30年代初相识，救国会的老同志，为促进张学良、杨虎城发动西安事变，促成第

---

① 《香港"主权与治权分开"论违背国际法》，《人民日报》，1983年9月22日。

② 钱小山：《悼念史良同志》，《中央盟讯》，1985年第10期。

二次国共合作做了许多工作,后因坚持抗日民主遭反动军阀盛世才杀害的杜重远,在“文革”中家被抄,遗像被撕毁,并斥他为“资产阶级政客”、“无产阶级敌人”。[①] 这种被颠倒了的事实,尤其是自己的亲密战友,史良是非常痛心的。但在十年内乱中,她连悼念这些人的文章也不能写,直到林、江反革命集团覆灭,文化大革命结束,她才有机会倾诉悼念之情。70 年代末 80 年代初,史良写了多篇悼念故人的文章,如邹韬奋、李公朴、杜重远、沈钧儒、张澜、邓初民等。此时此刻,为建立一个独立民主和平与富强的新中国,她和战友共同奋斗的艰难历程,又一一出现在眼前。

邹韬奋是史良在 20 世纪 30 年代救国运动中相识的。1979 年 7 月,在邹韬奋逝世 35 周年之际,史良以满腔的热情写了《向着明天——怀念韬奋》一文。史良在文章中,缅怀了韬奋为反对日本帝国主义入侵中国和国民党政府的“攘外必先安内”的错误政策,强烈呼吁团结御侮、抗日救国而被捕入狱,在狱中所表现的“宁愿坐穿牢底,决不在原则问题上让步”的“爱国知识分子的崇高气节”。讴歌了韬奋一生的事业反映了时代的动向,代表了人民大众的意愿,她说:“在国民党统治时期里,办一刊物、办一书店都不容易自主,而韬奋办的刊物和书店却能依靠自己的业务维持,并且蒸蒸日上,其主要原因是,他所办的《生活》、《大众生活》等刊物和生活书店所出版的书籍,反映了时代的动向,代表了广大人民的要求和愿望,因而深得读者的欢迎和爱戴。一

① 张宝裕等主编:《杜重远》,新疆大学出版社 1987 年版。

种文化事业只有办到这样的程度才能算是群众的文化,只有群众的文化才富有生气,不致萎靡不振,无病呻吟,韬奋一生事业的成功,固然和他个人的勤奋有关,也和他始终与群众声气相通有关。”文章追忆了韬奋被迫离开重庆,临行前到她家,与她悲愤和沉痛的告别;追忆了得知韬奋因患脑癌医治无效不幸逝世和中共根据韬奋生前的请求,批准追认他为中国共产党员的消息,认为韬奋从一个爱国知识分子,通过坚忍不拔的努力,终于走上无产阶级的革命道路,成为无产阶级先锋队战士的一生,反映了中国知识分子追求光明,追求真理,终于找到光明、找到真理的全部历程。史良在文章最后指出:“我们正处在一个伟大转折的历史年代,我们已经在中国共产党的领导下,建立了一个社会主义的新中国,我们还要在党的领导下,把它建成现代化的富强繁荣的社会主义国家。我们的前途是任重而道远,充满激情和希望。”表示:“我们一定要踏着韬奋的足迹,在永远革命的道路上,奋勇前进,向着新的更加灿烂的光明的明天。”[1]后来,她又写了《韬奋精神常青》一文。[2]

同年秋天,史良写了怀念李公朴的文章。李公朴也是史良30年代因从事救亡运动而认识的,并在“七君子”事件中共同度过国民党的监狱生活。史良在文章中主要回忆了抗战胜利后李公朴在重庆的斗争事迹,她回忆在中国民主同盟第一次全国代表大会上,李公朴以昆明代表的身份出席会议。当时与国民党

---

① 《史良自述》,第111页~114页。

② 《中央盟讯》,1984年第6期。

关系密切的青年党把持盟务，排斥异己力量，拒绝吸收无党派民主人士入盟，严重影响民盟民主运动的开展。为了清除青年党在盟内的影响，把民盟从政治、组织、思想上向前推进一步，向左转化，李公朴不仅和昆明的代表一起坚持进步的、正确的立场，勇敢地和倒退、保守的思想作斗争，而且还广泛接触其他方面的代表，交换意见，团结了更多的力量。最终在李公朴等进步力量的努力推动下，民盟"一大"在组织上扭转了青年党把持操纵盟务的局面，扩大了进步力量在盟内的领导成分，进一步巩固了盟的组织；政治上，大会通过的政治纲领和主张，反映了战后广大人民渴望和平民主的要求，和中国共产党的"七大"政治路线相一致。

史良回忆起为声援昆明"一二·一"流血惨案，支持昆明师生的争民主反内战的斗争，李公朴焦思苦虑，深入到重庆各界群众中了解情况，征询意见，深入到民盟青年支部和重庆青年群众团体中共同研讨。当民盟总部决定举行追悼大会公祭昆明"一二·一"死难师生大会，并把大会的筹备工作交给李公朴负责后，他组织青年夜以继日地工作，陪都各界追悼"一二·一"昆明死难师生大会成功举行，在重庆广大群众中形成了声势浩大的反内战、争民主的浪潮。史良说："这次反内战的追悼大会开得挺成功，公朴先生在组织、联络和疏通意见等方面，都起了重要的作用。"①

---

① 史良：《为民主革命而献身的战士——回忆李公朴同志在重庆的斗争事迹》，方仲伯编：《李公朴纪念文集》，云南人民出版社1983年版，第232页。

史良还回忆了1946年1月政协会议召开期间,李公朴期望政协会议能够奠定起国家的永久和平,能为实现真正的民主政治打下初步的良好基础,以饱满的政治热情,在会外积极参加和领导促进政协通过民主决议的活动。政协会议闭幕后,为巩固政协会议的成果,重庆数千名群众集会在重庆较场口广场,举行陪都各界庆祝政治协商会议成功大会,作为大会主席团成员和总指挥的李公朴被国民党特务打得“血流如柱”,史良和周恩来一起去医院看望他,李非常激动,连声说不要紧。史良说:“李公朴不畏强暴,不怕牺牲,为民主事业献身的精神,那时就已给我深深的感动。”李公朴出院后,立即和陶行知积极筹办社会大学,办民主教育,探索教育改革的一些问题。由于李公朴真诚地呼吁反对内战,实现民主,和平建国,引起了国民党反动派的极端仇视,5月他离开重庆,7月就在昆明被国民党特务刺杀殒命。

史良回忆着往事,回忆着与李公朴的亲密友谊,更激发了她解放思想,为建设社会主义四个现代化贡献力量的决心。她写道:“三十多年过去了……三十年来,尽管我们走过曲折的道路,但成就是伟大的,尤其是粉碎‘四人帮’,特别是党的十一届三中全会以后,党中央励精图治,万象更新。三十年前黑暗的旧中国已经变成今天的光明的新中国,我们还要继续前进,为‘四化’而奋斗。缅怀既往,悼念烈士,我们感想万千,却又充满胜利的信念。历史的车轮是滚滚向前的,任何人也阻挡不住。只有实践才是检验真理的唯一标准。实践证明,社会主义有着巨大的生命力。我们已经取得了很大的胜利,我们还将取得更大的胜利。

这是可以告慰于先烈,也是有以自励而奋发有为的。”①

1981 年 2 月,著名的社会科学家、知名的民主教授、全国人大和全国政协常委、中国民主同盟副主席邓初民逝世,史良怀着悲痛的心情,写了《悼念邓初民同志》一文,深情地记述了邓初民从青年时代起就开始接触马克思主义关于社会发展的学说,潜心学习马克思主义,并很早和中国共产党接触,最终于 1962 年以 73 岁高龄光荣加入中国共产党。邓初民的一生是一个革命知识分子的一生,不断追求进步的一生。史良在文末引用邓初民总结自己一生的经验教训:数十年的教训,使我深深体会到,知识分子只有依靠共产党,依靠集体,依靠人民,才能找到前进的方向,才能获得前进的勇气,也才能在革命和建设中贡献自己的力量。史良认为,这是邓初民的感受,也“是一切要求进步的中国知识分子的共同感受”,表示一切知识分子包括自己在内要向邓初民学习,“在党的领导下,把知识服务于人民,不断地为社会主义作出自己的贡献”。②

同年 5 月 29 日,宋庆龄病逝,噩耗传来,史良悲痛万分。她立即赶写了《人民的事业必胜——沉痛悼念尊敬的宋庆龄同志》,发表在 6 月 2 日的《人民日报》上。她在文中回忆了和宋庆龄之间浓厚的友谊以及共同奋斗的道路:20 世纪 30 年代初期,史良刚刚走上社会,在上海执行律师业务,受宋庆龄等人发起组织的“中国民权保障同盟”的深刻影响,她敢于冒着生命危险在

---

① 《李公朴纪念文集》,第 237 ~ 238 页。

② 《中央盟讯》,1981 年第 3 期。

1960 年，史良和宋庆龄、何香凝在中南海。

法庭上为被捕的进步人士和中共地下党员进行辩护，营救了许多政治犯。从这时起，她结识了宋庆龄，并成为亲密战友。随后，她们一起参加了旨在团结全国救国力量，统一救国方策，保障领土完整，谋求民族解放的救国会组织，并都被推选为执行委员。沈钧儒、史良等 7 人因此而被捕入狱后，宋庆龄为抗议国民党无理逮捕他们，发起了历史上罕见的“救国入狱运动”。在至牢房探视“七君子”时，宋庆龄等人首先到女监看望了史良，并鼓励她坚持斗争。一直以来，史良始终深为感动，称“这是我和宋大姐的一次难忘的会见”。抗战胜利后，史良和宋庆龄都回到了上海，她们“往来密切，互相关心和支持”。在反对国民党蒋介石打内战，呼吁美国人民起来制止其国家军事上援助蒋，主张建立一个真正的联合政府的共同政治目标下，她们之间“谈的话就更多了”。她们“共同迎接了大上海的解放”。全国解放后，只要宋庆龄从上海来北京，史良总要和她见面，探讨如何用法律保护妇女儿童的利益。每逢新年到来之际，史良都会收到宋庆龄送的贺年卡，上面有宋亲自书写的“祝史良大姐身体健康”清秀隽丽的字。1976 年，史良的丈夫突然去世，宋庆龄来到史良寓所，给予极大的安慰。1981 年 4 月，宋庆龄去世的前一个月，史良患病，时宋已被确诊患了白血病，但她仍派人给史良送来一盒从上海带来的柠檬点心，嘱咐她早日恢复健康。不料，宋庆龄竟先史良而去。她为失去了生活道路上这位始终崇敬和热爱的良师益友痛哭流泪。史良在悼文结尾写道：“尊敬的宋庆龄同志，中国人民和世界人民永远怀念您的功绩，中国妇女和世界妇女永远学习您的榜样。”“您付出毕生心血浇灌的祖国大地和生存在这块土地上的勤劳勇敢的中国人民，在中国共产党的领导下，必定会实现您的预言，继续走向新的、更光辉的高峰！”①

史良这篇文章对宋庆龄悼念之意并没有表达完，因此在 1983 年她又写了一篇纪念和追思的文章《三次难忘的会见——纪念宋庆龄大姐诞辰九十周年》，抒发她对宋庆龄的崇敬和怀念之情。②

情悠悠，思悠悠，情思悠悠无尽头。史良怀念战友的文章，不仅体现了她对亲密战友的深切追忆和怀念，而且也是她勉励自己在新的历史时期，铭怀先她而去的战友、同志们可贵的精神

---

① 《光明日报》，1979 年 3 月 4 日。

② 《人民日报》，1983 年 1 月 24 日。

与高尚的人格，和全国人民一起在中国共产党的领导下，为建设社会主义现代化强国而努力奋斗。

五、毕生难忘的回忆

无论是建国前还是建国后，史良一直把周恩来当作自己最好的老师和挚友，作为自己行为的榜样。她家的客厅里摆放着周恩来、邓颖超夫妇的合影照片。这是史良最心爱的一幅照片，是周恩来送给她的。周恩来也始终把史良作为朋友、同志。邓颖超曾说：远在20世纪30年代，“史良同志和恩来同志与我有过很多接触。……从抗日战争到民主运动，从救国会到民主同盟，从战争到解放，我们始终在中国共产党的统一战线大旗下合作共事，我们共同经历过欢乐和患难，是互相信得过的朋友和同志”。[①] 1976年周恩来去世后，史良一直深情怀念。

1979年3月，在周恩来诞辰81周年之际，史良写了《永远的怀念——纪念周恩来总理诞辰八十一周年》，发表在《光明日报》上。[②] 史良在文中说：“我是在抗日战争的艰苦战斗年代里和周总理初次认识的，直到总理逝世，有四十多年的交往。缅怀往事，历历在目，伤痛之余，唯有自励而已。”

史良难忘，抗战胜利后，周恩来陪同毛泽东到重庆和蒋介石举行谈判，期间，她由邓颖超偕同去求精中学会见毛泽东和周恩

① 邓颖超：《史良自述·序》，见《史良自述》第1页。

② 《光明日报》，1979年3月4日。

来。毛、周二人热情地和她握手,非常注意地听她讲述重庆方面的一些情况,亲切地告诉她中共已有准备,不会上蒋介石的当。这次会见,不仅使史良充满激动之情,终生难忘,而且给她留下一个强烈的印象,“毛主席和周副主席真是不可分离的亲密战友”。政协会议期间,史良作为参加会议的民盟代表团顾问,常有机会见到周恩来,“面聆他的亲切动人的讲话”,周恩来乐观的感情,坚定的信心,亲切的态度,都使史良受到无比的感动和巨大的鼓舞。

史良难忘,在较场口血案中,正当国民党特务大闹会场,对主席团成员李公朴等人大打出手,会场陷入一片混乱,作为主席团成员的史良不知如何处置时,是周恩来突然出现在她面前,把她拉上自己坐的汽车,去看望已被送进医院的李公朴。随后,史良按照周恩来的指示,代表被打受伤的李公朴等人向法院起诉。事后,史良将法院的判决结果和自己对判决的失望报告周恩来,周恩来告诉她:国民党统治的法庭是解决不了问题的,但我们起诉目的实现了,即利用敌人的法庭用敌人的罪行进行揭露!周恩来的教诲,使史良又一次受到深刻的教育,“开始懂得敌人统治的法庭,是不能制止国民党反动派行凶作恶的”,“这对她以后的政治生活起了决定的作用”。

史良难忘,中华人民共和国成立后,她担任司法部长,直接在周恩来总理的领导下工作,和周接触的机会更多了。周恩来始终关怀统一战线和民主党派的工作,是她最为感动的事情之一。以民盟为例,自民盟成立后,所有一切重大的进步政治活动都得到了周的亲切关怀。解放后,民盟召开的几次大的会议,也都得到了周恩来的关怀和帮助。同时,周对民盟和各民主党派的活动,对于爱国人士和知识分子的学习与工作,时时关心,并经常给予指示。如全国政协准备为民主人士兴建一个开会、学习的文化俱乐部,史良和陈叔通一块儿去请示周恩来,周恩来指示他们要不断努力,加强学习,说:“革命形势是发展的,思想要跟上形势就必须学习,学习也是革命。”文化俱乐部建成后,李维汉根据周恩来的这个指示精神,把它称作“革命工厂”。1956 年中共中央提出共产党和各民主党派“长期共存,互相监督”的方针,周恩来在许多场合、许多文章和报告中反复阐述这个原则。这给予包括史良在内的广大民主人士极大鼓舞,积极参加国家政治生活,参加社会主义建设。史良写这篇纪念文章时中共十一届三中全会刚刚开过,中共已重新确立了实事求是的思想路线,史良重提中共与民主党派的关系问题,她引用周恩来 1964 年在三届人大、四届政协会议所做《政府报告》中的讲话:“民主党派同共产党长期共存、互相监督的过程,就是逐步改造成为在共产党领导下为社会主义服务的政治力量的过程”说:“在林彪、‘四人帮’对统一战线横加破坏,对民主党派肆意污蔑之后,我们重温总理的教诲,更有亲切之感。民主党派虽然从它的历史看,是资产阶级性质的,但在中国共产党领导下经过三十年的改造和实践,已成为党领导下的一支为社会主义服务的政治力量,民主党派的成员绝大部分是工人阶级知识分子,是我们国家依靠力量中的一个光荣的组成部分,我们要坚信毛主席的统一战线理论和周总理关于统一战线问题的亲切教导,从思想上、理论上排除林彪、‘四人帮’的干扰和破坏,把民主党派的工作做好,正确发挥党的助手作用。”她是在怀念周恩来的同时，也在贯彻周恩来的遗教啊！

周恩来的言教和身教都使史良毕生难忘。她在文章的最后说：“敬爱的周总理已经离开我们了，但他的精神永远活在我们的心里。作为一个长期受到总理教育的党外人士，我一定要永遵总理教导，不断学习，努力工作，在党的统一战线政策的号召下，为‘四个现代化’的伟大事业作出尽可能多、尽可能大的贡献。”

《周恩来选集》出版后，史良虽然年事已高，但前往拜访她的人，总是看到她的书桌上摆着翻开的《周恩来选集》。她深情地对来人说：“我很怀念周总理。”[①]史良以认真学习周恩来的著作，寄托对他的深切怀念。

---

① 左诵芬：《一片丹心为中华——记史良大姐》，《中国妇女》，1983年第9期。

第十六章
毕生精力献给了祖国和人民

一、最后岁月

史良看上去体格高大，神态昂扬，其实她患有高血压、心脏病和植物神经失调等慢性疾病。20世纪60年代初病疾曾严重复发，经治疗休养，高血压、心脏病暂时得到控制，但慢性病时好时坏，很不稳定。文化大革命期间她受到刺激，特别是1976年1月她的丈夫陆殿栋因周恩来逝世过度悲恸患脑溢血去世，她失去了相依为命的亲人伴侣，受到很大的打击，进一步损害了她的健康。

陆殿栋(1907～1976年)，上海人，又名陆昭华。早年在上海法租界工部局任法文译员，史良在办理案件的过程中与其相识，并建立了恋爱关系。陆虽然在法租界工部局任翻译，但却是个爱国青年。他支持并协助史良营救政治犯，常常把法租界巡捕房捕人的消息透露给史良，因此被法工部局解职。[①] 对于史良参与发起并领导救国运动，陆也给予了许多帮助。“七君子”事件发生，史良到苏州投案前，就躲藏在陆的姨妈家；后史良到苏州投案，陆陪同前往。抗战爆发后，陆来到重庆，经中央银行副总

① 德邻：《民盟唯一女将》，《钮司》(又名《新闻周刊》)，1949年2月18日。

裁陈行安排，于1938年底在该行经济研究处当协纂。1940年元旦，史、陆二人结婚，[1]沈钧儒为证婚人，并担任主持人。1943年底，陆自费到英国留学，1946年底回国。时中央银行已迁回上海，陆被聘任法律顾问。同时和史良在四川路惠罗大楼合开律师事务所，因史良大部分时间忙于反内战争民主运动，律师业务主要由陆承担。[2] 1949年上海解放前夕，国民党上海警备司令汤恩伯密令特务逮捕史良，陆和史良一起转移、藏匿，躲避了逮捕。解放后，根据周恩来的安排，陆由上海来到北京，任外交部条约委员会专门委员。后因患高血压病，调任全国政协委员，直至去世。史良和陆殿栋没有儿女，解放后她的胞弟史公载的两子、一女作为他们的养子养女。史良与陆殿栋感情甚笃，生活上互相体贴，事业上互相支持，婚姻美满。

史良与养女养子合照

史良虽然因爱人的突然去世身体健康受到伤害，但在此后的近十年中，如前所述，迎来了我国社会主义建设的新时期，她克服病痛，勤奋工作，领导恢复了民盟组织活动，努力把民盟工作重点转移到为“四化”服务的轨道上来。

---

① 《沈钧儒年谱》，第225页。

② 史良：《我的检查和交代》，1967年5月3日，未刊。

2006 年江苏常州市实验小学建校 100 周年,为校友史良塑像。

常州是史良的故乡,虽然她 22 岁就离开家乡到上海读书,后来又在上海开律师事务所,但她仍不时回老家看看。自 1933 年她父亲在老家去世,母亲也来到上海和她一起住后,她回家的机会就较少了。但她始终对家乡怀着浓厚的感情。解放后,在北京工作的史良,只要到江苏出差,便要回家乡看看,她说:“故乡、母校、旧里,都在我的眼里、心里闪烁着灿烂的光芒。”1984 年,为庆祝建国 35 周年,她应家乡人民的要求,满怀激情地写了《写给故乡人民》一文,她写道:“作为常州人,我很高兴。值此节日,倍增欢欣。我谨在此寄语故乡人民、父老兄弟,但愿人心齐,共受党领导,开放加改革,奋发更争先。”[①]在此之前,1982 年,她曾为母校现今的常州市实验小学题词:“春光明媚,桃李芬芳。”她还为乡志提词:物华天宝,人杰地灵。[②] 充分表达了她对家乡寄予的殷切期望和无限热爱。

金秋 10 月,中国共产党为了进一步贯彻执行对内搞活经济,对外实行开放的方针,加快以城市为重点的整个经济体制改革的步伐,在北京举行十二届三中全会,通过《关于经济改革的决

---

① 中国民主同盟江苏省常州市委员会:《常盟简讯》,第 9 期,1984 年 9 月 25 日。

② 《湖塘乡志》,内部发行本。

定》。史良认为，自进行农村改革以来，取得了巨大效果，全国出现了多年来少有的政通人和，经济发展，文化繁荣的形势，加快改革的浪潮正以澎湃之势冲向城市。中共中央在这时通过关于经济体制改革的决定，合乎世界潮流，适应需要，民心所向，水到渠成，“不仅在政策上是一次重大决策，而且在马克思主义理论上，在党的经济思想上，在科学社会主义体系上，都有重大发展”。这不是一般的改革，是一次大变动，“是以建立中国式的社会主义体系为目标的创造性变革”。她要求民盟一定要在思想上、行动上坚决地和中共中央站在一起，同心同德，全力以赴；希望民盟发挥多学科智力集团作用，深入群众，调查研究，献计献策，为经济改革作出积极贡献。①

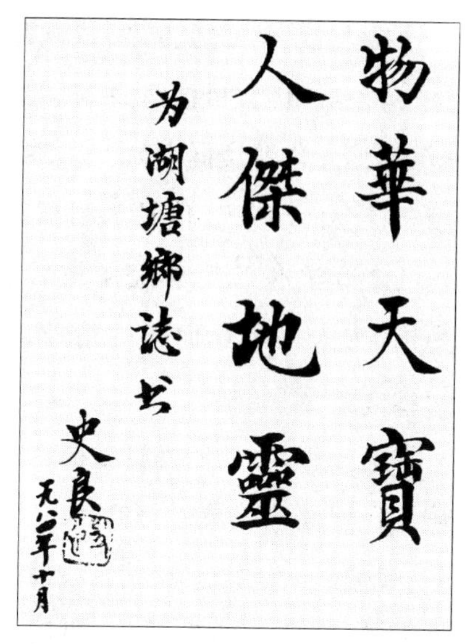

1984 年 10 月，史良为江苏省武进县《湖塘乡志》题词。

1985 年 6 月，著名数学家华罗庚因心脏病突发不幸在日本逝世。时史良因病住在北京医院，闻讯之下，十分惊愕。一个月前，华罗庚为祝贺史良 85 岁生日，亲笔写下贺诗：“当年七君子，

① 史良：《民心所向　水到渠成——在民盟中央在京常委扩大座谈会上的书面发言》，《中央盟讯》，1984 年第 12 期。

救国振人心，今朝盟主席，依党靠众群。本世纪同龄，超二千前进，两番与四化，祖国日日新。”悲痛之余，史良在病中写了悼文《沉痛悼念华罗庚同志》，[①]称华是“一位才华超众的科学家、教育家和社会活动家”，他是为祖国的四化大业，为加强中日两国人民的友好学术交流，作完了最后一次学术报告而倒下，他这种为祖国、为人民事业而死的精神，可歌可泣，永远值得后人学习、纪念。

这一年，史良还将自己的生平口述，由时任民盟中央执行局副主任罗涵先记录，并整理成文稿，1987 年由中国文史出版社以《史良自述》为书名出版。邓颖超亲自为该书作序。全书共 10 余万字，除史良的生平外，另附有工作生活照片和她的数篇文章。《史良自述》主要记录了她解放前参加学生运动，投身抗日救国运动和为争取和平民主的新中国而奋斗的经历，解放后的活动则记述较少。显然她认为建国三十多年的事组织上都清楚，就没有叙述。《史良自述》不仅是我们研究她本人生平的宝贵资料，而且是中国近现代史的重要篇章，是中国人民珍贵的精神财富。在此之前，1962 年史良曾应“人民中国”日文版编辑部的要求，写了“我所走过的路”，并送彭真请提意见，彭交人大副秘书长张苏处理。张苏组织人员进行讨论，没有提出任何意见。[②] 该文后来发表在“人民中国”日文版。

史良先后担任新中国首任司法部长、民盟中央主席、全国人

---

① 《中央盟讯》，1985 年第 6 期。

② 史良文化大革命中检查交代材料，1967 年 5 月 3 日，未刊。

大常委会副委员长，是政府高级官员，她却从不摆领导架子，平易近人。每当有熟识的地方负责同志来北京开会，她总是在家里热情款待他们，推心置腹地同他们谈工作、谈问题，“十分关怀”。著名律师林亨元回忆说，他因被错划右派而离开北京后，一次遇见史良，史良亲切地询问他的情况，当场表示要向有关部门反映他的情况。后来他回到北京，又在史良的支持下，调至民盟中央工作。[①]

史良心胸开阔，气度非凡，从不计较个人得失。“三反”运动时，有个史良并不认识的人给她贴大字报，且语气尖锐，她知道后，非但没有责备这位同志，反而还要认识他，并把他调任自己的秘书，以后还为他提职。[②] “文革”期间，叶笃义迫于压力，讲了一些对史良不大好的话，成为思想包袱，“文革”后见到史良向她道歉，史良却对他轻松地说：“这没什么。”史良的大度无私，使叶很感动。[③]

史良为人慷慨豪爽，乐于帮助他人。解放前她是知名律师，找她办案的人比较多，获得的酬金也相对多，但她生活负担重，全家人和司机、保姆 30 余口人，靠她一人的律师费维持，再加上律师事务所的开销（每月用钱 1500 余元），一年下来，所余有限。如 1936 年她获酬金 3 万多块，到年底结账时只剩下 12 块钱。[④]

---

① 《中央盟讯》，1985 年第 10 期，第 8 页。

② 同上，第 7 页。

③ 同上。

④ 《救国无罪》，第 182 页；子冈：《史良律师访问记》，《妇女生活》，第 2 卷第 4 期。

尽管史良的生活并不算富裕，但她在帮助别人时豪爽慷慨。平时遇到无钱申诉受欺压的贫穷人，她免收酬劳，甚至倒贴。对于革命活动也是尽力资助，在重庆期间，她盖了两间房子，不仅供过往这里的同志住宿，而且还提供饭食。抗战胜利后，救国会、民盟重要负责人沈钧儒从重庆返回上海，她赠送5000元，作为组织活动经费。[①] 1948年，她负责民盟上海市支部工作，经常拿钱资助支部活动。解放后，她将办案分得的一栋三层楼房给民盟上海市委会办公用，把10余幢房屋廉价售给了人民政府。

史良个人生活非常简朴，除了有外事活动外，平常在家里穿衣、吃饭十分节俭，冬天穿的棉袄连棉花都露出来了，睡衣破了也是补了又补。家具和陈设都很陈旧，很少更新，直到去世前，她家里的电视仍是一台苏联产的黑白电视。[②] 她对自己的家属在生活上要求也十分严格。她要求自己的养子养女艰苦朴素，生活节俭，自己的事自己做，不能让保姆做，外出和人民群众一样，只能乘公共汽车、电车或骑自行车，不准乘坐国家给她配备的汽车。她说："这是我的公车和工作待遇，不是给你们用的。"她去世时没有给自己的子女留下什么遗产。

二、历史功绩　永留人间

1985年6月6日，史良因臀部蜂窝炽炎发烧，住进北京医

---

① 李文宜：《回忆史良同志的生活片段》，《中央盟讯》，1985年第10期。

② 《中央盟讯》，1985年第10期，第8页。

院。经外科治疗，基本痊愈，但仍反复发烧，引发呼吸道、泌尿系感染等病症，体温经常在38度左右，有时高达39.5度，北京医院尽全力进行治疗，并曾给党中央、人大常委会及有关部门报告史良病情危重并可能进一步恶化。之后病情一度好转。9月6日病情又趋恶化，医院紧急抢救无效，零时三十三分与世长辞，终年85岁。

史良病重期间，中共中央书记处书记习仲勋亲自到医院探望，并代表总书记胡耀邦表示慰问；彭真、邓颖超、陈丕显、乔石、杨静仁、蔡畅等党和国家领导人或亲自或委托专人前往医院探望；民盟中央领导人多次前往看望。

同一天，全国人大常委会向全国人民发出讣告：第六届全国人民代表大会常务委员会副委员长、中国民主同盟主席、我国著名的政治活动家和妇女运动的著名领袖之一、杰出的爱国民主战士史良同志，因病于一九八五年九月六日零时三十三分在北京逝世，终年八十五岁。

9月11日下午3时，八宝山革命公墓礼堂庄严肃穆，哀乐低回，礼堂正面悬挂着“向史良同志遗体告别”横幅。史良的遗体安放在鲜花翠柏丛中，面容如往常般安详。史良的遗体上覆盖着中华人民共和国国旗，遗体前摆放着亲属敬献的花圈，左侧依次摆放的是中共中央、全国人大、国务院等送的花圈，右侧依次放的是胡耀邦、叶剑英、邓小平等党和国家领导人送的花圈。

胡耀邦、彭真、万里、习仲勋、王震、李德生等缓步来到史良遗体前肃立默哀，鞠躬告别，并与史良的亲属史公载、史叔织等握手，表示亲切的慰问。前来表示悼念的各界人士多达600

多人。

史良遗体火化后，骨灰安放在八宝山革命公墓。

9月12日，国家通讯社新华社在《人民日报》、《光明日报》等首都各报发表史良生平简介，文末宣告：

> 史良同志的一生，是不断追求进步，不断追求真理的一生。她把毕生精力献给了祖国和人民。她献身革命，坚贞不屈，爱憎分明，敢于斗争。只要是对人民有利的事业，她总是不惜一切努力去完成。她积极参与国家法制建设。她长期从事妇女运动，热心妇幼事业，为维护妇女和儿童的合法权益进行不懈的努力。她善于团结知识分子，经常反映知识分子的意见和要求，为巩固和扩大爱国统一战线竭尽心力。她对祖国的前途充满信心，常以“人民的事业必胜”来表达她对社会主义、共产主义事业的高度信念。她十分关心祖国统一大业，经常寄语海外旧友，希望共同努力，为促进国共第三次合作，早日实现祖国统一大业作出贡献。
>
> 史良同志的历史功绩将永远铭记在人民心中。[1]

史良为祖国、为人民、为革命奉献了一生，她的一生赢得了理应得到的肯定和高度评价。她的历史功绩永远铭记在人民的心中，永留于人间。

---

① 《人民日报》，1985年9月12日。

附　录
史良生平大事年表

1900 年

3 月 27 日生于江苏常州一个没落的士大夫家庭。父亲史刚,母亲刘璇。

1914 年

入武进县立女子师范附小,读四年级。

1918 年

在女师附小念高小三年级,领导同学们闹学潮,驱逐不学无术的算术教员。升入县立女子师范。

1919 年

积极参加“五四”运动,是常州学运的领袖人物。

1920 年

和女师学生会发起创办了一所义务学校。自 1920 年 7 月至 1922 年春止,与主张停办女师的封建保守势力进行斗争,并取得胜利。

1922 年

自女师毕业，入上海大同大学补习英语。在上海女子法政学校学习半年。

1924 年

入上海法政大学学习。

1925 年

“五卅”运动中，因参加示威游行被逮捕。主编《雪耻》刊物。

1926 年

转入上海法科大学法律专门部学习。

1927 年

上海法科大学毕业，分配至南京国民革命军总政治部政治工作人员养成所，任常委、少校指导员。期间，以莫须有的罪名被关押监狱两月余。随后到镇江，先后任江苏省特种刑事法庭临时地方法院书记官、江苏省区长训练所训育员。

1929 年

任江苏省妇女协会常务委员兼总务主任。

1930 年

任国民党青岛特别市党部训政科主任半年。

1931 年

开始在上海执行律师业务，并加入上海律师公会，当选上海律师公会执行委员。参加中共设在上海的外围组织“革命互济会”，并担任互济会律师。

1932 年

3 月 8 日，上海各界妇女召开纪念会，在会上讲话，强调今天中国妇女的最大责任是救国，不是治家。

1933 年

营救左翼作家艾芜出狱。承担被捕的中共地下党员熊瑾玎以及贺龙的家属向元姑等人的辩护律师。营救被捕的中共中央委员、“互济总会”党团书记邓中夏。营救中共地下党员任白戈出狱。父亲史刚去世。

1935 年

12 月 21 日，率先在上海发起成立第一个救国团体——上海妇女救国会，被推选为理事。12 月 24 日，和沙千里等人代表妇女救国会等团体，携带食品到北站，慰问准备乘车到南京向国民党政府请愿要求抗日而被上海市当局阻拦的学生。

1936 年

1 月 28 日，出席上海各界民众举行的“一・二八”淞沪抗战 4 周年纪念大会，决定成立上海各界救国联合会，被推选为执行委员。3 月 8 日，上海妇女界救国会等 7 团体举行“三八”妇女节纪念会，任主席，并发表演说。会后领队举行游行示威。5 月 9 日，参与领导上海各界举行的“五九”国耻纪念会。5 月 30 日，参与领导上海各界民众举行纪念“五卅”11 周年大会。5 月 31 日至 6 月 1 日，参加全国各界救国联合会成立大会，当选执行委员，被选为常务委员。7 月 9 日，与沈钧儒、章乃器、彭文应、沙千里组成救国会代表团赴南京，向国民党二中全会请愿，要求停止内战，一致对外，实现抗日。9 月 18 日，参加救国会组织的在上海漕河泾举行“九一八”纪念碑奠基典礼，前往途中遭国民党警察和特务的阻拦镇压，身上多处受伤，被群众救出送往医院。同时被打伤者有百余人,被捕者20余人。10月中旬,与马相伯、宋庆龄等人联名发表声明,驳斥国民党上海市党部对救国会为绥东抗战军队组织募捐活动的侮蔑。10月22日,与蔡元培、宋庆龄等救国会领袖一道为鲁迅送葬,走在送葬队伍的最前列。11月12日,参加救国会举行的孙中山诞辰纪念会,为主席团成员之一。11月23日,遭国民党逮捕,同时被捕的还有沈钧儒、章乃器、邹韬奋、李公朴、王造时、沙千里,震惊中外的"七君子"事件发生。12月30日,前往苏州江苏高等法院投案。

1937年

6月11日,江苏高等法院第一次开庭审理"七君子"案,第七个被审。25日,被江苏高等法院第二次开庭审理。7月21日,与沈钧儒等人联名致电蒋介石,赞扬其在庐山发表的谈话。25日,与沈钧儒等联名致函宋庆龄,对她扶病率领诸人莅苏要求投案入狱及其发起的救国入狱运动表示慰问和感谢。与沈钧儒等致电奋起抗日的29军军长宋哲元及全体将士,并捐赠100元表示勉励。7月31日,与沈钧儒等人获释出狱。8月,与沈钧儒等应国民政府邀请赴南京,贡献关于救国运动的意见。任中国妇女抗敌后援会总务组组长、上海市各界抗敌后援会设计委员会委员。11月,由上海撤退到香港、澳门,宣传抗日救国。

1938年

2月初,来到武汉,发表《妇女动员中的一点意见》一文。3月10日,战时儿童保育会成立,被选为理事之一,3月15日,被选为常务委员。5月20日至5月25日,出席宋美龄在庐山召开的全国各地妇女领袖和妇女工作者座谈会。6月,国民党政府发表国民参政会参政员名单，为参政员之一，直至 1942 年 7 月与其他救国会参政员一起被国民政府除名。7 月 1 日，新生活运动促进会妇女指导委员会成立，任委员，并任其下属组织联络委员会主任委员。7 月，发表《对动员妇女保卫大武汉意见》一文。与原救国会同仁试图成立全国性的救亡组织，未能成功。10 月下旬，由武汉抵达重庆。

1939 年

1 月 2 日，与沈钧儒、张申府等发代电，严词声讨汪精卫叛国投敌。26 日，四川高等法院第一分院宣布对“七君子”案撤回起诉，此案在司法手续上作了了结。春天，参与领导重庆妇女界的献金运动，支援抗战。9 月 9 日至 18 日，参加国民参政会第一届第四次会议，支持各党派参政员关于实施宪政的提案，并提议案与之呼应，被推选为国民参政会宪政期成会成员、参政会休会期间驻会委员。参加领导全国妇女为前线将士征募寒衣运动。拒绝宋美龄邀请加入国民党的拉拢。11 月至 1940 年 3 月，领导重庆各妇女团体先后举行 7 次宪政座谈会，主张国民大会代表应规定妇女代表之名额等。

1940 年

1 月 1 日，与陆殿栋在重庆结婚。

1941 年

4 月 1 日，加入重庆律师公会，从事律师工作，后被选为律师公会候补理事。

退出妇女指导委员会。

12 月，代表中华大药房与福民实业股份有限公司打官司。

1942 年

年初，随沈钧儒与救国会正式加入中国民主政团同盟。

1943 年

7 月，母亲刘璇在重庆去世。

1944 年

在重庆积极参加第二次民主宪政运动。

1945 年

3 月 8 日，应《新华日报》记者的邀请，谈对于妇女运动的意见，并出席重庆妇女界举行的“三八”节纪念晚会，在会上发表题为《妇女与民主》的演讲。4 月 8 日，在重庆妇女界举行的欢送即将赴旧金山出席联合国会议的中共代表董必武茶会上讲对出席旧金山会议代表的希望。7 月，参与发起成立中国妇女联谊会。9 月，当选中国民主同盟重庆市支部委员，负责组织工作。在求精中学拜见毛泽东和周恩来。10 月 1 日至 12 日，出席中国民主同盟临时全国代表大会（即民盟第一次全国代表大会），并当选为中央委员。12 月 16 日，与沈钧儒等救国会人士召开会议，决定将救国会改名为中国人民救国会，仍简称救国会，当选中央执行委员和常务委员。12 月 24 日，与沈钧儒等人以陪都各界反内战联合会名义，分别致电毛泽东、蒋介石，希望停止武装冲突，促进政治协商。

1946 年

1 月 10 日，担任出席政协会议的民盟代表团的法律顾问。2 月 10 日，“陪都各界庆祝政治协商会议成功大会”在较场口举行，任大会主席团成员。被人权保障委员会推选与阎宝航等人去见蒋介石报告较场口血案经过。以育才学校常年法律顾问身份,驳斥国民党刘野樵诬蔑该校学生制造“二一〇”血案。4月11日,与李公朴等人筹组成立“二一〇”社。4月15日,与沈钧儒等以救国会执行委员名义致电中共,悼念“四八”烈士。6月23日,与沈钧儒等致电慰问“下关惨案”受伤者。回答新华社记者专访,反对美国援助国民党打内战。7月16日,写《哭公朴》一文,随后参加筹备李公朴、闻一多追悼会,7月28日,在重庆市民举行的李、闻追悼大会上,报告李公朴生平。8月3日,写《吊行知》一文。4日,任陶行知追悼大会主席。10月4日,在上海举行的有5000余人参加的李公朴、闻一多追悼大会上,报告李公朴生平。12月中旬,在上海《文汇报》举行的知名人士座谈会上,发言反对国民党一手包办召开的国民大会和制定的伪宪法。经办台湾林熊征遗产案。

1947年

2月9日,担任上海“爱用国货抵制美货筹备会”负责人法律顾问。3月8日,参加上海妇女界组织的“三八”节纪念活动,并发表《提倡一个“二不”运动》文章。上半年,出席救国会中常会。11月5日,出席民盟中常会扩大会议,在国民党宣布民盟为非法团体,民盟被迫解散已成为既成事实的情况下,与沈钧儒、张云川仍提出异议。经办上海地皮大王周纯卿遗产案和上海高罗培房屋迁让案。

1948年

1月,民盟三中全会在香港召开,由沙千里代表出席。6月28日,在上海学联召开的公断大会上,发表演讲,支持上海学生抗议美国扶助日本的爱国正义斗争。7月,由民盟上海执行部委员改任主任委员。

1949 年

5 月，为躲避国民党上海警备司令部的逮捕，前往亲戚家，其亲戚朋友、司机、服务员、秘书被逮捕，直到上海解放才脱险。9 月，在北平出席中国人民政治协商会议第一届全体会议，当选政协全国委员会委员。10 月 19 日，被任命为中央人民政府司法部部长。11 月 15 日至 12 月 20 日，出席民盟一届中央委员会第四次全体扩大会议，当选中央常委。

1950 年

赴东北视察司法工作。在第一届全国司法会议上作《关于目前司法行政工作报告》。主持制定《中华人民共和国婚姻法》。

1951 年

2 月 24 日，在《人民日报》上发表《坚决正确镇压一切反革命活动》一文。3 月，率队赴上海、南京和江苏、浙江视察司法工作，返京后向董必武呈报《关于华东司法工作视察报告》。参与领导开展司法改革运动。

1952 年

8 月，向中央人民政府政务院写了《关于彻底改造和整顿各级人民法院的报告》。12 月，出席维也纳世界人民和平大会。

1953 年

1 月，任中央贯彻《婚姻法》运动委员会副主任。4 月，在第二届全国司法会议上作《关于加强人民司法工作建设的报告》。在第二次全国妇女代表大会上被推选为常务委员、副主席。5 月 27 日至 6 月 8 日，出席民盟一届七中全会扩大会议，当选民盟中央副主席。

1954 年

2 月，被推任全国人民慰问中国人民解放军慰问团副总团长，并率团到解放军西南军区慰问。7 月，发表《以实际行动来拥护我们的宪法》一文。9 月 15 日至 9 月 28 日，出席中华人民共和国第一届全国人民代表大会第一次会议，在大会上发言拥护中华人民共和国宪法，并向大会报告新中国成立来的司法工作情况。12 月 21 日至 12 月 25 日，出席政协第二届委员会第一次会议，被推选为政协常务委员。

1955 年

率中国司法代表团赴苏联访问。随全国人民代表大会视察组到江苏视察。

1956 年

3 月，主持召开全国律师工作座谈会。6 月 27 日至 7 月 17 日，率中国妇女代表团赴捷克斯洛伐克参加捷全国妇女代表大会和进行友好访问。9 月，以司法部长身份向苏联人民作题为《我们的民主生活》广播讲演。12 月，率中国妇女代表团赴印度访问。

1957 年

5 月 10 日，在中共中央统战部召开的各民主党派负责人和无党派负责人士举行的座谈会上，就罗隆基所谈民主党派和共产党长期共存应加强一些共存条件发表意见。5 月 31 日，在中共中央妇女工作委员会常委会和全国妇联党组召开的座谈会上，对妇女工作发表善意的建设性的意见。6 月 6 日，与章伯钧邀“民盟六教授”了解各校情况。6 月 25 日，任民盟中央整风领导小组成员之一和整风领导小组召集人之一。7月12日,在第一届全国人大四次会议上作题为《全体司法干部团结在党的周围,彻底打垮右派分子的猖狂进攻》发言。9月13日,在民盟全国整风工作会议上,代表主席沈钧儒和民盟中央整风领导小组作《全盟动员起来,把反右派斗争贯彻到底,展开全面整风,过社会主义关》报告。在中国妇女第三次全国代表大会上当选为全国妇女联合会副主席。

1958年

2月,率中国妇女代表团出席在锡兰(今斯里兰卡)首都召开的亚非妇女会议。

1959年

4月,司法部被撤销,任第二届全国人大常务委员会委员。

1961年

6月,撰写《永远跟着党走》,庆祝中国共产党成立40周年。

1962年

应“人民中国”日文版编辑部的要求,撰写《我所走过的道路》。

1966年

文化大革命中受到迫害。

1967年

登上天安门城楼,参加国庆观礼。

1977年

12月,民盟中央临时领导小组成立,为小组召集人之一。

1978年

2月,在全国人大第五届第一次会议上当选五届人大常务委员会委员。9月,在中国妇女第四次全国代表大会上继续被选为全国妇女联合会副主席。

1979年

7月1日,被补选为五届人大常委会副委员长。10月,出席民盟第四次全国代表大会,当选民盟中央主席。

1980年

9月,任宪法修改委员会委员。发表谈话,拥护最高人民检察院公开审判林彪、“四人帮”反革命集团。

1981年

10月,发表谈话,拥护叶剑英阐述的台湾回归祖国、实现和平统一的9条方针政策。在《人民日报》发表纪念辛亥革命70周年文章。

1982年

9月,应中共邀请列席“十二大”。

1983年

再次当选民盟中央主席。发表谈话驳斥英国所提“香港主权与治权分开”论。

1984年

撰写《写给故乡人民》一文。为常州实验小学和《常州县志》题词。

1985年

口述生平,由罗涵先整理,后由中国文史出版社以《史良自述》出版。6月,撰写《沉痛悼念华罗庚同志》一文。9月6日,零时33分病逝于北京医院。

后 记

当我完成《史良》一书撰写之时，心情久久不能平静，因为与我合作的周天度先生于2009年12月30日在美国病逝，不能见到本书的出版。现在，《史良》已经完稿即将付梓，由民盟中央主办的群言出版社精心策划出版，可以告慰周先生的在天之灵了，我心中如释重负。在此之前，我们两人还先后合作撰写了《李公朴传》、《沈钧儒传》、《救国会史》以及编辑《救国会史料集》等书。在合作过程中，周先生热爱学术研究，工作勤奋、思想敏锐、治学严谨的精神，以及为人正直、淡泊名利、提携后人的人品，都给了我很大影响。我将永远缅怀他的精神、人品与事业成就。

孙彩霞

跋

在《民盟历史人物》和《民盟历史文献》丛书付梓之际，掩卷回首，民盟先贤们的音容笑貌挥之不去，不绝如缕，久久难忘。在编辑此丛书的过程中我们每每被他们为信仰、为理想奋斗的坚定精神所感召和感动。

人不能没有理想和信仰，一个民族也不能没有自己的理想和信仰。我们的先辈们，正是怀揣民族富强、人民福祉的赤诚之心，身先士卒、鞠躬尽瘁；凭借自身高尚的人文品格和社会良知，与共产党团结合作，为中国社会的前途和命运探索了一条新的宪政之路；和平、民主是人类社会的两大主题，也是中国共产党人和各民主党派所共同追求的理想。

如今，面对着他们的拳拳之心和丰功伟绩，我们感叹！赞叹！怀念！更要继承！

《民盟历史人物》和《民盟历史文献》在整个创作和出版过程中，得到了来自社会各界人士的关注和厚爱。我们要特别感谢为此丛书孜孜不倦的考证、核实、梳理、完善的各位专家、学者，是他们的认真严谨，才使此丛书能够客观地展现历史的真貌；更要特别感谢中共中央统战部与民盟中央给予我们的鼎力支持和重视，没有他们的指导和帮助，我们不可能完成如此厚重的出版工作任务；还要感谢各省、市、地区的民盟组织，为搜集、挖掘、抢救民盟的历史文献资料做出的不懈努力和贡献；感谢每一本书的作者，是他们的辛勤笔耕和一点一滴的忠实记录，才集成了民盟历史的全貌；感谢为此丛书付出辛劳的编辑以及所有工作人员，感谢你们辛勤的劳动和无私的奉献。

谨以此丛书献给所有伟大的民主革命先驱者；献给为共和国诞生抛洒了智慧和热血的先贤们；献给那一段筚路蓝缕、以启山林的峥嵘岁月。

《民盟历史人物》
《民盟历史文献》编委会

图书在版编目(CIP)数据

史良/周天度,孙彩霞著.—北京:群言出版社,2010.10

ISBN 978-7-80256-176-2

Ⅰ.①史… Ⅱ.①周… ②孙… Ⅲ.①史良(1900~1985)—传记 Ⅳ.①K828.5

中国版本图书馆 CIP 数据核字(2010)第 183162 号

出版人 范 芳
责任编辑 方 醒 盛利君
封面设计 齐立娟
出版发行 群言出版社(Qunyan Press)
地 址 北京东城区东厂胡同北巷 1 号
邮政编码 100006
网 站 **www.qypublish.com**
电子信箱 qunyancbs@126.com
总编办 010-65265404 65138815
编辑部 010-65276609 65262436
发行部 010-65263345 65220236
经 销 全国新华书店
读者服务 010-65220236 65265404 65263345
法律顾问 中济律师事务所
印 刷 北京画中画印刷有限公司
版 次 2011 年 1 月第 1 版 2011 年 1 月第 1 次印刷
开 本 880×1230mm 1/32
印 张 13.5
字 数 278 千字
书 号 ISBN 978-7-80256-176-2
定 价 33.00 元